PRINZESSIN MÄRTHA LOUISE
UND ELISABETH NORDENG

HOCHSENSIBEL GEBOREN

Prinzessin Märtha Louise
und Elisabeth Nordeng

HOCHSENSIBEL GEBOREN

Wie Empfindsamkeit stark machen kann

In Zusammenarbeit mit
Kristin M. Hauge

Aus dem Norwegischen
von Hedwig M. Binder

GOLDMANN

Die norwegische Originalausgabe erschien 2017 unter dem Titel
»Født sensitiv« im Verlag Cappelen Damm, Norwegen.

Sollte diese Publikation Links auf Webseiten Dritter enthalten,
so übernehmen wir für deren Inhalte keine Haftung,
da wir uns diese nicht zu eigen machen, sondern lediglich auf
deren Stand zum Zeitpunkt der Erstveröffentlichung verweisen.

Dieses Buch ist auch als E-Book erhältlich.

Verlagsgruppe Random House FSC® N001967

2. Auflage
Deutsche Erstausgabe Juli 2018
© der deutschsprachigen Ausgabe Wilhelm Goldmann Verlag,
München, in der Verlagsgruppe Random House GmbH,
Neumarkter Str. 28, 81673 München
© 2017 der Originalausgabe Prinzessin Märtha Louise
und Elisabeth Nordeng
Umschlaggestaltung: Uno Werbeagentur, München
Umschlagmotiv: © Mona Nordøy
Lektorat: Annette Gillich-Beltz
SSt · Herstellung: cb
Satz: Uhl + Massopust, Aalen
Druck und Bindung: CPI books GmbH, Leck
Printed in the Czech Republic
ISBN: 978-3-442-22238-4

www.goldmann-verlag.de

»Die Tanzenden wurden für verrückt gehalten
von denjenigen,
die die Musik nicht hören konnten.«
Nietzsche zugeschrieben

Inhalt

Vorwort 11
Was ist Hochsensibilität? 15

Kindheit 25
Es ist ein Mädchen 27
MÄRTHA:
Meine Geschichte 30
Es riecht nach Senf 33
Die Prinzessin auf der Erbse 35
Das ungestüme Gewissen 38
Privatsphäre 41
Angst vor der Dunkelheit 45
Das Mädchen mit den vielen Spiegeln im Kopf 48
ELISABETH:
Das Chamäleon 50
Allein 52
Scharfe Sinne 57

Jugend 63
Freundschaft 65
MÄRTHA:
Rollen 68
Überstimuliert 73
ELISABETH:
Wahl des Weges 76

Staatstrauer 81
MÄRTHA:
Begegnung mit dem Tod 82
Der Wendepunkt 86

Erwachsen 97
MÄRTHA:
Verletzlichkeit 99
ELISABETH:
Mutterrolle 103
Fragile Übergänge 106
Ehrlichkeit 114
Kleine Entscheidungen 116

Arbeitsleben 121
Der Knall 123
MÄRTHA:
Mit Kritik zurechtkommen 127
Lampenfieber 134
ELISABETH:
Märthas Schatten 138
Empfindsame Männer 142
Offene Landschaften 147
Eine überstimulierende Welt 149
MÄRTHA:
Der Werkzeugkasten 156

Nähe zu Tier und Natur 161
MÄRTHA:
Das Mädchen auf dem Baum 163
Die Waldfrau 175
Meine Pferde 179

Inhalt

Beziehungen   191
Der Mittelgang   193
MÄRTHA:
Liebe spüren   195
Sensibler Alltag   200
Empfindsame Beziehungen   203
Der Scheideweg   210
Deshalb kannst du die Gedanken anderer fühlen   213
ELISABETH:
Wenn alles stimmt   220
Begegnung mit Sinn   223

Abschluss   227
Wie geht es dir?   229
MÄRTHA:
Dazugehören   232
ELISABETH:
Erkenne deine Grenzen   235
Zeig anderen, wo deine Grenzen sind   240
Finde deine Ladestation   243
Übernimm Verantwortung für dich selbst   248
Mach Empfindsamkeit zu einer Stärke   250
MÄRTHA:
Der Sinn des Ganzen   256

Nachwort   263

Tipps für den Alltag und Übungen   265
Tipps für den Alltag   267
Übungen   276

Anhang   285

Vorwort

»Ach herrje, was bist du überempfindlich!« »Verträgst du denn gar nichts?« »Jetzt überreagierst du aber!«
Das alles haben wir schon zigmal gehört. Die negativen Kommentare, wie mimosenhaft wir seien, wie wir auf alles überreagierten, von Gerüchen und Stimmen über Geräusche und Lärm bis hin zu Stress.
Andere hielten sehr viel mehr aus. Andere vertrugen etwas. Andere kamen klar. Andere sahen über etwas hinweg. Sie nahmen nicht alles in sich auf. Spürten nicht ständig so viel. Wurden nicht so überwältigt.
Wir beide kommen aus zwei sehr verschiedenen Milieus. Märtha wurde als Prinzessin geboren, mit Eltern, die über hundert Tage im Jahr auf Reisen waren, und eine Nation als Arbeitgeber hatten. Elisabeth ist in einer gewöhnlichen Kernfamilie in einer Wohnung im Osloer Viertel Røa aufgewachsen, ihre Mutter war nicht berufstätig, ihre Zukunft offen. Als wir uns kennenlernten, glaubten wir, nichts miteinander gemein zu haben. Bis auf eine wichtige Sache: Beide hatten wir immer schon das Gefühl, ein klein wenig anders zu sein.
Viele Jahre machte es uns fix und fertig, dass wir zu empfindlich auf die Welt um uns herum und die Gefühle anderer reagierten. Als 2013 das Buch *Sind Sie hochsensibel?* der Psychologin Elaine N. Aron auf Norwegisch erschien, unterhielten wir uns darüber, wie gut wir uns in Arons Forschungen und ihren Gesprächen mit hochsensiblen Menschen wie-

dererkannten. Wir machten jede für sich, Märtha in London, wo sie gerade lebte, und Elisabeth auf Nesodden, Arons Test für *Highly Sensitive Persons* (HSP). Dabei fügten sich für uns beide sehr viele Teile zusammen und ergaben ein stimmiges Gesamtbild. Arons Forschungsergebnisse bewiesen uns, dass wir ganz normale, gewöhnliche Menschen waren, nur eben ganz besonders empfindsam.

Wir hören, was du sagst. Aber wir hören und sehen auch alles andere.

Dieses Buch, *Hochsensibel geboren*, ist unser ganz persönlicher Bericht, wie es ist und war, als außerordentlich sensibler Mensch zu leben. Wir hoffen, dass unsere Erfahrungen und Geschichten besonders Sensiblen – und denen, die mit solchen Menschen zusammenleben – zu neuen Einsichten verhelfen und sie sich darin wiedererkennen können. Bei der Arbeit an diesem Buch haben wir überdies mit Frauen und Männern gesprochen, die uns ein neues Verständnis vermittelt und uns dazu inspiriert haben, all die Stärken dieses Persönlichkeitsmerkmals zu sehen.

Wenn du weißt, dass du hochsensibel bist, kannst du mit diesem Charakterzug meist leichter leben und ihn positiv nutzen. Dann weißt du, warum die Dinge so heftig auf dich einstürmen und warum du schneller überwältigt und überstimuliert bist als andere. Es gibt auch Werkzeuge, die dir dabei helfen, mit dem Alltag besser zurechtzukommen. Das Wissen um diesen Charakterzug ermöglicht dir, dein Leben reicher zu machen und deine Grenzen zu erkennen. Zu sehen, welche fantastischen Eigenschaften du in Wirklichkeit hast.

Pionierin auf diesem Gebiet ist die amerikanische Spezialistin für klinische Psychologie, Elaine N. Aron, die über den Charakterzug Hochsensibilität bislang auch am meisten geforscht hat. Sie bezeichnet sich selbst als hochsensibel, stellt

Vorwort

seit den 1990er-Jahren Untersuchungen über außerordentlich sensible Personen an und führt Interviews mit ihnen. Sie und weitere Forscherinnen und Forscher auf der ganzen Welt haben unter anderem herausgefunden, dass das Persönlichkeitsmerkmal Hochsensibilität zwischen Mädchen und Jungen gleich verteilt ist.

Früher wurden verletzliche und sensible Menschen oft als schüchtern bezeichnet. Das eine hat mit dem anderen aber nicht unbedingt etwas zu tun.

Arons Untersuchungen in Nordamerika zufolge sind drei von zehn Hochsensiblen *extrovertiert*. Sieben von zehn sind *introvertiert*. Eigenschaften wie Schüchternheit, Ängstlichkeit oder Weltoffenheit entwickle man, so Aron, mit ihnen werde man nicht geboren. Hochsensibilität dagegen sei angeboren und gehe nicht zwangsläufig miteinander einhern.

Obwohl es ein typisches Merkmal hochsensibler Personen ist, dass sie schnell überstimuliert sind, lieben viele Hochsensible auch den Nervenkitzel. Marvin Zuckerman und sein Forschungsteam führten in den 1970er-Jahren den Begriff *High Sensation Seeker (HSS)* ein. Damit bezeichneten sie die Persönlichkeit von Menschen, die viele Stimuli suchen, die Adrenalinkicks, Geschwindigkeit und neue Herausforderungen lieben. Sowohl Märtha als auch Elisabeth besitzen dieses Persönlichkeitsmerkmal.

Märtha ist hochsensibel und kontaktfreudig. Sie hat Bungee-Jumping gemacht und ist Fallschirm gesprungen. Sie fährt gern rasant Ski, und in großen Gesellschaften mit guten Freunden ist sie ganz in ihrem Element. Dem Risiko, mit einem Pferd über 1,60 Meter hohe Hindernisse zu springen, hat sie sich liebend gern ausgesetzt. Elisabeth betrachtet sich ebenfalls als *High Sensation Seeker*, aber auf etwas andere Weise. Sie ist zurückhaltender und braucht viel Zeit für sich allein, aber sie ist auch abenteuerlustig und möchte ständig Neues erleben. Sie wird schnell rastlos. Sie ist neugierig und sehr daran interessiert, neue Orte, Menschen und Erlebnisse zu erkunden. Obwohl sie sensibel und zurückhaltend ist, hat sie keine Angst vor Unbekanntem.

Inzwischen haben wir Techniken gelernt, die unsere Energien schonen, sodass wir nicht mehr so erschöpft und zerbrechlich sind. Diese Techniken haben uns enorm geholfen, und wir betrachten es als unsere Lebensaufgabe, sie weiterzugeben.

Hochsensibel geboren zu sein ist nicht anormal, keine seltsame Diagnose, die nach Zurechtrücken oder Schutz verlangt. Sie ist schlicht und einfach eine gewöhnliche, angeborene *Feinfühligkeit der Sinne*, die dich rund um dich herum mehr Nuancen bewusst werden lässt. Und dieses Feingefühl kann zu deiner allergrößten Stärke werden.

Was ist Hochsensibilität?

Stell dir vor, du wärst eine App auf einem Smartphone: Du wirst in einem fort aktualisiert. Buchstäblich jede Sekunde lädst du weitere Informationen herunter. Auch nachts. Und neben dir werden permanent andere Apps mit anderen Funktionen aktualisiert. Auch davon wirken welche auf dich ein.

Oder vielleicht arbeitest du in einer offenen Bürolandschaft. Es wird erwartet, dass du effektiv bist. Du sollst es schaffen, dich auf deine Arbeit zu konzentrieren, auch wenn zwei Kollegen an der Kaffeemaschine stehen und sich laut über das letzte Fußballspiel von Liverpool unterhalten. Der Kollege neben dir tippt selbstsicher und schnell auf der PC-Tastatur. Er hat Kopfhörer auf, die nicht schalldicht sind, und hört in voller Lautstärke Musik, die dir nicht gefällt. Rechts hinter dir in der Ecke braut sich ein Personalkonflikt zusammen. Irgendwelche Leute flüstern hitzig miteinander.

Am Arbeitsplatz ist es erwünscht, dass du sprühend und sozial bist. Viele Eltern hören bei Entwicklungsgesprächen in der Schule vom Lehrer: »Es wäre schön, wenn der Junge/das Mädchen etwas aufgeschlossener wäre.« Es ist ein Ideal unserer Zeit. Uns kommt es so vor, als wären die beliebtesten Menschen der Welt extrem flink und effektiv. Es ist nachgerade so, als sprühten sie pausenlos vor Kreativität und könnten problemlos mehrere Dinge gleichzeitig erledigen. Aus den sozialen Medien gewinnen wir den Eindruck, dass solche Supermenschen direkt von der Arbeit zu Geselligkeiten ziehen können, wo sie im Mittelpunkt stehen und dass sie Meister darin sind, sich zwanglos unter die Leute zu mischen. Selbstverständlich ist die Realität nuancierter. Doch ist es zweifellos zu einer Anforderung des modernen Arbeitslebens geworden, Veränderungen rasch und anpassungsfähig zu bewältigen. In einer immer kleiner werdenden, aber sich ständig schneller drehenden Welt ist Veränderungsmanagement eine eigene Disziplin. Umstellung ist das Normale. Und vieles soll bei voller Lautstärke stattfinden.

Uns Hochsensible kann ein solcher Alltag völlig überwältigen und auslaugen. Unerwartete und große Veränderungen beeinflussen uns stark und können unter anderem zu Konzentrationsschwierigkeiten führen. Wir nehmen die Arbeit und die Begegnungen mit nach Hause. Im Bett gehen uns alle Gespräche und Eindrücke unablässig im Kopf herum, wir sind hellwach und schwer beschäftigt, aber auch fix und fertig.

Elaine N. Arons Forschungen zufolge teilen wir dieses Persönlichkeitsmerkmal mit 15 bis 20 Prozent der Bevölkerung. Das heißt, jedes fünfte Kind wird mit einem sensibleren Nervensystem geboren. Diese Kinder sind um einiges empfänglicher für Sinneseindrücke. Da sie alles tiefer und umfassender verarbeiten als andere, brauchen sie mehr Zeit und Ruhe dafür. Sie sind schneller überstimuliert und besitzen großes Einfühlungsvermögen.

Hochsensibilität gibt es in allen Kulturen und Völkern. Es handelt sich also keineswegs um eine *Diagnose* für empfindsame Damen über vierzig. Und es ist auch ganz und gar keine *Schwäche*, von der »einer von fünf *befallen* wird«, wie die Zeitung *VG* einmal schrieb. Während in asiatischen Ländern Sensibilität als gute Eigenschaft gilt, wird sie in der westlichen Kultur als Schwäche betrachtet.

Was ist Hochsensibilität?

Der norwegische Schauspieler Henrik Mestad beschrieb seine Hochsensibilität einmal damit, dass er das Gefühl habe, in seinem Kopf liefen sieben Filme gleichzeitig. Für ihn sei es wichtig, sich jeweils auf einen Film zu konzentrieren und Pausen einzulegen, um »seinen privaten Klang«, wie er es nannte, hören zu können. In einer solchen Beschreibung erkennen wir uns gut wieder. Unser privater Klang geht in all dem Lärm um uns herum nämlich schnell unter.

Hochsensible bringen es womöglich nicht einmal fertig, beim Kundendienst eines Unternehmens anzurufen, weil wir zuerst in der Warteschleife mit Musik berieselt werden und dann mit gestressten Kundenberatern sprechen müssen. Oft sind im Hintergrund auch noch Lärm und andere Stimmen zu hören. Drei Stunden im Einkaufszentrum halten viele von uns einfach nicht aus. Unbewusst und bewusst versuchen wir, Orte mit viel Lärm und vielen Impulsen zu meiden. Für uns ist es eine Herausforderung, dass wir, genau wie die oben beschriebene App, ununterbrochen alles erfassen, aktualisieren und verarbeiten. Und nicht immer schafft es unser feinfühliges Nervensystem, jede Information und alle Eindrücke schnell genug zu sortieren und zu verdauen.

Es kommt zu einer ständigen Überlastung, von der wir oft nicht wissen, wie wir sie abstellen sollen. Und wie bei einem Smartphone, dessen Logdatei nicht täglich gelöscht wird, ist der Akku schnell leer.

Läuft man lange bei geringer Akkukapazität, erschöpft das nicht nur, es deprimiert auch noch. Viele bekommen Schlafprobleme. Im Nu ist man ausgebrannt, überanstrengt – und sitzt am Ende wieder heulend und ohne jede Energie da. Vielen Hochsensiblen ist nicht klar, warum sie so erschöpft sind. Sie begreifen die Ursache nicht, die darin liegt, dass sie ihre Empfindsamkeit ignoriert haben. Insbesondere wenn sie zu den extrovertierten Hochsensiblen gehören, so sind sie es gewohnt, sich weiter anzutreiben, statt innezuhalten, Pause zu machen und auf sich selbst zu hören.

Wenn beispielsweise eine App auf deinem Handy abstürzt oder langsamer wird, kannst du den Fehler suchen. Du kannst auf dem Telefon Platz freiräumen. Oder herausfinden, ob die Probleme von einer neuen App herrühren, die du heruntergeladen hast.

Den Fehler zu suchen bedeutet, auf sich selbst zu hören. Platz freizuräumen, Zeit für sich selbst zu schaffen, Zeit, um alles zu verarbeiten, was man erlebt. Ist es etwas Neues, was du heruntergeladen hast, das dich beunruhigt? Es ist wichtig herauszufinden, ob das, was du für ein Auftanken gehalten hast, in Wirklichkeit etwas ist, was dich aufreibt.

In einem Kinosaal sind wir Hochsensiblen leicht zu erkennen. Oft bleiben wir nämlich, von Gefühlen überwältigt, nach dem Film noch sitzen. Wir müssen uns sammeln, bevor wir der Welt außerhalb des Kinos wieder begegnen können. Nach Konzerten kann das ebenfalls so sein. Wir sind kaum in der Lage zu sprechen, so stark hat uns die Musik ergriffen.

Viele Künstlerinnen und Künstler, viele Schriftstellerinnen und Schriftsteller, Schauspielerinnen und Schauspieler, Musikerinnen und Musiker besitzen diese hochsensiblen Sinne. Wenn Kunst, Musik oder Literatur sie ergreift, können sie das körperlich, als physische Reaktion wahrnehmen. Sie *werden* diese Musik, während andere das Gleiche hören oder sehen – und überhaupt nichts empfinden.

Einige Psychologen haben hochsensible Menschen als Personen mit extrem hoher Musikalität beschrieben. Sie lauschten auf alle Saiten, seien für alle Töne empfänglich. Das Kind, das allein am Rand des Schulhofs sitzt, und das Kind, das sich dem ungestümen Spiel immer wieder entzieht, beide können genau dieses angeborene Persönlichkeitsmerkmal haben. Sie besitzen eine mächtige Innenwelt und denken viel nach. Oft sind sie überaus intuitiv. Sie sehen zuerst die Antwort und finden danach die Argumente.

Das Wichtigste für so ein Kind ist, dass nicht nur die Klassenkameradinnen und -kameraden, die Lehrkräfte und die anderen Eltern es verstehen, sondern dass es sich auch selbst versteht. Und sich selbst genau so mag, wie es ist.

Kinder, die weinen, wenn sie mit der ganzen Klasse einen Ausflug in die »Laserzone« gemacht haben, können überstimuliert sein. Wenn sie auf Filme und Computerspiele voller Gewalt heftig reagieren, sind sie nicht unbedingt »Schisser«. Sie sind womöglich nur besonders sensibel. Häufig sind die am meisten bewunderten Kinder diejenigen, die sozial sind und an vielen Aktivitäten teilnehmen. Hochsensible Kinder verweigern sich dagegen oft Unternehmungen mit mehreren anderen Kindern, etwa Übernachtungspartys. Dies kann bitter sein, denn sie haben ja eigentlich Lust dazu – es wird ihnen nur einfach zu viel.

Uns selbst Grenzen zu setzen, um eine Überstimulierung zu vermeiden, und diesen Grenzen auch Geltung zu verschaffen, war ein sehr schwieriger Prozess. Wir hatten beide das Bedürfnis, in unserem Leben ordentlich aufzuräumen. Und wir mussten unbedingt Werkzeuge finden, Struktur und Sinn, damit die Tatsache, ohne Filter geboren zu sein, möglichst zu einem Vorteil statt zu einem Hemmschuh werden konnte.

Wie bereits erwähnt, ist Hochsensibilität angeboren. Elaine N. Aron und andere Forscherinnen und Forscher meinen, dass manche Menschen eine genetische Disposition für diese Empfindsamkeit haben, auch wenn wissenschaftlich kein spezielles Sensibilitätsgen nachgewiesen werden könne. Aron zufolge haben diese Kinder eine eingebaute Tendenz, heftiger als andere auf externe Stimuli zu reagieren. Bei einem Gehirnscan lässt sich sehen, dass Hochsensible stärker als andere auf negative, auf positive und auch auf neutrale Bilder reagieren. Sehen sie das Bild eines leidenden Menschen, wird ihr Gehirn noch heftiger reagieren als bei Nichthochsensiblen. Sehen sie ein schönes Bild eines Menschen, dem es gut geht, fällt ihre Reaktion ebenfalls stärker aus.

Die Ursache liege darin, dass diese Personen in der Amygdala, das ist der Bereich des Gehirns, der unsere Gefühle steuert, eine höhere Aktivität aufweisen, schreibt *The Journal of Neuroscience*. Die Zeitschrift beruft sich dabei auf die Studien von Rebecca Todd, Psychologieprofessorin an der University of British Columbia, und Adam Anderson, Professor an der Cornell University. Todd, die hinter den neuesten Forschungen auf diesem Gebiet steht, vermutet, dass die erhöhte Gehirnaktivität bedeutsam ist für die Art, wie Hochsensible die Welt sehen. Alles, was ihre Gefühle beeinflusse, bemerken sie schneller, ob Positives oder Negatives. Sie könnten also glauben, die Welt halte *mehr* Belohnungen und *mehr* Gefahren bereit, sagt Todd. Mit anderen Worten: Hochsensible freuen sich mehr – und fürchten sich mehr.

Gehirnforscher der University of British Columbia und der Cornell University haben also Unterschiede zwischen dem Gehirn von Hochsensiblen und dem von Nichthochsensiblen nachgewiesen. Weil das Nervensystem Hochsensibler feinfühliger ist, muss ihr Gehirn mehr Prozesse verarbeiten. Deshalb lautet der wissenschaftliche Terminus für dieses Persönlichkeitsmerkmal *sensory-processing sensitivity*.

Hochsensibilität lässt sich biologisch als Überempfindlichkeit gegenüber Lärm und Sinneseindrücken erklären. Sie hat also nichts mit Angst, Depression, Versagensangst oder der

Fähigkeit, mit Gefühlen umzugehen, zu tun. Elaine N. Arons Forschungen zeigen beispielsweise, dass hochsensible Kinder, die eine normale Kindheit durchleben, für Angst, Depressionen oder Schüchternheit nicht anfälliger sind als nicht hochsensible Kinder. Weiß man sie richtig zu nehmen, werden sie sich als Menschen entfalten.

Dr. Tom Boyce ist Professor für Pädiatrie und Psychiatrie an der University of California in San Francisco und hat viel darüber geforscht, wie außerordentlich sensible Kinder – auch Orchideenkinder genannt – auf äußere Stimuli reagieren. Während sogenannte Löwenzahnkinder eine angeborene Fähigkeit besäßen, zu überleben und sich zu entfalten, ohne Rücksicht darauf, welchem Milieu und welchem Schicksal sie ausgesetzt seien, besäßen Orchideenkinder eine angeborene Sensibilität, die bewirke, dass sie stärker noch als andere auf mangelnde Fürsorge reagierten. Gleichzeitig würden sie bei guter Fürsorge viel besser als andere wachsen und gedeihen, meint der amerikanische Forscher.

Aus diesen Erfahrungen heraus halten wir es für unglaublich wichtig, das Augenmerk auf diesen Charakterzug zu legen. Wenn Eltern und Lehrer die Hochsensibilität eines Kindes beachten, können sie in seinem Leben schon von klein auf einen enormen Unterschied bewirken. Nicht weil das Kind anders behandelt oder in eine bestimmte Schublade gesteckt werden soll, sondern weil hochsensible Kinder wie alle, die sich ein wenig anders verhalten als erwartet, Unterstützung und Verständnis brauchen.

Seit Elaine N. Aron 1996 erstmals den Begriff Hochsensibilität benutzt hat, wurde weltweit viel darüber geschrieben. Zwanzig Jahre später, 2016, ist dieser Begriff ein wenig umstritten, obwohl es nicht kontrovers ist zu sagen, dass jemand sensibler ist als andere. Bereits 1913 hat Carl Gustav Jung von *angeborener Empfindsamkeit* gesprochen. Auch die Theorie von den fünf Persönlichkeitstypen (The Big Five) beschreibt diese angeborene Empfindsamkeit, jedoch mit anderen Worten.

Der Däne Poul Videbech, Professor für Psychiatrie hält es gegenüber *videnskab.dk,* einer dänischen Website für Forschungsnachrichten, für einleuchtend, dass jemand empfindsamer sei als andere, sonst würden wir Menschen in Stresssituationen nicht so unterschiedlich reagieren. Allerdings gefalle ihm der Begriff Hochsensibilität nicht.

In Dänemark haben vier Psychologinnen das Buch *Særlig sensitiv – eller særligt utfordret* (Besonders sensibel – oder besonders herausgefordert) geschrieben. Diese vier – Barbara Hoff Esbjørn, Sofie Wille Østergaard, Marie Tolstrup und Nicoline Normann – stehen Elaine N. Arons Theorie und Testmethode kritisch gegenüber. Sie halten Arons Forschungen für mangelhaft und behaupten, es gebe keinen wissenschaftlichen Beleg dafür, Personen als besonders sensibel zu klassifizieren. Sie befürchten, dass Kinder überbehütet würden, wenn sie das Etikett hochsensibel verpasst bekämen – oder dass ein solches Etikett dazu führe, andere Probleme zu übersehen.

»Wir sind nicht darauf aus, nicht gelten zu lassen, dass es Personen gibt, die sensibler sind als andere. Das ist ein Teil der allgemeinen Persönlichkeitsmerkmale. Es gibt nur keinen validen Nachweis dafür, dass 20 Prozent der Bevölkerung besonders sensibel sind«, sagt Barbara Hoff Esbjørn auf *videnskab.dk.*

Wir verwenden in dem vorliegenden Buch das Wort *hochsensibel,* beziehen zu der Debatte über Forschung, Methodik und Begriffe aber keine Stellung. Unser Ziel besteht darin, das zu teilen, was wir selbst erfahren und gelesen haben, was wir für relevant erachten und was ein Licht auf unsere persönliche Geschichte wirft. Auch sind wir bei unserer Arbeit mit *Soulspring* ungeheuer vielen Menschen mit ähnlichen Erfahrungen und Erlebnissen wie den unseren begegnet.

Viele Hinweise auf Artikel, Bücher, Filme, Organisationen und andere Quellen finden sich am Ende des Buches.

Kindheit

Es ist ein Mädchen
22. September 1971

Das Kronprinzenpaar nahm einen privaten Saab, um von Skaugum zum Rikshospital zu fahren. Die beiden wollten keine Aufmerksamkeit erregen. Kronprinz Harald saß selbst am Steuer und fuhr bewusst einen Umweg. Ihr erstes Kind sollte zur Welt kommen. Sie wünschten größtmögliche Ruhe, bestmögliche Kontrolle.

Kronprinzessin Sonja hatte im Sommer davor durch eine Fehlgeburt ein Kind verloren. Sie war schon in der Mitte der Schwangerschaft gewesen, als sie Blutungen und Krämpfe bekam. Es war in der Nacht passiert, auf der königlichen Jacht im Fahrwasser vor Østfold. Sie hatten auf Hankø König Olavs Geburtstag gefeiert. Die Kronprinzessin musste auf einer Trage längsseits des Schiffs abgefiert werden und wurde in einem kleineren Boot zum Festland und dann nach Fredrikstad ins Krankenhaus gebracht. Dort verlor sie das Kind, das Anfang 1971 hätte zur Welt kommen sollen.

Kronprinz Harald konnte nicht bei ihr bleiben. Er musste zurück nach Oslo, um am nächsten Tag den Ministerrat zu leiten. Doch als sie aus dem Krankenhaus entlassen wurde, setzte er sich selbst hinters Steuer und holte sie ab. Er brachte Kronprinzessin Sonjas Hündin Cherie mit, einen langhaarigen Keeshond. Cherie sprang auf den blütenweißen Mantelschoß der Kronprinzessin und leckte ihr eifrig das Gesicht. Die durch das Autofenster aufgenommenen Fernsehbilder zeigen, dass das Tier sie zum Lächeln brachte.

»Was ist, wenn wir keinen Thronerben bekommen?«, schrieben die Zeitungen.

Im Jahr darauf gab das Schloss bekannt, dass die Kronprinzessin wieder schwanger sei. Alle sagten, es müsse ein Junge werden. Nach der Niederkunft sollte so schnell wie möglich der Stortingspräsident davon unterrichtet werden, dass dem Thron ein Erbe geboren worden sei. Danach würden der Ministerpräsident, der Präsident des Obersten Gerichtshofs, der Bischof von Oslo, die Streitkräfte und die europäischen Königshäuser benachrichtigt. Nach der Veröffentlichung der offiziellen Bekanntmachung des Hofes würde auf den salutpflichtigen Festungen, Forts und Kriegsschiffen der Streitkräfte Salut geschossen.

Als die Geburt näher rückte, bat das Schloss die Presse vorab zu respektieren, dass dies auch ein privater Moment sei. In sensiblen Situationen kann es hart sein, im Rampenlicht der Öffentlichkeit zu stehen. Trotzdem waren im und vor dem Krankenhaus viele Journalisten und Fotografen. Ein französischer Journalist in weißem Arztkittel war schon ein gutes Stück zur Frauenabteilung vorgedrungen, als er aufgehalten wurde, es stellte sich heraus, dass er kein Wort Norwegisch sprach.

Zwei Oberärzte und eine Hebamme nahmen Prinzessin Märtha Louise schließlich in Empfang. Denn es wurde ein Mädchen. Kronprinz Harald war bei der Geburt dabei, er war es auch, der auf der Treppe draußen vor die Presse trat. Der frischgebackene Vater war ordentlich gekämmt, trug einen dunklen Anzug und zeigte den Presseleuten mit schnellen und etwas ungelenken Hand-

bewegungen, wie groß das Baby war. 3590 Gramm schwer und 50 Zentimeter lang. Später sagte er noch, er stehe unter einem Glücksschock.

In Fernsehen und Rundfunk wurden die Sendungen unterbrochen, um die freudige Nachricht zu verkünden.

Im Alter von drei Tagen hatte Prinzessin Märtha Louise im Rikshospital ihren ersten offiziellen Fototermin. Als Kronprinzessin Sonja einige Tage später das Krankenhaus verließ, schirmte sie das Gesicht ihrer Tochter gegen die Blitzlichter ab.

Märtha

Meine Geschichte

Ich hatte immer schon gute Freunde und war stets von einer herzlichen, liebevollen Familie umgeben. Trotzdem fühlte ich mich in meiner Kindheit und Jugend einsam. Ich war anders. Ich war als Prinzessin geboren. Und ich war als besonders empfindsam geboren.

Ich war drei Jahre alt, als ich mit Großvater und dem Rest der Königsfamilie zum ersten Mal auf dem Schlossbalkon stand. Es gibt eine Reihe von Bildern und Filmaufnahmen von diesem 17. Mai, dem Nationalfeiertag, wo ich wie ein richtiger Griesgram mit einem schlaffen Fähnchen über dem Geländer hänge. In den ersten Jahren wäre ich viel lieber beim Umzug mitgegangen, statt nur ruhig dort oben zu stehen!

Manchmal erschien ich mit dicker Lippe auf dem Schlossbalkon, weil ich mit den Jungs gerauft hatte oder von einem Klettergerüst gefallen war. Ich war ein Kind, das aus dem Kindergarten abhaute, um der besten Freundin Vaters Kühe zu zeigen. Die meisten werden sagen, ich sei ein Wildfang gewesen. Ich war aber auch ein empfindsames Kind, das übermäßig viel in sich aufnahm – und das in diesen drei Stunden, die wir bei jedem Wetter auf dem Balkon standen, alle Antennen ausgefahren hatte.

Es war ein überwältigendes Gefühl, auf den Balkon hinauszutreten und das Menschenmeer unten zu sehen. Die vielen norwegischen Flaggen entlang der Paradestraße Karl-Johans-Gate, die vielen Kinder in ihren Musikkorpsuniformen und frisch gebügelten feinen Kleidern. Ganz am Ende in Richtung Storting und Freia-Uhr wirkte es wie ein dunkler Ameisenhaufen, in dem sich Tausende von Ameisen bewegten. Je näher sie dem Nationaltheater und Slottsplassen kam, desto deutlicher traten die Menschen in allen Formen und Farben hervor.

Ich hörte die Musik und die Hurrarufe. Und ich spürte auch die hohen Erwartungen und die tiefe Gemeinschaft. Ich war ergriffen, froh und demütig, wie ich dort stand. All dies lässt sich schwer beschreiben.

Ich erinnere mich, wie ich mich später auf den Umzug der Kinder zu konzentrieren begann. Wie ich mit denen, die unten auf dem Schlossplatz im Takt marschierten, Kontakt aufzunehmen versuchte. Ich wollte bei jedem Einzelnen sein. Wollte alle zufriedenstellen.

So dachten wir, die ganze Familie, glaube ich. Wir wollten, dass so viele der Kinder wie möglich das Gefühl hatten, wir winkten genau *ihnen* zu.

Es war schön, auf dem Schlossbalkon zu stehen. Obwohl der Ausblick auf die Masse mich überwältigte, befand sich die Menschenmenge in gebührendem Abstand. Dort oben besaß ich die Kontrolle. Anderswo war es schlimmer. Ich kann mich erinnern, dass ich als Zehnjährige eine Heidenangst hatte vor Mittelgängen und vor Menschen, die mir zu nahe kamen.

Mittelgänge in Kirchen waren am schlimmsten. Im Kulturhaus, in Sportstadien und anderen Versammlungsstätten hatte dieser Gang in der Regel einen Knick oder eine Kurve. Der Mittelgang in den Kirchen aber, ob in der großen Kirche in Asker oder in der kleinen Kapelle am Holmenkollen, hatte keinen einzigen Knick. Der war von hinten bis ganz vorn eine einzige gerade Linie. Und er war schmal.

Ich sehe es noch immer vor mir. Ohrenbetäubende Stille. Niemand rührt sich. Und dann kommt es: Rump... rumpumpumpumpump ... rump. Dieses ganz eigene Geräusch, wenn alle Leute sich erheben. Große, schwere Türen gehen auf, sie eröffnen den Blick aus dem Licht draußen auf die lange gerade Linie in dem dunklen Raum. Die Stimmung ist ernst, leicht erhaben. Dann ziehen wir in einer Prozession ein. Langsam. Still. Feierlich.

Als Prinzessin hatte ich den niedrigsten Rang inne. Deshalb kam ich immer zuletzt. Hinter Großvater, Vater, Mutter und Haakon. Sicherlich war es gar nicht so, aber ich hatte das Gefühl, als richtete sich die Aufmerksamkeit von beiden Seiten des Mittelgangs nur auf mich, ganz massiv.

Schritt für Schritt ging ich mit gesenktem Haupt dahin. Mein Blick war auf den Kirchenfußboden geheftet, niemals wagte ich jemandes Blick zu begegnen. Ich war mir sicher, nicht nur beobachtet, sondern auch verurteilt zu werden. Und ich wusste nicht, ob ich das überleben würde.

Ich habe keine Ahnung, woher solche Gedanken kamen. Sie waren dramatisch und handelten oft von Schuld. Als Kind hatte ich ständig Angst, dass irgendetwas meine Schuld sei. Dass ich *verkehrt sei*.

Deshalb sah ich zu Boden.

Erst ein halbes Leben später bekam ich die erlösende Wahrheit zu hören. Hätte ich gewagt, den Blick zu heben, hätte ich nur ein einziges Mal versucht, zur Seite oder nach vorn zu schauen, so hätte ich etwas Schönes entdeckt. Ich hätte lächelnde Augen gesehen. Wohlwollende Gesichter.

Niemand wollte mir etwas Böses. Sie meinten es gut mit mir. Ich war lediglich ein Kind mit sehr intensiven Gefühlen. Ich hatte eine reiche Fantasie und riesige, auf die Welt gerichtete Antennen. Blickkontakt – und den Blicken anderer ausgesetzt zu sein, ohne dass ich die Kontrolle besaß – war für mich besonders schwierig.

Ich fühlte mich wie Freiwild in einer offenen, ungeschützten Landschaft.

Es riecht nach Senf

Als Kind war ich extrem geruchsempfindlich. Später habe ich erfahren, dass dies ein typisches Merkmal besonders sensibler Menschen ist. Wir bemerken den subtilsten Geruch. Wir finden den vergessenen schimmligen Brotkanten in einer Schublade oder reagieren heftig auf intensive, aber angenehme Aromen. Das bedeutet nicht zwangsläufig, dass wir einen besseren Geruchssinn besitzen als andere. Und es bedeutet auch nicht, dass ich üble Gerüche nicht ertrage. Den strengen Geruch nach Pferd und Schweiß, der in meiner dicken Reitjacke saß, habe ich geliebt. Die Jacke stank. Aber das war ein Geruch der guten Erinnerungen.

Als ich drei Jahre alt war, brachte Mutter aus London Geschenke mit, sie hatte bei Harrods eingekauft. Ich freute mich riesig aufs Auspacken. Bis mir der Geruch in die Nase stieg, der durch das Einwickelpapier drang. Mutter hatte Unmengen *Play-Doh* gekauft. Es war wirklich das beste Geschenk der Welt, wir hatten in Norwegen so etwas noch nie gesehen. Doch ich stand da und übergab mich.

Je mehr wir mit der Knete spielten, desto mehr roch es, und desto mehr würgte es mich im Hals. Kennst du diesen künstlichen, intensiven vanille- und mandelartigen Gummigeruch? Erinnerst du dich daran? Ich muss nach wie vor in einen anderen Raum gehen, wenn meine Kinder mit so einem Plastilin spielen. Von dem Geruch wird mir ganz schwindlig.

Der Citroën, den unsere Familie in den 1970er-Jahren auf Skaugum hatte, war noch so ein starkes Erlebnis. Es handelte sich um einen Citroën CX Prestige mit höherem Dach, modernen Nackenstützen hinten und sogenanntem einzigartigem Komfort, und es war bestimmt ein toller Wagen. Doch ich konnte seinen Geruch nicht ertragen. Das ganze Auto roch nach Senf! Es war so schlimm, dass wir es nur Senfauto nannten.

Noch schlimmer war es mit Parfüm. Zu Hause benutzte Mutter fast nie Make-up. Sie war eine sportliche Mutter, die nach frischer Luft und Natur roch, die mit uns in den Garten ging und auf Bäume kletterte. Wenn sie sich aber fein gemacht hatte, wenn sie das große Ballkleid angezogen und das fantastische Diadem aufgesetzt hatte und sich von mir verabschieden wollte, dann passierte es. Ein fremder orientalischer Geruch kündigte sie lange vorher an, umgab sie gewaltig wie eine Betonwand.

Der Geruch hieß Chanel N° 5.

Und dieser Geruch bewirkte, dass Mutter mir abhandenkam.

Wir sprachen nie darüber. Ich glaube, früher sprachen sehr wenige Familien über derlei Dinge. Ich war ein absoluter Gefühlsmensch, das wussten alle. Folglich war die Sache mit den Gerüchen eben eine meiner vielen Eigenheiten.

Selbst die schönen Märtha-Lilien habe ich in meiner unmittelbaren Nähe noch nie ausgehalten. *Lilium longiflorum* sind unbeschreiblich prachtvolle weiße Lilien, die bei uns Kronprinzessin Märthas Namen tragen. Sie wurden nach meiner Großmutter benannt, weil bei ihrer Hochzeit mit Kronprinz Olav ihr Brautstrauß daraus bestand. Mit diesen Lilien sind viele Symbole und Legenden verbunden. Sie riechen sehr intensiv. So intensiv, dass ich diese Blumen immer woanders hinstellen muss, wenn sie direkt in meiner Nähe platziert sind. Mir wird ganz schlecht davon.

Das heißt nicht, dass sie mir nicht gefallen, im Gegenteil. Die Märtha-Lilien begleiten mich schon mein Leben lang und haben eine ganz besondere Bedeutung für mich.

Die Prinzessin auf der Erbse

Ich war acht Jahre alt, als ich dachte, jetzt müsse ich doch mal herausfinden, ob es wahr ist. Ich *wollte* und *musste* wissen, ob ich eine *richtige* Prinzessin war.

Oft schon hatte ich das Märchen »Die Prinzessin auf der Erbse« gehört und gelesen. Es faszinierte mich gewaltig. Denk bloß, es gab einen Test, mit dem man herausfinden konnte, ob jemand wie ich echt war!

In diesem bekannten Märchen von H. C. Andersen geht es um einen Prinzen, der heiraten möchte, doch die Erwählte muss unbedingt eine wirkliche Prinzessin sein. Als eines Abends bei einem Unwetter ein Mädchen auftaucht, das behauptet, eine Prinzessin zu sein, beschließt die Königin, sie auf die Probe zu stellen. Sie legt eine Erbse auf den Boden des Bettes und darauf zwanzig Matratzen und zwanzig Eiderdaunendecken. Dort lässt sie das Mädchen schlafen. Falls es die winzig kleine Erbse unter dem enormen Berg von Matratzen und Federbetten spürt, ist es zweifellos eine wirkliche Prinzessin. Denn ganz sicher sind nur Prinzessinnen so empfindlich.

Am nächsten Morgen sagt die Prinzessin, sie habe schrecklich schlecht geschlafen. Sie habe auf etwas Hartem gelegen und sei am ganzen Körper gelb und blau. Da erkennen die Königin und der Prinz, dass sie eine echte Prinzessin ist, und der Prinz heiratet sie.

Das war ein einfacher Test. Es musste die einfachste Methode der Welt sein, irgendetwas zu beweisen. Zwar hatte ich nur eine Matratze und nur ein Federbett, aber ich dachte, das müsse reichen. Also ging ich hinunter in die Küche zur Köchin und bat sie um eine harte Erbse, so eine große gelbe Erbse, die nicht zerquetscht würde, wenn man etwas darauflegte. Am Abend steckte ich die harte, große gelbe Erbse unter die Matratze und legte mich schlafen.

Am nächsten Morgen wachte ich ganz erschrocken auf. Himmel, wie gut ich geschlafen hatte. Das sollte ich doch gar nicht!

Ich bekam Panik. Prüfte jeden Zentimeter Haut am Körper. Da sollte und musste doch ein blauer Fleck zu finden sein. Aber ich fand keinen einzigen!

Weinend lief ich zu meinem Kindermädchen, Berit Tversland, und rief: »Ich bin gar keine richtige Prinzessin! Ich bin nicht echt!«

Sie lachte nicht, sondern nahm mich ernst. Sie nahm mich auf den Schoß und brachte mir etwas über Märchen bei.

Berit hatte Literatur studiert und kam aus der Suttung-Bewegung, jener von der Schriftstellerin Ingeborg Refling Hagen ins Leben gerufenen literarischen Gemeinschaft. Diese beschäftigt sich mit Volksbildung und Kunst in dem Sinne, dass beides die Menschen stark mache. Berit verbrachte deshalb viel Zeit damit, uns vorzulesen und uns beizubringen, Texte auswendig vorzutragen.

Die Märchen und Legenden, die sie mir Abend für Abend vorlas, erklärte sie mir nie. Sie wollte, dass wir die Texte von allein verstehen, mit Leib und Seele – wenn wir so weit wären.

Ganz im Sinne von Ingeborg Refling Hagen, die gerne Henrik Wergeland zitierte, der gesagt hatte, die Wahrheit sei *eine* Art der Erkenntnis des eigenen Wesens.

An jenem Morgen war ich jedenfalls ganz fürchterlich enttäuscht, und ich verstand diesen Prinzessinnentest nicht. Berit erklärte mir, dass man nicht alles wörtlich nehmen dürfe. Märchen könnten gedeutet werden. Symbole und Ereignisse könnten verschiedene Bedeutungen haben und Bilder für Gefühle sein. »Je mehr du liest, desto mehr wirst du dich selbst und andere verstehen.«

»Was glaubst du denn, bedeutete diese Erbse?«, fragte mich Berit.

Über ebendiese Frage habe ich viele, viele Jahre lang gegrübelt. Und ich bin ihr immer noch nicht ganz auf den Grund gekommen. Denn immer wenn ich im Lauf der Jahre das Märchen vorgelesen habe, hat es für mich einen neuen Sinn bekommen.

Lange habe ich gemeint, die Erbse symbolisiere die Presse. Dass ich eines Morgens plötzlich aufwachen könnte, ohne zu verstehen, warum ich so schlecht geschlafen habe. Dann aber entdeckte ich die Titelseiten der Klatschblätter, die ein neues Gerücht über mich verbreiteten. Oft mit negativem Vorzeichen. Da wusste ich, wie die »blauen Flecken« über Nacht zustande gekommen waren.

Inzwischen denke ich oft, dass es in dem Märchen von der Prinzessin auf der Erbse eigentlich um Sensibilität geht. Darum, die Erbse zu spüren, die sonst niemand bemerkt. Manche von uns sind so: empfindlich und besonders feinfühlig, was die Umgebung und die Menschen um uns herum angeht. Und erst wenn wir diese Empfindsamkeit akzeptieren und ernst nehmen, sind wir echt.

Das ungestüme Gewissen

Als Kind brauchte ich nur daran zu denken, mich in der Klasse zu melden, schon lief ich puterrot an. Ich war tüchtig in der Schule. Ich wusste, dass ich in der Regel die richtige Antwort hatte, wenn ich mich meldete. Trotzdem wurde ich rot. Es begann in der Brust und breitete sich über den Hals nach oben aus. Am Ende war das ganze Gesicht wie von einem brennenden Teppich bedeckt – von einem Ohr zum anderen.

Tommate nannten sie mich. Mit zwei M. Ich wurde rot, wenn etwas traurig war und wenn etwas lustig war. Ich wurde rot, wenn viele etwas sagten, und ich wurde rot, wenn niemand etwas sagte. Ich wurde rot, wenn ich glaubte, jemand würde mich missverstehen, wenn andere etwas über mich sagten oder wenn ich dachte, jemand würde etwas von mir denken, was nicht wahr war. Wenn ich Querflöte spielte und bei den hohen Tönen danebengriff, hatte mein rotes Gesicht das schon längst angekündigt.

Ich habe gelesen, dass irgendjemand Erröten als Form der nonverbalen Bitte um Entschuldigung beschrieben hat. Andere bezeichnen es als physische Stressreaktion in einem Kampf-oder-Flucht-Szenario. Charles Darwin schrieb, Erröten sei die eigentümlichste und menschlichste aller Ausdrucksformen.

Ich erkenne mich in all diesen Erklärungen wieder. Vielleicht war mein »Schlechtes-Gewissen-Knopf« nie ausgeschaltet. Der Alarm, der nicht wusste, weswegen ich ein schlechtes Gewissen haben sollte, und darum sicherheitshalber rund um die Uhr aktiviert war. Für den Fall, dass ich etwas falsch machte. Etwas Dummes sagte. Missverstehen würde, was alle anderen verstanden.

In der zweiten Klasse kam ich an einem eiskalten Wintermorgen zu spät zur Schule, weil ich an dem glitzernden Schnee auf dem Metallzaun vor der Schule geleckt hatte. Er sah so verlockend aus, dass ich die Zunge herausstreckte, um ihn zu kosten. Dort stand ich dann. Meine Zunge klebte an dem kalten Metall ordentlich fest. Als es zum Unterricht läutete, riefen meine Freundinnen nach mir und liefen zur ersten Stunde hinein.

»Komm schon, Märtha!«, riefen sie.

Ich zerrte und zog, doch der Zaun wollte meine Zunge nicht freigeben.

Vor mir hatten viele schon genau dasselbe getan. Trotzdem glaube ich, dass mir dieses Erlebnis peinlicher war, als es ihnen gewesen war. Denn ich spürte, dass mir die Lehrerin nicht glaubte. War ich wirklich so dumm, mit der Zunge am Zaun kleben zu bleiben? Kam ich deshalb zu spät?

Schließlich konnte mein Begleitschutz den eiskalten Zaun mit einem Feuerzeug so weit erwärmen, dass sich meine Zunge löste. Die Wunde war mein Beweis, dass ich die Wahrheit sagte. Doch zu spüren, dass mir nicht geglaubt wurde, ging mir unter die Haut. Meine Wangen waren glühend rot.

Bei Ehrlichkeit werde ich nicht rot. Bei Worten, die von Herzen zu Herzen gehen. Wenn etwas wirklich aufrichtig gesagt wird, mit Körper, Kopf und Herz, trifft es mich schneller und tiefer. Das weiß ich jetzt. Und ich verstehe, warum.

Es liegt daran, dass ich die Gefühle anderer *spüre*. Mehr sehe als das, was sichtbar ist. Mehr höre als das, was gesagt wird.

Früher, in meiner Kindheit und Jugend, fand ich es verwirrend, wenn aus dem Mund der Leute etwas anderes kam, als ihre Körpersprache und ihre Gefühle vermittelten. Ich wusste nicht, was sie meinten, ob ich ihren Worten glauben sollte oder dem, was sie auf andere Weise ausstrahlten. Was, wenn ich verkehrt antwortete oder etwas Falsches tat? Wie sollte ich einen Menschen verstehen, der nichts als Angst oder Verzweiflung ausstrahlt, während er davon redet, dass keine Gefahr bestehe, alles sei locker und easy?

Einmal sagte ich zu einer Frau, dass mit ihrem Mann alles gut werde. Ich hatte keinen Anlass, das zu sagen. Keine Grundlage, um etwas zu wissen. Sie hatte mir über ihren Mann nichts erzählt, nicht gesagt, dass er krank war und sie eine Mordsangst hatte. Doch ihr ganzer Körper erzählte es mir, ihre flatternden Nerven. Also sagte ich, dass alles gut werde. Aber eigentlich sagt man so etwas ja nicht ungebeten.

Ein anderes Mal fürchtete ich um eine der Angestellten im Bereich des Königshauses. Sie war ein wirklich feiner Mensch. Mit einem Mal aber war sie so wütend, auch wenn sie sich nach außen hin sehr sanft gab. Ich wurde ihr gegenüber unsicher. Denn alles, was ich sah, war Wut, während alles, was sie mir zeigte, ein Lächeln war.

Später erfuhr ich, dass sie eine schwierige und schmerzliche Zeit durchlebte. Innerlich war sie tatsächlich wütend.

So absorbierte ich die Gemütsverfassungen aller anderen. Dabei entging mir oft, was die Leute tatsächlich sagten, da ich so sehr damit beschäftigt war, die anderen Signale zu deuten, die von ihnen ausgingen.

Ich sah das, was hinter der Fassade war.

Aber das sollte ich ja nicht sehen.

Als Kind und Jugendliche dachte ich, es sei mein Fehler. Ich würde zu viel missverstehen. Es sei nicht richtig, was ich von den Leuten glaubte. Später habe ich begriffen, dass gerade dies meine ganz besondere Fähigkeit ist, die Fähigkeit, den Schmerz, die Angst oder Freude anderer zu spüren, eine starke Empathie, die mich durch und hinter die Masken sehen lässt, die wir Menschen oft aufsetzen.

Privatsphäre

Vielleicht wurde es mir erzählt. Vielleicht ist es meine eigene Erinnerung. Jedenfalls ist meine allerstärkste frühe Erinnerung die, wie Haakon als Neugeborenes nach Hause kam. Ich war noch keine zwei Jahre alt, freute mich aber sehr auf meinen kleinen Bruder, dieses kleine Bündel, das ich im Krankenhaus bereits gesehen hatte und das jetzt zu mir nach Hause kommen sollte.

Mir blieb gerade mal Zeit, ihn zu begrüßen. Denn mitten in meiner gewaltigen Freude und Erwartung musste ich ihn mit allen anderen teilen. Die Presse war nach Skaugum eingeladen worden, um Bilder von ihm zu machen. Plötzlich stand nicht mehr ich an erster Stelle und im Zentrum. Und ohne Vorwarnung hatten Mutter, Vater, Haakon und ich keine Privatsphäre mehr.

Ungefähr um diese Zeit begann ich, den Rock zu heben. Mutter musste mir ein hübsches Höschen kaufen, weil ich die Aufmerksamkeit aller zu erlangen versuchte, indem ich ständig umherlief und meinen Rock hob. Das Höschen hatte eine große Spitzenrosette am Po. Somit war es nicht so schlimm, dass ich es allen zeigte.

Den Mangel an Privatsphäre spürte ich während meiner ganzen Kindheit und Jugend. Ich reagierte sehr empfindlich darauf, dass mir alle unsere wichtigen Momente, von denen ich wünschte, wir als Familie könnten sie für uns allein haben, genommen wurden.

Oft stellt die erste Kindheitserinnerung im Unterbewusstsein ein äußerst wichtiges Thema dar, eine Art Grundpfeiler unseres Lebens. Auch bei mir ist das so. Und wahrscheinlich haben meine Gefühle später die Erinnerungen eingefärbt.

Mein Verhältnis zu Haakon war von Anfang an ganz besonders und sehr eng. Ich habe es immer stark in mich aufgenommen, wie es ihm ging. Ich verstand auf Anhieb, was er fühlte. Er war mein bester Freund und mein kleiner Bruder. Ich wollte ihn vor allen Gefahren beschützen. Sicherstellen, dass es ihm immer gut ging.

Wenn er etwas nicht schaffte, eine Aufgabe nicht bewältigte oder wenn ihm etwas nicht einfiel, reagierte ich körperlich auf seine Verzweiflung. Sie lag mir wie Blei im Magen, mein Herz schlug schneller und heftiger. Ich wollte es für ihn schaffen.

Weinte er, brach auch ich in Tränen aus. Lange bevor es in seinen Mundwinkeln zuckte, spürte ich die Tränen aufsteigen. Besonders dann, wenn wir mit unserem lieben Großvater, König Olav, zusammen waren. Wir hatten ihn sehr gern, doch er war viel strenger als meine Mutter und mein Vater. Vermutlich spürte er eine größere Verantwortung, uns, vor allem Haakon, zu erziehen und war in manchen Situationen infolgedessen besonders streng. Mit dem Ergebnis, dass ich in höchster Alarmbereitschaft war.

»Warum weint *sie*, wenn ich *ihn* schelte?«, fragte Großvater einmal.

»Das macht sie immer«, sagte Vater.

Da weinte ich noch mehr.

Haakon hat mich immer schon verstanden. Auch wenn

wir nicht immer gleicher Meinung sind, so begegnet er meinen Gedanken und Gefühlen ausnahmslos mit Nachsicht, Offenheit und Ehrlichkeit. Als wir heranwuchsen, konnten wir abends über alles reden, obwohl wir ziemlich verschieden sind. Wo ich intuitiv bin, ist er analytisch. Während er schlussfolgert, fühle ich die Antwort auf Anhieb – ohne unbedingt zu wissen, warum.

Haakon wusste immer, dass er eine wichtige Rolle innehatte. Er würde Kronprinz und König sein. Dem Land dienen, wie es sein Vater, sein Großvater und sein Urgroßvater vor ihm getan hatten. Im Lauf der Jahre spürte ich gleichsam seine zunehmende Verantwortung auf meinen Schultern. Ich wollte diese Verantwortung so gern mit ihm teilen. Ihn irgendwie entlasten. War seine Lebensaufgabe doch von so großem Ernst.

Tiere lieben wir beide immer schon. Unsere Hündin, Cherie, war eigentlich eine bissige Wachhündin, die vielen Angst machte. Sie ließ gern Leute ins Haus, doch wollten sie gehen, war nicht gesagt, dass sie die Tür öffnen konnten. Cherie knurrte, bellte und biss notfalls zu, um das Rudel zusammenzuhalten.

Haakon und ich dagegen konnten uns auf sie legen und schlafen, unsere Finger in ihr dichtes Fell flechten und ihren Herzschlag fühlen. Mir kommen die Tränen, wenn ich nur daran denke. Als wir klein waren und auf dem Fußboden umherkrabbelten, konnten wir sie am Schwanz ziehen und ihr den Finger ins Auge stecken, ohne dass sie reagierte.

Als Kind war ich physisch vielleicht noch draufgängerischer als Haakon. Ich sah dem Leben nicht nur zu, wie es manche sensiblen Kinder tun, wie ich jetzt weiß. Mein Element war das Wasser. Ich war ungeheuer gern im Wasser und hörte immer wieder, ich würde wie ein Fisch schwimmen. Vor allem saß ich liebend gern unter Wasser. Dort unten auf dem Grund des Sees existierte eine exotische Traumwelt mit Algen, Tang und Seesternen. Wenn sich über meinem Kopf das Wasser schloss, hörte die Zeit auf zu bestehen.

Für meine Eltern war das ein etwas stressiges Spiel, besonders als ich zwei, drei Jahre alt war und noch nicht schwimmen konnte. Oft musste ich aus dem Wasser gezogen werden, weil alle fürchteten, ich bekäme zu wenig Sauerstoff.

Auf Kongsseteren gab es für Haakon und mich schon Weihnachten, bevor die anderen aufwachten. Als Kinder schliefen wir dort im selben Zimmer. An Heiligabend saßen wir früh am Morgen im Pyjama da und packten kleine Geschenke aus, die wir in den Weihnachtsstrümpfen gefunden hatten. Wir hatten unseren eigenen kleinen Weihnachtsbaum mit Lichtern und lasen uns Märchen oder Texte aus der Bibel vor. Oft traten wir am Abend mit Weihnachtsgeschichten und kleinen Theaterstücken vor Großvater auf. Das war Tradition.

Die Augenblicke vor dem Umkleiden und dem Glockenschlag, mit dem alles Offizielle begann, waren mir sehr wichtig. In unserem privaten, festen Morgenritual bestand die eigentliche Magie, die eigentliche Essenz von Weihnachten. Es war von Sinn und Gemeinschaft erfüllt.

Ich weiß nicht, wie wir zurechtgekommen wären, wenn wir einander nicht gehabt hätten. In allen wichtigen, intensiven Lebensphasen stand mir Haakon zur Seite. Selbst als Jugendliche stritten wir nie. Unsere Kommunikation war einfach unglaublich. Freundinnen, die ebenfalls jüngere Geschwister haben, kommentierten unser Verhältnis manchmal und sagten, wie faszinierend freundlich und aufrichtig umsichtig wir miteinander umgingen. Sie meinten, wir hätten eine ganz besondere Beziehung, eine Zweisamkeit, die nicht in erster Linie mit unserer besonderen Rolle zu tun habe, sondern die auf sehr großen Respekt und Liebe gründe.

Bis ich eine eigene Familie hatte, gab es wohl niemanden, dem ich so nahe stand. Mit niemandem habe ich so viel geteilt wie mit ihm, meinem kleinen Bruder.

Angst vor der Dunkelheit

Nachts hatte ich große Angst. Im Kinderbereich auf Skaugum, also in meinem und Haakons Schlafbereich, lagen drei Zimmer nebeneinander. Anfangs schlief Haakon im hintersten Zimmer, mein Zimmer – es war spangrün – war in der Mitte, und das Zimmer unseres Kindermädchens Berit lag wiederum neben meinem. Solange ich so nahe beim Kindermädchen schlief, war alles in Ordnung. Ich konnte immer gut schlafen und hätte nie gedacht, dass ich mich vor der Dunkelheit fürchten könnte.

Eines Tages mussten wir aus irgendeinem Grund die Zimmer tauschen, und ich bekam das Eckzimmer, das Schlafzimmer, in dem Haakon vorher gewesen war. Mein spangrünes Zimmer wurde zum gemeinsamen Wohnraum umfunktioniert, und Haakon zog in das Zimmer des Kindermädchens. Berit wurde in ein Zimmer gegenüber Haakon verlegt, noch weiter weg von mir.

Soweit ich mich erinnere, fing es damals an. Ich wurde nachts plötzlich extrem ängstlich. Ich hatte das Gefühl, als ob da jemand wäre, als ob mich jemand beobachtete.

Während ich vorher in der Mitte geschlafen hatte, zwischen

Kindheit ~ Märtha

Haakon auf der einen und Berit auf der anderen Seite, war ich jetzt ganz am Ende untergebracht, in einem Eckzimmer, das sich neben einem leeren, unbewohnten Raum befand. Mein Zimmer hatte tiefe Fensterbänke, so tief, dass dort leicht ein Mensch sitzen und sich hinterm Vorhang verstecken konnte.
 Oft wachte ich schweißgebadet auf. Ich hatte ein Gefühl von Enge im Hals, als ob ich gewürgt würde. Ich versuchte mir einzureden, dass ich fantasierte. Eigentlich war ich ein toughes Mädchen. Ich wollte kein Hasenfuß sein. Doch es ging nicht. Darum rief ich um Hilfe.
 Berit musste oft mitten in der Nacht angerannt kommen und die dichten Vorhänge zurückziehen. Zum Beweis, dass niemand da war, musste sie die Vorhänge weit öffnen, damit ich den leeren Raum dahinter sehen und abtasten konnte.
 Es war ganz sicher. Da war niemand.
 Daraufhin löschte sie das Licht und ging.
 Im nächsten Moment ging es wieder los. Da war jemand. Ganz sicher. Mucksmäuschenstill lag ich unter der Bettdecke und hielt den Atem an. Ich war überzeugt, dass ich entdeckt würde, wenn ich mich nicht in der Gewalt hätte und Luft holte.
 Die Albdrücke hatte ich im Wachzustand, und sie begleiteten mich viele Jahre. Dann zog ich um und dachte nicht mehr so oft daran. Ich bin mir sicher, dass die meisten Kinder solche Erlebnisse kennen. Es ist ganz natürlich, sich in der Dunkelheit ein bisschen zu fürchten oder Nachtangst zu haben.
 Ich dachte nicht, dass es damit etwas Besonderes auf sich hat. Bis vor etwa vier Jahren. Da erfuhr ich es. Ganz zufällig. Mutter, Vater und ich unterhielten uns eines Abends darüber, dass ich nachts so ängstlich gewesen war. Da sagte einer von den beiden:
 »Wusstest du, dass in dem Zimmer, in dem du damals ge-

schlafen hast, bei Kriegsende ein Nazi Selbstmord begangen hat?«

Mir verschlug es die Sprache. Nein, das wusste ich nicht. Und das erzählten sie mir erst jetzt!

Die Wahrheit war, dass sich in meinem Zimmer in der Nacht auf den 8. Mai 1945 ein SS-Offizier erschossen hatte. Reichskommissar Josef Terboven schaffte die Leiche in den Bunker hinterm Haus. Dort zündete er noch am selben Tag etwa 50 Kilo Dynamit und setzte auch seinem Leben ein Ende.

In meiner Kindheit hatte mir das niemand erzählt. Deshalb hatte ich nie an einen solchen Zusammenhang gedacht.

Mit einem Mal war mir klar, warum ich wach gelegen hatte.

Ich habe immer schon die Stimmungen und Energien gespürt, die Leute hinterlassen haben. Mit all meinen Sinnen nehme ich wahr, wo es ungut ist zu sein, wo gute Stimmung herrscht und wo ich keine Lust habe hinzugehen. An Orten, wo eine schlechte Stimmung und schlechte Erinnerungen hinterlassen wurden, ist es, als laufe man gegen eine Wand. Eine Wand aus Schauder und Grusel. Es läuft einem kalt den Rücken hinunter.

Die meisten begreifen, was es heißt, wenn zwischen zwei Menschen die Chemie nicht stimmt. Sie können es nachvollziehen, dass manche Menschen sich an einem bestimmten Ort zu Hause fühlen, während andere am selben Ort womöglich das Gefühl von »bad vibrations« haben. Woran liegt es, dass man das eine oder das andere Gefühl hat? Selbstverständlich an der Stimmung und der Energie! Als besonders Sensible nehmen wir diese Stimmungen leichter wahr als andere. Daher können wir auch an Orten ängstlich werden und uns unwohl fühlen, wo andere sich völlig sicher fühlen.

Das Mädchen mit den vielen Spiegeln im Kopf

Amelie hat Spiegel im Kopf.

Viele kleine Spiegel.

Im Kopf.

Sie sind nicht zu sehen.

Niemand weiß von ihnen.

Nicht einmal Amelie.

Auch Amelies Mama und Papa nicht.

Auch Amelies Freunde nicht.

Aber sie wirken.

Die Spiegel wirken in einem fort.

Sodass Amelie es im Bauch spüren kann.

Sie weiß, wann die Freunde traurig sind.

Sie weiß, was sie wieder fröhlich macht.

Sie macht sie gerne fröhlich.

Sie bringt die Freunde gerne zum Lachen.

Das kann sie sehr gut.

Und sie kann sich in alles verwandeln.

Wenn jemand sagt, sie gleiche einem Pferd…

    … dann ist sie plötzlich ein Pferd.

Wenn jemand sagt, sie sei dumm und nicht zu retten…

    … spürt sie plötzlich…

    … dass sie absolut dumm ist…

    … und absolut nicht zu retten.

Kann Amelie denn alles sein?

Nein, eins vermag sie nicht zu sein.

Sie vermag es nicht, sie selbst zu sein.

                                            Synnøve Borge

Elisabeth

Das Chamäleon

Immer wenn ich dieses Gedicht von Synnøve Borge lese, kommen mir die Tränen. Die Worte berühren etwas in meinem tiefsten Innern. Das Erlebnis, die Gefühle anderer zu *werden*, weil man sie spiegelt.

Ich erkenne darin wieder, wie es mir als Kind erging, als ich nicht begriff, dass ich die Gefühle und Stimmungen der anderen im Raum absorbierte. Das war der Grund, warum ich plötzlich traurig sein konnte – obwohl ich selbst gar keinen Anlass dazu hatte. Das war der Grund, warum mir etwas wehtun konnte, obwohl ich selbst eigentlich keine Schmerzen hatte.

Ich war wie ein Chamäleon, das je nach Umgebung die Farbe wechselt.

Als Erwachsene habe ich schon oft den Stress und Ärger anderer Leute übernommen, sei es in der Warteschlange an einer Kasse, sei es, wenn ich meine Kinder im Kindergarten abgeliefert habe. Obwohl wir, als die Kinder klein waren, unser eigenes gemütliches Tempo und unsere Ruhe pflegten, kam es vor, dass ich den Kindergarten mit dem Gefühl verließ, wir seien zu spät gekommen. Die anderen hatten alle so wenig Zeit. In der Garderobe herrschte eine etwas angespannte Stimmung. Es waren so viele Dinge zu übergeben, so viele Anordnungen zu erteilen. Gelegentlich beschleunigte sich mein Puls, wenn ich nur die Tür zum Kindergarten öffnete.

Hätte ich es geschafft, diese Spannungen an der Kindergartenpforte zurückzulassen, wäre alles in Ordnung gewesen. Da ich aber nicht begriff, was passierte, wusste ich nicht, dass ich genau das tun sollte. Somit ließ ich andere darüber bestimmen, wie viel vom Tag rein gefühlsmäßig mir gehören sollte. Andere Menschen und ihr Stress gaben mir den Ton vor.

Ich habe lernen müssen, zu verstehen, dass ich nicht all die Gefühle *bin*, die ich in mich aufnehme, sondern dass sie wie Verkehrszeichen sind, die angeben, wie schnell ich fahre und worauf ich achten muss. Nehmen wir ein Beispiel: Du bist wütend – und lässt deine Wut an deinem Partner oder an deinen Kollegen aus. Wenn aber dieses Gefühl als Verkehrszeichen fungiert, solltest du lieber innehalten und ergründen, warum du wütend bist. Etwa weil jemand deine Grenzen überschritten hat und du nicht zu protestieren gewagt hast? Durfte die Wut gären und sich auswachsen, bis du sie am Ende an Leuten auslässt, die gar nichts damit zu tun haben?

Meine Erfahrung ist, dass ich als Hochsensible unnötig viele Gefühle aufwirbeln kann, sowohl eigene als auch die anderer. Es ist, als trampelte ich in einem Teich mit beiden Beinen auf den schlammigem Grund und wirbelte Schlamm, Sand und Morast auf. Schließlich ist das zuvor klare Wasser nur noch trüb. Heute beherrsche ich Techniken, mit denen ich den aufgewirbelten Schlamm so sortieren kann, dass er sich dort absetzt, wo er soll. Ich übernehme die Verantwortung für meine Gefühle und lasse die der anderen los.

Allein

Ich war die Seltsame. Die Uninteressierte. Diejenige, die beim Völkerball als Erste abgeworfen wurde. Am liebsten nahm ich am sozialen Leben so ein bisschen von der Seitenlinie aus teil, während ich ganz meinen Tagträumen nachhing.

In meiner allerersten Erinnerung spiele ich für mich allein im Kinderzimmer. Blendend weißes Sonnenlicht fällt herein. Ich habe ein schönes Kleid an und gebe für Puppen und Teddys eine Teegesellschaft. Alles ist äußerst lebendig.

Ich bin die ganze Zeit allein. Ich fühle mich einsam, aber auch gut. Denn ich war gern für mich allein. Aber ich wollte auch gesehen werden.

Als Kind beschäftigte ich mich viel mit dem Sinn des Lebens. Warum war ich hier? Warum waren die Menschen auf der Erde? Die großen Fragen waren kompliziert. Ich war zurückhaltend, introvertiert und hatte das Gefühl, anders zu sein. Es war, als sehnte ich mich danach, ein anderer Mensch zu sein.

Dann kam mein Bruder zur Welt, und nun schien für mich kein Platz mehr zu sein. Dieses Gefühl kennen wahrscheinlich viele kleine Kinder, die auf einmal die ältere Schwester oder der ältere Bruder sind – plötzlich ist da ein anderer Mensch, der alle Aufmerksamkeit auf sich zieht. Doch wenn ich heute darüber nachdenke, glaube ich, dass ich eigentlich das großes Bedürfnis hatte, auf eine etwas andere Art gesehen und anerkannt zu werden, als es in der Kindererziehung der 1970er-Jahre üblich war.

Ich brauchte sehr viel Lob und Aufmerksamkeit. An Zärtlichkeit und Umarmungen hat es zu Hause nicht gemangelt, doch ich konnte nie genug davon bekommen, wahrscheinlich wurde ich mit einem besonders starken Bedürfnis danach geboren. Ich bin wie eine ausgetrocknete Pflanze, die sehr viel Wasser schluckt. Alles, was ich hören will, ist, dass es Platz gibt für mich. Dass ich gut genug bin.

Vielleicht wünschte ich mir, die Leute würden sich etwas mehr *mit mir zusammen wundern*, als nur zu messen und zu kategorisieren, wer ich, von außen besehen, war. Oft hatte ich den Eindruck, dass bei Kindern nur ihre Leistungen gesehen wurden – sportliche wie schulische. Kinder waren gewissermaßen entweder tüchtig in der Schule oder sportlich.

Ich war keins von beiden. Ich war eine Träumerin.

Ich erinnere mich, dass ich am ersten Schultag in der Grundschule beschämt war. Ich konnte meinen Namen nicht schreiben. E-L-I-S-A-B-E-T-H. Neun Buchstaben. Das war zu lang. Zu schwierig. Alle anderen Kinder dagegen konnten ihren Namen schreiben.

Die Skikarten, die im Winter an jedem Montag eingesammelt wurden, stellten für mich eine Niederlage dar. Alle sportlichen und tüchtigen Schulkinder hatten am Wochenende auf ihren Skiern weite Strecken zurückgelegt und die Kilometer in ihre Karte eingetragen. Wo andere zwölf Kilometer gelaufen waren, hatte ich vielleicht zwei geschafft. Ich hatte das Gefühl, als bestünde das Leben aus so vielen Langlaufkilometern und Schwimmabzeichen wie nur irgend möglich. Überall ging es um Zahlen, Längen, Leistungen. Ich besaß keinen Konkurrenzinstinkt und gab auf, bevor ich überhaupt angefangen hatte.

Konnte ich auf Skiern hinauslaufen und mich unter einem Baum in einer Hütte aus Fichtenzweigen verstecken, war ich selig. Dort spielte ich mit Zapfen und Stöckchen, sie bildeten eine eigene Gesellschaft und meine eigenen kleinen Familien.

Damit konnte ich mich stundenlang beschäftigen. Unter den Bäumen war es meist still, der Schnee ringsum dämpfte die Geräusche der Umwelt.

Manchmal wurden diese Schauplätze gegen kahle Felsen, Algen, Tang und Salzwassergeruch ausgetauscht. Wieder konnte ich mir ein Setting schaffen. Bauten andere Kinder sich mit Decken und Kissen eine Spielhütte unterm Esstisch, so schuf ich mir meine geheimen Räume draußen in der Natur. Dort konnte ich mit mir selbst reden. Die Fantasiewelt in meinem Kopf lebendig werden lassen. Ich glaube, ich wurde ruhiger, wenn ich eine Weile unter einem Baum oder draußen auf meinem kahlen Felsen verbracht hatte.

Es fiel mir oft schwer zu verstehen, was andere sagten. Ich begriff die sozialen Codes und Höflichkeitsphrasen nicht, die offensichtlich alle beherrschten. »Schönes Wetter heute...« »Wie angenehm...« »Wir müssen uns bald mal treffen...« – Nur zu oft konnte ich sehen, dass die Leute nicht meinten, was sie sagten. Deshalb fand ich, dass sie ehrlicher sein und die Dinge beim Namen nennen sollten. Jede oberflächliche Schauspielerei verwirrte mich.

In der Schule wurde ich beim Sport immer als Letzte gewählt. Ich war eine von denen, die zusammen mit anderen schlechten Schülerinnen und Schülern en gros gegen *einen* guten Spieler ausgetauscht werden konnten. Fünf träge gegen einen flinken. Die einfache Rechenaufgabe der Kindheit. Selbstverständlich erzähle ich das nicht, um bedauert zu werden. Ich war nicht zu bedauern. Viele werden sich in dem wiedererkennen, was ich hier beschreibe, weil es ihnen genauso erging. So ist das Leben. Doch vielleicht habe ich emotional heftiger reagiert als die meisten. Ich war darüber hinaus unmusikalisch und in den Musikstunden nicht die Eifrigste.

Selbst Zeichnen bekam ich nicht hin. Wo andere die fantastischsten Kunstwerke zu Papier brachten, schaffte ich es gerade mal, Strichmännchen zu zeichnen.

Ich erlebte mich selbst als jemand, der in nichts tüchtig war. Und um ganz ehrlich zu sein, ich langweilte mich viel. Ständig wartete ich darauf, dass etwas Spannendes passieren würde. In meinen Tagträumen konnte ich weit fortreisen.

Wenn im Lautsprecher plötzlich die Durchsage ertönte, Elisabeth Nordeng solle zum Schulzahnarzt kommen, lag mir das gleich schwer und stachelig im Magen. Nicht weil ich Angst vor dem Schulzahnarzt hatte. Sondern weil ich es hasste, nicht vorbereitet zu sein. Ich brauchte Vorhersehbarkeit. Ich wollte die Dinge im Voraus wissen. Deshalb hatte ich immer schweißnasse Hände und ein flaues Gefühl im Magen, wenn nach der Durchsage als einzige Vorwarnung die Zahnarzthelferin auftauchte, um mich abzuholen.

Nach außen hin wirkte ich wohl sehr ruhig. Innerlich aber war ich sehr unruhig und unkonzentriert. Selbst wenn ich mit anderen zusammen war, entschwand ich in einen Tagtraum. In diesen Träumen ging alles so schnell, wie ich wollte. Im wirklichen Leben ging alles zu langsam.

Sobald ich jedoch auf der Bühne stand, passierte etwas mit mir. Ich fühlte mich so lebendig – so präsent. Es kam mir so vor, als würde ich ein anderer Mensch. Theaterspielen gehörte mit zum Besten, was ich kannte.

Ich glaube nicht, dass ich davon träumte, Schauspielerin zu werden. Mir war vermutlich gar nicht klar, dass es dafür eine Ausbildung gab. Das machte man in Kolbotn in den 1980er-Jahren einfach nicht. Außerdem hörte ich schlecht, weswegen ich oft nicht richtig verstand, was die Leute zu mir sagten. Viele hielten mich für überheblich. Doch in einem Raum voller Stimmengewirr und Lärm – und all den Feinheiten, die ich erfasste und in mich aufnahm – war es wirklich nicht einfach mitzubekommen, was andere sagten. Wenn ich es mir genau überlege, habe ich wahrscheinlich von den Lippen abgelesen, intuitiv gehandelt, einiges geraten – und oftmals danebengelegen. Ich habe genickt und gelächelt, ein wenig den Kopf geschüttelt und vage und errötend geantwortet, wenn mir klar wurde, dass ich eigentlich nichts verstanden hatte.

Es gab nur wenige Settings, in denen ich mich hundertprozentig wohlfühlte. Hundertprozentig wertvoll. Doch es gab sie. In der Nähe guter Freunde, in den Tiefen eines Buches, in der Natur und zusammen mit meinen Hunden.

Vielleicht war es das Allerwichtigste für mich, anerkannt zu werden und bestätigt zu bekommen, dass an mir nichts verkehrt war. Denn ich verstand mich selbst nicht. Es war, als befände ich mich in einer Art Dornröschenschlaf.

Als ich mich als Erwachsene einmal mit einer Freundin aus der Schulzeit unterhielt, erinnerte sie sich, dass sie mich nie zu ihrem Kindergeburtstag eingeladen hatte. Sie hatte darüber nachgedacht und erklärte mir, warum: »Du warst unsichtbar. Wir haben dich nicht gesehen.«

Ich merke, wie mich diese beiden Sätze treffen. Ich habe mich tatsächlich unsichtbar gefühlt und war es zeitweise wahrscheinlich auch. In meinem Körper war ich wenig präsent. Meine Aufmerksamkeit und Gedanken waren weit weg, in einem Tagtraum. Vielleicht schwebte ich auch ein Stückchen über dem Erdboden und hinterließ keine deutlichen Fußspuren.

Scharfe Sinne

»Geh bitte ein Stück zur Seite!«
Ich stand mitten im Wohnzimmer und zuckte zusammen. Ich hatte das Gefühl, als hätte mich ein spitzer Pfeil getroffen. Die anderen sahen fern, und ich stand ihnen im Weg. Eine derart harmlose Aufforderung, dass ich ein Stück zur Seite gehen solle, weil ich vor dem Bildschirm stand, fasste ich auf, als hätte ich etwas richtig Blödes getan. Mein gesamter Körper reagierte auf die Kritik. Ich wurde ganz aufgeregt und war todunglücklich, weil ich *verkehrt* gewesen war.

Kleinigkeiten wurden so groß. Alle Sinneseindrücke waren so stark. Es war, als würde ich alles inhalieren.

Gerüche konnten mich fürchterlich verstören. Kam ich in ein Haus, in dem lange Zeit feuchte Kleidung herumgelegen hatte, wurde mir speiübel. Vom Geruch nach Fischstäbchen, Lungenhaschee und gekochter Bratwurst konnte ich mich übergeben. In den ländlichen Gemischtwarenläden der 1970er-Jahre gab es so unglaublich viel mehr Gerüche als in den heutigen Lebensmittelgeschäften. Im Eingangsbereich roch es nach frisch gemahlenem Kaffee, weiter drinnen nach Fisch und ganz hinten nach frisch gebackenem Brot. Jeder Geruch für sich war gut, doch im Verein überwältigten sie mich oft. Waren es zu viele Gerüche auf einmal, wurde ich nicht damit fertig.

Jede Wohnung hat ihren ganz spezifischen Geruch. Wir bemerken ihn, wenn wir in den Flur treten, doch da wir uns schnell an ihn gewöhnen, verschwindet er fast unmerklich. Erst wenn wir wieder zu uns nach Hause kommen und an unserer Kleidung schnuppern, erkennen wir den Geruch der anderen Wohnung und der Menschen dort wieder.

Ich konnte es immer riechen, wo meine Familie zu Besuch gewesen war, und ich konnte die Häuser der Leute nach ihrem Geruch einteilen. Bei einer lieben Tante hatte jeder Raum ihres alten Hauses seinen eigenen Geruch. Ein Zimmer roch alt. Ein Zimmer roch heimelig. Und wenn ich aus dem eiskalten Flur in die Küche trat, roch es vom Holzofen her warm und geborgen nach Birkenholz und gemütlichem Beisammensein am Kamin.

Meine Tante hatte in der Küche einen Trittstuhl, so einen spannenden, praktischen Stuhl mit ausklappbarer Trittleiter und einer Sitzfläche aus rotem Kunstleder. Wenn ich einen Rock trug, blieb ich mit den Schenkeln an dem Kunstleder kleben. Auf diesem Stuhl saß ich, wenn meine Tante mir Orangensaft machte. Die Büchse mit dem tiefgefrorenen Saftkonzentrat lag im Gefrierfach ganz oben in dem kleinen Kühlschrank. Sie gab den gefrorenen Orangensaftklumpen in eine Kanne Wasser und verrührte ihn behutsam. Das roch gut, frisch und säuerlich. Wenn ich will, kann ich mir noch heute den Geruch genau ins Gedächtnis rufen. Es war exotisch. Feierlich.

Ich war gerne bei meiner Tante. Es war wie in einer anderen Welt, wenn wir von einem speziellen Obstservice Früchte essen durften. Die kleinen Porzellanteller hatten einen Goldrand und schöne aufgemalte Früchte. Mit speziellen kleinen Obstmessern schälten wir Äpfel und Orangen und teilten sie in Schnitze. Im Wohnzimmer konnte ich die große Großvateruhr ticken hören.

Wir hatten alle Zeit der Welt.

Eine Nachbarin, die ich ebenfalls Tante nannte, verkörperte alles, was weich war. Sie war eine einzige große, warme Umarmung aus weichen Armen, weichen Wangen, weichen Samthosen und schönem Lippenstift. Sie hatte immer Zeit übrig. Im ganzen Haus roch es schwach nach Parfüm. Selbst ihr Cockerspaniel hatte einen ganz eigenen Geruch, und seine Ohren waren besonders weich. Alles war vorhersehbar und fein.

Auch andere Gerüche habe ich wieder in der Nase, wenn ich daran denke. Bei Großmutter hingen über der Arbeitsplatte in der Küche immer frisch gewaschene Brotbeutel und Plastiktüten. Sie spülte sie mit klarem Wasser aus und benutzte sie dann wieder. Deshalb konnte ich darin nach wie vor den Brotgeruch wahrnehmen. Es war ein leicht unangenehmer süßlicher Geruch, und ich wusste nicht, ob ich ihn mochte oder nicht, nahm ihn aber intensiv wahr.

Die Hunde in meinem Leben stehen für den Geruch von Geborgenheit schlechthin. Von meinem vierten bis siebten Lebensjahr hütete unsere Familie den schwarzen Kurzhaardackel irgendwelcher Verwandten. Er schlief bei mir im Bett. Das war so, wie mit einem guten Gefährten an meiner Seite den Kleiderschrank zu betreten, der nach Narnia führt.

Als ich dreizehn war, bekamen wir einen Neufundländer, so ein riesiges Felltier mit langen Wangen. In seinem wehmütigen Blick lagen aller Schmerz und alle Schönheit der Welt. Er hieß Nero wie diese Schokolade und hatte auch dieselben Farben: Schwarz und Braun wie eine von dunkler Schokolade umgebene dünne Schicht Lakritzgelee.

Als ich in der siebten Klasse Pfeiffersches Drüsenfieber und eine Lungenentzündung hatte, lag ich ein paar Monate lang zu Hause fast nur im Bett. Ich war klapperdürr und fand in dem riesigen, pummeligen Welpen mit den viel zu großen Pfoten Kraft und Trost. Nero wich mir nicht von der Seite. Ab und zu gaben wir ihm einen Stockfisch zu fressen. Dann lag er stundenlang da und kaute auf dem getrockneten Köhler herum. Er bekam davon den schlechtesten Atem der Welt, doch ich liebte alles, was dieser Hund verkörperte.

Seitdem bin ich von Hunden total abhängig. Sie befriedigen meine emotionalen Bedürfnisse. Sie wedeln mit dem Schwanz, wenn sie mich sehen, passen auf mich auf, akzeptieren mich und verstehen mich. Ich habe riesengroßes Zutrauen zu ihnen. Sie hören sogar, was ich nicht höre.

Wie bereits erwähnt, ist mein Gehör etwas schlecht. Trotzdem bin ich immer schon sehr geräuschempfindlich. Alle irritierenden, sich wiederholenden Geräusche wie das Geklicke mit einem Kugelschreiber, Fingergetrommel auf der Tischplatte, all diese Geräusche, die Leute unbewusst produzieren, unter anderem wenn sie sich langweilen, sind für mich äußerst anstrengend. Oft hören die Leute selbst sie gar nicht, doch für die Umgebung können sie wie Kugeln sein, die einem unmittelbar in den Körper schießen. Klirrender Schmuck, Schmatzen beim Essen, geräuschvolles Kaugummikauen, Besteckgeklapper, Stühle, die über den Fußboden gezogen werden, taktfest quietschende Räder eines Kinderwagens, die geölt werden müssten – all das »hört« das Sensible in mir in voller Lautstärke.

Manche Menschen sprechen in einem Tonfall und einer Tonlage, die ich genieße und den ganzen Tag hören kann. Das ist wie flüssiger Honig. Andere haben eine Stimmfrequenz, die wie ein elektrischer Bohrer meine Ohren und meinen Körper traktiert – und die mich schnell aufreibt. Ich merke, dass ich mich davor schützen und woandershin gehen muss. Vielleicht lachst du jetzt. Vielleicht erkennst du dich auch wieder. An den Menschen, die für mich unerträgliche Geräusche produzieren, ist jedenfalls nichts verkehrt. Es ist nur so, dass ich es bei meiner Empfindsamkeit nicht schaffe, ihnen zuzuhören. Geringste Nuancen und Geräusche können ungeheuer stark wirken.

So ist es auch mit Energien. Zeit meines Lebens spüre ich

Scharfe Sinne

schon die Stimmungen in den Häusern und Umgebungen, in denen ich mich jeweils befinde. Als Kind habe ich selbstverständlich nicht begriffen, was da vor sich ging. Doch ich nahm es physisch wahr, ob es an einem Ort Streit gegeben hatte, oder ob Harmonie herrschte. Manchmal bekam ich plötzlich einen Schweißausbruch, mir wurde schwindlig oder schlecht. Es handelte sich immer um eine Reaktion auf die heftigen Gefühle, die in dem Raum ausgetauscht worden waren, auf den Abdruck dessen, was sich dort abgespielt hatte, auch wenn die Menschen nicht mehr da waren. Es ist wie der Geruch nach verbranntem Docht, der sich noch eine Weile im Raum hält, nachdem man die Kerze gelöscht hat.

Hier und da herrschte eine friedliche Stimmung, woanders dagegen hingen noch Reste morgendlichen Zanks. In manchen Häusern hatte man alles unter den Teppich gekehrt, und wenn ich dort eintrat, stolperte ich fast darüber. Oft war ich überrascht, dass sonst niemand stolperte. War ich denn die Einzige, die diese Stimmungen bemerkte? Und ganz besonders deutlich wurde es, wenn in einem Raum große »rosa Elefanten« waren, also viele unausgesprochene Gefühle, an denen ich vorsichtig vorbeischleichen musste. Augenfällige Probleme, über die zu sprechen unangenehm war und die deshalb ignoriert wurden. Ich schwieg und zog mich in meine Traumwelt zurück.

Ging ich auf der Straße an Leuten vorbei, die herablassend miteinander sprachen, konnte ich für den Rest des Tages Bauchschmerzen haben. Leute, die einander beschimpften und auf eine unterschwellig aggressive Art über Belanglosigkeiten diskutierten, machten mich unruhig. Auch wenn sie gar nichts mit mir zu tun hatten. Alles bekam ich mit – ob die Leute nun in einem Café am Nebentisch saßen oder im benachbarten Zugabteil. Auch wenn sie sagten, sie würden nur diskutieren, so spürte ich doch den zugrunde liegenden Konflikt und die Wut, die dahintersteckte.

Manchmal war ich schlagartig traurig. Das waren jedoch nicht unbedingt meine Gefühle, sondern ich übernahm manchmal unwissentlich die Stimmung einer Person neben mir. Im Wartezimmer beim Arzt, in der Schule, frühmorgens im Bus. Plötzlich konnte mich die Lust überkommen zu weinen, obwohl ich eigentlich gar nicht traurig war. Ich konnte wütend werden, ohne einen Grund dafür zu haben. Und ich verstand nicht, dass ich mich womöglich nur unbewusst in das Befinden meines Nebenmannes versetzte.

Eine meiner Lehrerinnen, die immer im Klassenzimmer umherging und sich räusperte, machte mir eine Heidenangst. Sie war eine Autorität, die ich wirklich fürchtete. Allein wenn sie an ihren großen gelben Ohrclips fingerte, hatte ich das Gefühl, von einer Nadel gestochen zu werden. Ich spürte die Stiche unmittelbar und körperlich.

Hörte ich eine erschöpfte Stimme, war es, als würde ich die Verantwortung für diese Erschöpfung auf mich nehmen. Mein Kopf und mein Körper waren angefüllt mit dem Alltag, den Problemen und den Gefühlen anderer. Wie sollte ich wissen, was von mir selbst war – und was von anderen?

Was war eigentlich von mir und wichtig in *meiner* Welt?

Jugend

Freundschaft

Sie sind zu viert. Vier Freundinnen, die alles übereinander wissen. Sie sehen einander an und wissen, was die andere denkt, ohne dass jemand etwas gesagt hat.

Ihre Freundinnen halten sie immer schon für tough, mutig und zuverlässig. Sie haben aber auch dies gesehen: ihre Sensibilität. Ihre besonderen Antennen. Ihre Fühler, die immer ausgestreckt sind. Märthas Freundinnen begleiten sie schon viele, viele Jahre und kennen jeden Blick, jedes Zucken im Mundwinkel und Runzeln der Nase, die ihrem schallenden Lachen vorausgehen. Sie verstehen sie nicht immer. Sie sind mit ihr auch nicht immer einer Meinung. Doch sie bedeuten ihr alles.

Eine von ihnen erzählt ihre Geschichte:

Das neue Mädchen in der Klasse ist wütend. Fürchterlich wütend. Es ist vierzehn Jahre alt und musste mitten im Winter aus dem sonnigen Kalifornien ins graue Oslo ziehen. Es kennt niemanden. Nichts passt. Nichts macht Spaß. Es ist schwierig, sich all dem Neuen anzupassen, und das Mädchen führt sich auf wie eine verwöhnte Göre.

Märtha legt ihm gegenüber eine Nachsicht an den Tag, die das Mädchen nie ganz verstehen wird. Sie verlangt nichts. Verhält sich nicht aufgesetzt nett. Ist für das neue Mädchen einfach nur da. Es ist, als sähe sie in ihm das Gute und Freundliche. Ganz unmerklich schubst sie das Mädchen sanft in diese Richtung weiter.

Die Mutter des Mädchens bedankte sich viele Jahre später bei Märtha dafür, dass sie es mit ihm ausgehal-

ten hat. Märtha versteht nicht, was sie meint. Sie hat das Potenzial des neuen Mädchens gesehen und hat es dort abgeholt. Sie wusste, dass noch etwas anderes in ihm steckte als saure Mienen, und begriff, dass es sich abreagieren musste, um die neue Situation auszuhalten.

Eine der anderen drei Freundinnen erinnert sich, wie ihr Märthas Sensibilität aufgefallen ist, als sie selbst im Alter von zweiundzwanzig Jahren ihren Vater verloren hat.

Da war nur noch ein großes schwarzes Loch. Nichts hatte mehr Sinn. Märtha sagte nicht viel. Kam nicht mit den üblichen Beileidsbekundungen und höflichen, tröstenden Worten an. Sie war einfach nur außerordentlich präsent. Ruhig. Zuverlässig. Zündete für ihren Vater eine Kerze an. War auf ganz besondere Art dort mit ihr zusammen.

Als sie später für die Prüfung in Physiotherapie übten, massierte Märtha sie. Nach Wochen tiefer Trauer und unsäglicher Trostlosigkeit war es, als ob sich etwas löste. Ein spontanes, hysterisches Lachen. Eine Trauer, die herauswollte, ein Körper, der dringend durchatmen musste.

»Sie hat bei mir Dinge begriffen, die ich selbst erst viel später begriff. Einmal stand ich vor einer wichtigen Lebensentscheidung. Es irritierte mich, dass sie sich einmischte. Doch dann zeigte sich, dass sie einen Schritt voraus war. Sie sah etwas, das ich nicht gesehen hatte.«

Einer weiteren Freundin, die Märtha schon lange kennt, ist stets aufgefallen, wie sehr sie mit jeder Faser spürt, wie es den Leuten geht. Wie sie sich ganz und gar in das Leben und die Situation anderer hineinversetzt.

»Zeit ihres Lebens haben andere Menschen sich ihr gegenüber geöffnet und ihr ihre Lebensgeschichten erzählt. Viele Jahre lang dachte ich, es läge daran, dass sie Prinzessin ist, dass die Leute mit ihr in Berührung kommen und ein bisschen etwas von ihr haben wollten, dem nahe sein wollten, was sie hat, und daran Anteil nehmen. Als Erwachsene sehe ich, dass es nichts mit dem Prinzessinnentitel zu tun hat. Sie hat etwas ganz Besonderes an sich, was die Leute dazu bringt, sich zu öffnen und ihre Möglichkeiten zu sehen.«

Märtha

Rollen

Menschen konnten unheimlich sein. Ich wusste nie genau, wer mir hinterrücks einen Dolchstoß versetzte, wer Informationen über mich an die Presse verkaufte und wer im Gebüsch stand und Fotos von mir, meinen Freunden oder meinem Liebsten machte. Als Teenager war ich besonders unsicher. Wenn mich jemand kritisierte, nahm ich mir das sehr zu Herzen. Ich weinte und schloss mich ein.

Gleichzeitig wusste ich, wie privilegiert ich war. Ich hatte kein Recht, niedergeschlagen zu sein. Unglaublich oft hatte ich ein schlechtes Gewissen, weil ich mich schlecht fühlte. Obwohl ich Prinzessin im besten Land der Welt war. Was würden die Menschen sagen, wenn sie wüssten, dass ich das hart fand?

Als Teenager fand ich das Leben schwierig. Eine Zeit lang war ich wirklich schwer deprimiert. Haakon hatte seine Rolle als Kronprinz, doch mit mir wusste niemand etwas anzufangen. Ich war im Weg. Heiraten und in die Obhut eines reichen Mannes kommen? Das genügte mir nicht. Ich brauchte eine Rolle, also mussten sie sich etwas ausdenken. Aber was konnte ich tun?

Verkehrt geboren zu sein, wurde ein großes Thema in meinem Leben. Ich hatte ein generelles Schuldgefühl wegen vieler Dinge. Auch, weil ich ein Mädchen war. Wäre ich ein Junge, dann wäre für alle, für die ganze Familie alles viel einfacher. Selbstverständlich entbehrt dieses Gefühl jeglicher realen Grundlage. Was ich fühlte, haben Mutter und Vater nie

Rollen

so gemeint, nie so gedacht, und sie haben nie dergleichen gesagt.

Sie haben mich immer geliebt und sich gefreut, dass ich ein Mädchen war, das weiß ich. Doch ich wusste nicht, was ich mit meinem Leben anfangen sollte.

Ich hatte das grundsätzliche Gefühl, nicht gut genug zu sein für die Rolle der Prinzessin. Den Status, den mir diese Rolle verlieh, hatte ich nicht verdient. Ich konnte beim besten Willen nicht verstehen, warum so viele zu mir aufsahen. Ich war doch nur in eine besondere Familie hineingeboren. Andere mit einem hohen Status hatten etwas Wertvolles aufgebaut. Etwas geleistet. Ich dagegen hatte überhaupt nichts vorzuweisen!

Wenn ich zurückblicke, spüre ich es noch immer – eine große Leere, die mich erfüllte. Was war der Sinn? Was war meine Rolle? Konnte ich arbeiten und Geld verdienen? Würde ich für die anderen nur ein Klotz am Bein sein? Einen reichen Mann heiraten und nur Ehefrau sein, das war definitiv nichts für mich.

Wofür konnte *ich* gut sein – womit konnte *ich* etwas beitragen? Ich war nur da, um die Anforderungen anderer zu erfüllen. Ständig versuchte ich, besonders freundlich und besonders nett zu sein.

Es war sehr schwierig zu verstehen, wie Leute über mich urteilen konnten, ohne zu wissen, wer ich war, ohne mir als Menschen begegnet zu sein und mich kennengelernt zu haben. Entweder waren die Leute überschwänglich nett zu mir, oder sie hielten bewusst Abstand. Beides aus demselben Grund: weil ich Mitglied des Königshauses war.

Auf wen konnte ich mich verlassen? Wer mochte mich so, wie ich war? Ich war doch nur ein ganz gewöhnlicher Mensch!

In der Schule war ich beliebt. Ich hatte viele Freundinnen und Freunde, war gut im Sport, wurde nie als Letzte gewählt. Trotzdem schlug ich mich mit diesen großen, existenziellen Fragen herum. Wer bin ich? Was mache ich hier auf Erden? Was ist der Sinn all dessen, was wir erfahren?

In meiner Teenagerzeit war ich auf einmal schuld daran, dass andere einer erhöhten Belastung ausgesetzt waren, nur weil sie mit mir befreundet waren oder mit mir gingen. Plötzlich wurden auch sie zum Freiwild der Presse.

Ich bekam zu hören, dass ich die falschen Freunde hätte. Ich rauchte. Das war selbstverständlich ein grober Fehler. Prinzessinnen rauchen nicht, vor allem Sportprinzessinnen nicht. Es war nicht gut, das sehe ich ein, aber diese Schwäche hatte ich nun mal. Zwischen mir als Person und dem Glanzbild, das man von mir geschaffen hatte, bestand eine tiefe Kluft. Wie sollte es mir gelingen, meine Rolle und alle Erwartungen zu erfüllen?

Ich war so dünnhäutig. Fühlte mich nie sicher.

Erst später als Erwachsene habe ich verstanden, dass es okay war, niedergeschlagen zu sein. Meine Schwierigkeiten hatte sonst niemand und konnte auch niemand verstehen. Als ich mich am Ende der Teenagerjahre in einem absoluten Tief befand, als die Krise am schlimmsten war, traute ich mich nicht einmal, zum Psychologen zu gehen. Ich wusste, dass ich Hilfe brauchte, dass ich mit jemandem reden musste. Aber ich verließ mich nicht darauf, dass das, was ich erzählte, den Raum nicht verlassen würde. Wer würde mich auf dem Weg dorthin sehen? Wer würde wissen wollen, was ich erzählt hatte?

Der Pferdestall wurde mir Zufluchtsort und Atempause. Dort weinte ich. Dort vergaß ich. Dort wusste ich, wie ich mich verhalten musste.

Rollen

Ich erinnere mich an ein einschneidendes Erlebnis aus der Zeit, als ich sechs oder sieben Jahre alt war. Durch den *Märtha Louises Fond* begegnete ich zu Hause auf Skaugum einem taubblinden Mann. Der Fonds war 1972, ein Jahr nach meiner Geburt, eingerichtet worden, und jedes Jahr an meinem Geburtstag durfte ich dabei sein, wenn an behinderte Kinder Geld verteilt wurde.

Deshalb also stand der taubblinde Mann bei uns im Wohnzimmer. Ich war noch ein Kind, doch seine Persönlichkeit und seine ganze Art haben mich schwer beeindruckt. Ich sah ihn, und ich verstand ihn so gut. Er verständigte sich mithilfe seiner Hände. Das war so taktil, so sinnlich und fein. Er kommunizierte völlig ohne Sprache und Laute, allein indem er die Hände öffnete: Er ließ die anderen Zeichen in seine Hände schreiben und schrieb dann wiederum in deren Handflächen.

Bei dieser Gelegenheit wurde mir zweierlei klar. Es gibt mehrere Arten, miteinander zu sprechen, als mir bewusst gewesen war. Und wir alle haben die Möglichkeit, unsere Grenzen zu überwinden. Menschen mit körperlichen Behinderungen haben oft einen starken Willen, ihr ganzes Potenzial auszuschöpfen.

Ähnlich wie der taubblinde Mann mit anderen kommunizieren konnte, indem er ihnen Zeichen in die Handflächen schrieb, kommunizierte ich mit den Pferden. Als ich mit dem Reiten begann und dabei erlebte, wie ich mich über Gesäß, Schenkel und Hände mit dem Pferd verständige, war eine Revolution für mich. Da gab es kein Abschweifen. Alles war echt und direkt.

Ich hege keinen Zweifel, dass die Pferde mich gerettet haben.

Viele, die Pferde oder Tiere generell mögen, halten es für einfacher, mit einem Tier zusammenzusein als mit Menschen.

Wedelt ein Hund mit dem Schwanz, freut er sich. Knurrt er, ist er böse. Man ist nicht so verwirrt wie bei Menschen, aus deren Mund etwas ganz anderes kommt, als sie mit ihrer Körpersprache und ihren Gefühlen signalisieren.

Genau in diesem Punkt habe ich mich oft vertan.

Journalisten zum Beispiel konnten ungeheuer nett und freundlich sein, wenn die Kamera abgeschaltet war. Sobald sie aber lief, setzten sie ihre professionelle Maske auf, und ihre kritischen Fragen trafen mich wie spitze Pfeile.

Selbstverständlich sollte ich damit fertigwerden. Das war mein Job. Meine Rolle. Doch ich war noch ein Teenager und habe erst im Nachhinein begriffen, wie sensibel ich die ganze Zeit war. Wie stark das alles auf mich eingewirkt hat und wie sehr ich davon beeinflusst war. Wie viel mehr als andere ich gegrübelt und mich von Eindrücken und Erlebnissen habe überwältigen lassen.

Ich weiß, dass ich es ertragen muss, ausgelacht zu werden. Ich muss es ertragen, dass Leute aus vollem Hals über das lachen, woran ich glaube, dass sie drehen und wenden, was ich gesagt habe. Es ist ihr gutes Recht, sich über meine Sprache und meine Ansichten lustig zu machen. Ich lache gern, ich lache über mich selbst, und ich lache über gute Witze über Mitglieder des Königshauses. Doch manchmal werde ich traurig. Oder vielleicht eher mutlos.

Ich frage mich: Kommen sie nicht auf die Idee, dass ich wie alle anderen ein echter Mensch mit Gedanken und Gefühlen bin?

Überstimuliert

Es ist manchmal außerordentlich herausfordernd, sowohl hochsensibel als auch extrovertiert zu sein. Mit vielen Menschen zusammen zu sein, ist hochgradig anregend. Wir merken nicht, dass wir allmählich erschöpft sind, sondern geben weiter Gas. Wir lachen und reden, sind mit Volldampf dabei und saugen alles auf. Und mit einem Mal sind wir völlig am Ende. Heute weiß ich, dass dies nichts anderes ist als Überstimulierung. Doch in meiner Jugend konnte dieses Ende ganz abrupt auftauchen.

Bevor ich mir meiner selbst und meiner Sensibilität bewusst wurde, passierte das oft, wenn ich mit Freundinnen einen Ausflug auf eine Hütte machte. Alles schien in bester Ordnung zu sein, es ging uns ganz fantastisch. Wir waren ununterbrochen zusammen, schliefen fast nicht, schwatzten und lachten nur. Wir führten tiefgehende Gespräche über das Leben und lachten aus vollem Hals über alberne Kommentare. Mit anderen Worten, ein ganz normaler Mädelsausflug.

Doch eines Abends war ganz plötzlich Schluss. Ich musste weg. Einfach raus. Allein im Wald sitzen. Einen Baum befühlen. Die Sonne sehen. Und dann saß ich da und heulte.

Die anderen Mädchen kamen mir ganz schockiert nach. Alle glaubten, irgendeine von ihnen hätte etwas heillos verkehrt gemacht.

»Niemand hat etwas verkehrt gemacht«, sagte ich schluchzend.

»Was ist dann los?«, fragten sie besorgt.

»Nichts ist los! Ich muss nur mal ein bisschen allein sein. Diesen Baum anfassen!«

Ich lachte, während ich wie ein Schlosshund heulte.
Meine Freundinnen sahen mich an. Starrten den Baum an. Und warfen einander verstohlene Blicke zu. Ich verstehe gut, dass die ganze Bande meinte, ich sei verrückt geworden.
Mit der Zeit verstanden sie, wie es um mich bestellt war. Sie begriffen, dass ich vergnügt war, es mir irgendwann aber schlicht und einfach zu viel wurde. Und ich erkannte, dass ich Pausen einlegen musste und Zeit für mich allein brauchte, auch wenn die anderen nicht dieses Bedürfnis hatten. Ich konnte mich schlicht nicht mit den anderen vergleichen und meinen, nur weil *sie* nicht erschöpft und überstimuliert waren, dürfte ich es auch nicht sein. Auch wenn ich vielleicht glaubte oder so tat, als ginge es mir gut, musste ich auf mich selbst hören und die Kontrolle übernehmen, bevor ich völlig am Ende war.
Eines Sommers war ich mit einer befreundeten Familie auf einer griechischen Insel. Ich war jung und liebte neue Erlebnisse, doch war die Woche mit Aktivitäten vollgepackt gewesen und ich schon ziemlich erschöpft, als wir eine Segeltour zu einer Insel machten, auf der allerhand geboten wurde.
Auf dieser Insel herrschte unausgesetzt eine extrem ausgelassene Stimmung. Wir sollten griechische Traditionen kennenlernen. Die Griechen finden Vergnügen daran, Teller zu zerdeppern. Massenhaft Teller. *Kefi* nennen sie diese ultimative Lebensfreude, wenn die überschäumenden Gefühle mit Rums und Krawumm aus dem Körper heraus müssen.
Mitten in diesem Fest ergriff mich die pure Panik. »Was treiben wir da eigentlich!«, dachte ich. »Wie kann man an derart viel Lärm und Zerstörung Freude haben?«
Ein Gefühl von Weltschmerz stieg in mir auf. Wie konnten wir Menschen uns erlauben, unsere Erde auf diese Weise zu behandeln? Ich wurde stellvertretend für die ganze Mensch-

heit traurig. Traurig darüber, wie wenig wir mit uns selbst und mit der Natur um uns herum in Kontakt sind. Dass wir uns nicht darauf besinnen, wer wir sind.

Alle versuchten, mich dazu zu bewegen, den Spaß mitzumachen. Ich habe es wirklich probiert. Ich versuchte, einen Teller zu zerdeppern. Es ging nicht. Es war, als käme wegen einer kleinen Scherbe alles Leiden über mich. Total erschüttert stand ich da und zitterte vor Frustration, während um mich herum alle tanzten, lachten und feierten.

Auf der Rückfahrt saß ich tränenüberströmt an Deck, um uns herum kristallklares Meer. Ich sah die Sonne untergehen und weinte und weinte. Es war, als könnte ich nie wieder aufhören.

»Was ist passiert? Was ist mit dir?«, fragten die Leute.

»Ja, schaut euch doch nur mal die Sonne an!«, sagte ich und schluchzte.

Sie sahen mich seltsam an. Niemand begriff auch nur das Geringste.

Wegen der Sonne flennen, quasi.

Elisabeth

Wahl des Weges

Ich gehörte zu den Poppern und stammte aus Kolbotn. Mein Ziel war, Seekapitän zu werden wie mein Großvater. Als ich mich 1984 zum ersten Schultag auf der Seemannsschule in Borre einfand, erschien ich mit toupierten, gebleichten Haaren, in schockrosa Stilettos und hellblauer Karottenhose. Wie die meisten anderen hörte ich Wham. Ich konnte alle Texte von George Michael auswendig. Und sparte dauernd auf einen neuen Pulli von Paul & Shark. Jetzt sollte ich eine Schutzbrille und einen Overall tragen.

Aus den offenen Fenstern des Internats dröhnte Hardrock von Nazareth und AC/DC. Die Jugendlichen an der Ecke beim Eingang rauchten selbstgedrehte Zigaretten und trugen knallenge schwarze Jeans. Ich kam mit meiner Zehnerpackung *Prince mild* angetrippelt. Sah mich um und erfasste jeden einzelnen dramatischen Unterschied zwischen mir und ihnen.

Mit einem Mal war es nicht mehr sicher, dass ich dort etwas zu suchen hatte.

Als Teenager war ich wirr. Ständig reizte ich alle Grenzen aus. Mich im Haus zu haben, muss anstrengend gewesen sein. Ich war widerspenstig und eigen und opponierte wild gegen alles. Ich hasste den Herdentrieb und große Jugendbanden. Nach außen hin folgte ich der Pastellmode und tat alles, was ich konnte, um mit den richtigen Markenklamotten Popper zu sein. Zu Hause aber maulte ich über Nichtigkeiten und war grundsätzlich wütend und frustriert. Ich konnte sozusagen nicht schnell genug erwachsen werden.

Wie die meisten Teenager ging ich viel auf Partys. Zugleich brauchte ich viel Zeit für mich allein. Ich wollte oft in unsere Hütte in Valdres gefahren werden, um mit dem Hund allein zu sein. Und immer hatte ich einen Packen Bücher dabei. In der Hütte konnte ich mich durch Christiane F.s *Wir Kinder vom Bahnhof Zoo* weinen. Ich verschlang alles, was von menschlichen Beziehungen handelte, und liebte die Bücher von Marilyn French, Ingvar Ambjørnsen, Amalie Skram und John Irving.

Als Person war ich verletzlich. Bei Gruppenarbeiten hasste ich Konflikte und spitze Ellbogen. Wo andere eine Diskussion als ganz normale Auseinandersetzung und als Meinungsaustausch auffassten, fehlte mir die schützende Membran, die mich den Konflikt ertragen ließ. Im Nachhinein sehe ich, dass ich mich in der Schule völlig alltäglichen Diskussionen oft entzogen habe. Ich meldete mich aus Situationen ab, in denen ich vielleicht hätte am Ball bleiben sollen. Zu vielen Dingen hatte ich nämlich eine dezidierte Meinung. Doch anstatt sie einzubringen, hielt ich mich heraus. Um mich vor Verletzungen zu schützen, war ich bereit, sowohl Menschen als auch Situationen aus dem Weg zu gehen.

Zwei Jahre brauchte ich für die Ausbildung zur Schiffsmechanikerin, ein Jahr in Borre und ein Jahr an der Technisch-Maritimen Hochschule in Oslo, und stets war ich das einzige Mädchen unter den Jungs. Auf der Seemannsschule fühlte ich mich trotzdem sehr wohl. Ich fand gute Freunde, und die Schule öffnete mir praktisch die Augen für meine heillosen Vorurteile, die auf äußeren Faktoren wie Kleidungsstil und Musikgeschmack beruhten. Die Berufsaussichten für Schiffsjungen waren jedoch schlecht. Und das nicht nur, weil ich als

Mädchen untypisch war, damals wurde fast niemand angeheuert. Die Schifffahrt erlebte gerade einen rapiden Niedergang. Mir wurde klar, dass eine weiterführende Ausbildung völlig vergeudet wäre, und ich hatte keine Ahnung, was ich mit meinem Leben anfangen sollte.

Gewissermaßen öffnete sich mir die Welt, als ich achtzehn war – und ich schloss die Türen zu dieser Welt und zog mich in mich selbst zurück. Eine Seite von mir hatte zwar großes Fernweh. Die Sehnsucht in mir, zu reisen und die Welt zu sehen, wuchs. Aber irgendetwas hielt mich immer zurück. Ich kam nicht fort. Verwirklichte nie meine Träume. Ich war nie mit Interrail unterwegs, besuchte nie das Roskilde-Festival oder was Jugendliche sonst so machen. Der Entschluss wegzufahren, saß viel zu tief drinnen. Ich brauchte unendlich lange, mich zu entscheiden. So lange, dass nichts daraus wurde.

Ich versuchte, ein gewöhnlicher Teenager zu sein. Ging viel auf Partys, war eine gute Tänzerin und gern unterwegs. Doch mit der Zeit kam mir das leer und sinnlos vor.

Irgendwann kaufte ich mir einen West Highland White Terrier. »Shorty« war nun meine Entschuldigung, nicht mehr auf Partys gehen zu müssen. Eigentlich fand ich es dort zu laut. Da waren zu viele Menschen, es war zu eng und zu wild. Der Hund wirkte beruhigend auf mich. Er verstand mich. Akzeptierte mich, wie ich wirklich war.

Der große Knall kam, als ich zwanzig war. Da fand ich plötzlich *alles* sinnlos. Es wurde gewissermaßen total schwarz. Gleichzeitig, so sehe ich es im Nachhinein, hat dieser Knall die Tür zu einem ganz neuen Abschnitt in meinem Leben geöffnet. Es war die Tür zurück zu mir selbst. Wahrscheinlich kann ich dankbar sein, dass diese rüde Talfahrt so früh in meinem Leben kam. In tiefster Finsternis begegnete ich jedenfalls einem Menschen, der mir sehr viel bedeuten sollte.

Sie war Therapeutin, also Profi, doch ich merkte, dass ich einen Platz in ihrem Herzen bekam. Sie wagte es, in der Begegnung mit mir ein Stück von sich selbst zu geben. Sie war die Erste, die mich sah und meine Sensibilität verstand – diesen Charakterzug, den ich selbst nicht gesehen hatte und den damals niemand von uns benennen konnte. Gleichwohl begriff sie, warum ich so viel heftiger als andere auf alles reagierte. Sie hörte zu und begegnete mir als Mensch. Wir entwickelten ein unglaublich tiefes Vertrauensverhältnis.

Ich konnte mich auf sie verlassen. Sie war an mir als Menschen interessiert. Ich ging mehrere Jahre zu ihr und durchlief einen gewaltigen Prozess. In der Begegnung mit ihr lernte ich allmählich, mehrere Seiten meiner Persönlichkeit zu sehen. Sie sah das Intuitive in mir und sagte nicht, ich hätte zu viel Fantasie. Vielmehr ermunterte sie mich, Spirituelles und Geistiges zu erforschen. Sie meinte, dass darin etwas Wertvolles für mich liegen könne. Und dass es wahrscheinlich einen Großteil dessen ausmache, wer ich als Mensch in Wirklichkeit sei. Mit ihrer Hilfe fand ich schließlich den Kontakt zu mir selbst und meiner inneren Stimme.

Die sagte etwas ganz anderes, als ich geglaubt hatte.

Ganz plötzlich, fast über Nacht, bekam ich riesige Lust auf ein Familienleben mit kleinen Kindern. Es war seltsam. Kinder hatte ich nie gemocht. Ich fand sie fürchterlich anstrengend. Durch die Gespräche mit der Therapeutin begriff ich jedoch auf tiefere Weise, wer ich war und was ich mir wünschte im Leben. Mir wurde auch klarer, wie ich leben musste, damit es mir gut ging.

Mein Sohn wurde geboren, als ich dreiundzwanzig Jahre alt war. Ich weiß, das klingt jetzt nach Klischee. Aber im Lauf von neun Monaten fügte sich mein Leben zu einem Ganzen.

Endlich schaffte ich es, aus dem Bauch heraus zu lachen. Endlich war ich von ganzem Herzen froh.

Er wurde 1992 im Rikshospital per Kaiserschnitt geholt. In der Nacht war die Fruchtblase geplatzt, und nachdem ich viele lange Stunden in den Wehen gelegen hatte, musste ein Kaiserschnitt gemacht werden. Das Ganze war ziemlich dramatisch, und zum Glück ging alles gut. Es war ein Märztag, doch ich habe keine Ahnung, ob es schneite, oder ob die Sonne schien. Das Drumherum interessierte mich nicht die Bohne. *Ihn* zu bekommen gab mir das Gefühl, dass *er mich* gewählt hatte. Er brauchte mich.

Ich wurde Mutter der schönsten Seele der Welt, und das Leben begann. Ich bekam eine Lebensaufgabe.

Für die Leute war ich wahrscheinlich eine bedauernswerte alleinerziehende Mutter. Ich bekam Sozialhilfe, schob den ganzen Tag den Kinderwagen umher und wohnte bei Großmutter im Untergeschoss. Ich hatte so wenig Geld, dass ich die Kleider meiner Mutter auftragen musste. Ich war dünn wie ein Strich, weil ich mit dem Kinderwagen überallhin zu Fuß ging. Straßauf, straßab, von der Bücherei zur Elterngruppe, zum Lebensmittelladen und wieder nach Hause. Ein Auto konnte ich mir nun wirklich nicht leisten.

Diejenigen, die mich damals gesehen und geglaubt haben, mir gehe es dreckig – wenn die gewusst hätten!

Wenn die gewusst hätten, wie unsagbar glücklich ich war.

Staatstrauer
17. Januar 1991

König Olav saß auf Kongsseteren im Fernsehsessel und sah sich die Nachrichten an, als er einen Herzinfarkt erlitt. Das war am Abend des 17. Januar 1991. Seine drei Kinder wurden herbeigerufen und waren bei ihm, als er ein paar Stunden später im Alter von siebenundachtzig Jahren starb.

Eine halbe Stunde nach Mitternacht wurde auf dem Schloss in Oslo die Königsflagge mit Trauerflor auf Halbmast gesetzt. Da war Kronprinz Harald bereits allein abgefahren, um den Ministerrat einzuberufen. Ihm oblag es, der Regierung und dem Volk mitzuteilen, dass sein Vater tot war. Fernsehen und Rundfunk unterbrachen ihre Programme und sendeten Trauermusik. Im Dämmerlicht auf dem Schlossplatz waren vereinzelte dünne Frauenstimmen zu hören. Sie sangen die Nationalhymne.

Eine derartige Trauer hatte noch niemand erlebt. Ganz Norwegen weinte unverhohlen. Kleine Kinder, Busfahrer, Geschäftsleute und ältere Frauen in Pelzmänteln knieten Seite an Seite auf dem Schlossplatz im Schnee, um Fackeln anzuzünden. Jeder und jede Einzelne reagierte ganz spontan. Wie ein lautloser Strom von Mitgefühl kamen im Lauf der Nacht und der Morgenstunden die Trauernden. Mit Taschen voller Stumpenkerzen, Teelichtern, Rosen, Zeichnungen und Streichhölzern.

Er war der Sammelpunkt gewesen. Und jetzt war er nicht mehr da.

Alle fühlten sich als Angehörige.

Märtha

Begegnung mit dem Tod

Für ein Kind kann ein Haustier *alles* bedeuten. Haustiere trösten uns mit feuchter Schnauze und dichtem, weichem Fell. Sie schauen uns verstehend an und wollen fast immer gestreichelt werden. Petter hatte Federn und verstand fast alles. Er war mein Wellensittich. Ich hatte ihn ungeheuer gern. Er konnte sprechen und sagte: »Petter braver Bub, Petter braver Bub!«

Ich bekam ihn von Mutter und Vater zu meinem zehnten Geburtstag auf Skaugum. Petter hatte eine grüne Brust, war ansonsten gelb und schwarz und über dem Schnabel blau, was anzeigte, dass er ein Männchen war. Er flog frei in meinem Zimmer umher, und wenn ich Hausaufgaben machte, setzte er sich immer auf meinen Stift. Als Haakon Polly bekam, die eine blaue Brust hatte, stets böse war und alle biss, kam Nachwuchs. Wir hatten einen Nistkasten auf dem Käfig, und Polly und Petter konnten frei zwischen unseren Schlafzimmern hin und her flattern.

Petter sorgte für sehr viele Junge und überlebte vier Weibchen. Doch eines Tages lag er, die kleinen Krallen in die Luft gereckt, rücklings auf dem Boden des Käfigs.

Wir begruben ihn in einer Schuhschachtel neben all seinen Frauen hinter dem Haus auf Skaugum. Ich war sehr traurig und konnte es mir kaum vorstellen, dass ich ihn nie wiedersehen sollte. Nie wieder würde er im Käfig sitzen, den Kopf schütteln, sich selbst im Spiegel bewundern und in einer Sprache draufloszwitschern, von der ich sicher war, dass ich sie verstand.

Zuvor hatte ich schon zwei Hunde verloren, Cherie und Bonny. Ich wusste also, wie unglaublich traurig es war, treue Freunde und Spielkameraden mit ihren Eigenheiten und starken Persönlichkeiten zu verlieren. Gleichzeitig erlebte ich den Tod als natürlichen Teil des Lebens. Er passierte und brachte eine Trauer mit sich, die jedoch vorüberging.

Jetzt war ich mit etwas ganz anderem konfrontiert.

Als Großvater auf Kongsseteren starb, war ich nicht zu Hause. Ich war neunzehn Jahre alt und lebte zu jener Zeit in England. Daher kam ich erst am nächsten Tag mit dem Flugzeug aus London. Als die ganze Familie im Schloss versammelt war, standen wir beisammen und sahen hinaus auf das Lichtermeer auf dem Schlossplatz. Kinder hatten Bilder gezeichnet, Jugendliche hatten Gedichte geschrieben, überall waren Rosen und brennende Fackeln.

Großvater war im Roten Salon auf dem Paradebett aufgebahrt. Ich durfte eine Weile alleine bei ihm sein. Um den Sarg herum brannten Kerzen, alles war still. Ich setzte mich an seine Seite und betrachtete sein Gesicht. Dieses schöne Gesicht, das so viele kannten und das ich so mochte. Mir liefen die Tränen über die Wangen. Ich ließ sie laufen, saß einfach nur da und betrachtete Großvater. Es war, als wäre er zusammen mit mir in dem Raum präsent. Ich konnte seine Anwesenheit spüren.

»Danke für alles«, sagte ich zu ihm.

Wir durften uns dort drinnen von ihm verabschieden. Es war so schön und intensiv. Nie zuvor hatte ich den Tod so erlebt. Doch jetzt war er da.

Als Großvater einbalsamiert war, wurde er in sein Schlafzimmer verlegt. Die Nähe, die ich im Roten Salon gespürt hatte, war verschwunden. Ihn jetzt zu sehen, war etwas völlig anderes. Da lag plötzlich nur noch eine leere Hülle. Großvater, wie ich ihn kannte, war verschwunden.

In solch intensiven und ergreifenden Lebenssituationen bin ich froh über alle Sinne, die mir zuteil geworden sind. Mit ihrer Hilfe bekomme ich die Nuancen mit. Kann ich das Subtile erleben. Das verleiht meinem Leben Sinn.

Vor dem Schloss erlebten wir eine überaus intensive und ergreifende Gemeinschaft. Ich bekomme noch immer einen Kloß im Hals, wenn ich daran denke. Ich erinnere mich, dass ich damals viel an jene dachte, die mit ihrer Trauer allein sind. Die einen über alles auf der Welt geliebten Menschen verloren haben, und dann niemanden bei sich haben, der von ihrer Trauer weiß oder Anteil daran nimmt. Wir sehen diese Menschen womöglich auf der Straße, und niemand von uns weiß, wie traurig sie sind.

Alle verstanden, dass ich traurig war. Alle waren traurig. König Olav war ein beliebter Mann. Ich war unendlich dankbar, den Verlust mit so vielen teilen zu können. Das war eine große, bedeutende Hilfe.

Es war die bis dahin größte Veränderung in meinem Leben und dem meiner Familie. Über Nacht fielen meinem Vater, meiner Mutter und meinem Bruder neue Aufgaben zu. Das Ereignis war emotional überwältigend, es war aber nicht so überwältigend, dass ich nicht damit fertiggeworden wäre. Ich hatte eher das Gefühl, eine Ressource zu sein. Alles, was ich empfand und in mich aufnahm, konnte jetzt eine Hilfe sein.

In der Familie gaben wir einander Raum, um die Trauer und den Tod unterschiedlich zu begreifen. Auf unsere jeweils eigene Weise waren wir aufmerksam und füreinander da – zusammen. Die ganze Familie war darauf vorbereitet gewesen, dass es geschehen würde. Das Begräbnis war genau durchgeplant, alle wussten, was sie zu tun hatten. Darüber hinaus hatten wir viel Zeit, um alles zu verarbeiten. Drei Monate lang war Hoftrauer, in dieser Zeit taten wir nichts. Wir konnten über vieles reden und spürten unsere starken Familienbande.

Jetzt, wo ich erwachsen bin und im Leben noch mehr mitgemacht habe, denke ich, dass weder sensible Kinder noch Erwachsene in Watte gepackt und vor Tod und Krankheit geschützt werden müssen. Wir sind keine Mimosen, die den harten Realitäten des Lebens nicht standhalten. Wenn ich nicht zu Großvater hätte gehen dürfen, als er gestorben war, hätte ich mich nicht persönlich von ihm verabschieden können. Doch das war ungeheuer wichtig für mich.

Meine Erfahrung ist, dass Kinder und Jugendliche – und besonders sensible Personen – in derartigen Situationen nur der Ehrlichkeit und keines speziellen Schutzes bedürfen. Ich glaube, sie werden mit allem Möglichen fertig, man muss ihnen nur erklären, was geschieht. Anschließend erleben sie die Stimmungen in einem Raum oft intensiver und können auf ihre eigene Art Abschied nehmen von denen, die sie gernhaben.

Es ist wichtig, das Kind oder die besonders sensible erwachsene Person in einer solchen Situation ernst zu nehmen. Lass ihr oder ihm den Raum, dem Tod auf ihre oder seine eigene Weise zu begegnen, mag diese auch anders sein als deine. Sei in einer derart sensiblen Situation offen und aufmerksam. Alle Reaktionen auf Verlust und Tod sind völlig in Ordnung. Jedes Kind, jeder Mensch ist anders. Es gibt kein Rezept für Trauer, kein Fazit aus Reaktionen und Gefühlen. Und nicht alle Fragen bedürfen solider, klarer Antworten.

Es ist erlaubt, sich zu wundern – und einfach nur zu trauern.

Der Wendepunkt

Die Montage waren die einzigen Tage, an denen ich nicht nervös war. Doch ab Dienstag verschärfte es sich immer mehr, bis ich donnerstags oder freitags bei einem Springreitturnier an der Startlinie stand. Es waren die Fotografen. Sie waren überall, nicht nur in den Stadien, sondern auch vor dem Stall, vor meiner Wohnung – und sie suchten immer noch Freunde von mir auf.

Als ich 1995 in die Niederlande zog, um den praktischen Teil meiner Physiotherapieausbildung zu absolvieren, kombinierte ich dies mit dem Reiten. Ich hatte nicht vorhergesehen, dass ich es dadurch mit noch mehr Presse zu tun bekommen würde.

Ein Fotograf war mir jeden Tag gefolgt. Rund um die Uhr. Er war am Morgen der Erste, den ich sah, und am Abend der Letzte. Das ging schon seit mehreren Tagen so. Er hatte sich an der roten Ampel neben uns eingeordnet, war bei hoher Geschwindigkeit auf der Autobahn neben uns hergefahren, um durch das Fenster Aufnahmen zu machen. So zu fahren war lebensgefährlich. Ich fühlte mich unsicher und ausgesetzt und fürchtete, in einen schweren Unfall verwickelt zu werden, nur weil da einer darauf aus war, Bilder zu verkaufen.

Egal, wo wir waren, er war zur Stelle. Seine Kamera mit ihrer großen Linse war ständig auf mich gerichtet und klickte in einer Tour. Eines Morgens fuhren meine Freundin Gry und ich mit dem Fahrrad zu dem Rehabilitationszentrum, wo wir als Austauschstudentinnen waren. Du findest es vielleicht seltsam, dass ich mit dem Fahrrad fuhr? Da sei man doch erst recht ausgesetzt? Ich kam jedoch mit einer gewissen Portion

Sturheit auf die Welt und bin immer schon der Meinung, dass die Presse mit ihrem zuweilen unpassenden Gebaren meine Entscheidungen nicht beeinflussen sollte. Wenn ich also Lust hatte, mit dem Fahrrad zu fahren, dann tat ich das, auch wenn sie zur Stelle war.

Als wir auf die Straße hinauskamen, sahen wir keinen Fotografen und dachten schon, er habe verschlafen. Oder hatte er mich vielleicht ebenso satt wie ich ihn? Diese Hoffnung war schnell dahin, denn plötzlich kam er dicht herangefahren, wie immer fotografierend. Auf der einen Seite hatte ich nun ihn und auf der anderen den Graben. Sein Auto war nur 20 Zentimeter von meinem Lenker entfernt. Er schoss jede Menge Bilder von mir auf dem Fahrrad. Und machte immer weiter.

Zuerst bekam ich Angst. Dann Panik. Es gab keinen Fluchtweg. Es war so eng. So wenig Platz zwischen meinem Rad und seinem Auto. Ich fürchtete, über einen Stein zu fahren und unter seinem Auto zu landen. Ich wurde nervös und wacklig, schließlich sah ich nur noch rot.

Deshalb zeigte ich ihm den Stinkefinger.

Selbstverständlich wurde er von dieser enormen Linse eingefangen. Das Bild war bald in sämtlichen europäischen Zeitungen und Illustrierten zu sehen.

Es gab ein kleines Bohei. Anschließend sagte mein Vater, der König, in einem Interview, es sei nicht richtig gewesen, was ich getan habe, doch könne er verstehen, dass ich es getan habe. Mehr brauchte ich eigentlich nicht zu hören. Denn ich konnte nicht mehr.

Berit Tversland, die all die Jahre mein Kindermädchen gewesen war, begriff den Ernst der Lage. Ich befand mich in einer Extremsituation und brauchte jemanden, mit dem ich reden konnte. Irgendjemand musste mir helfen.

In einer Gestalttherapie lernte ich schließlich, wie ich mir meine Kraft zurückholen konnte. Denn zu diesem Zeitpunkt fehlte mir die Kontrolle. Mir fehlte die Übersicht. Ich war völlig blockiert. Spürte, dass ich im Leben keinen einzigen sicheren Ort hatte.

Es war wichtig, dass ich die Kontrolle erlangte über meine Gefühle, die Situationen und über das, was mir Angst machte. Ich konnte es nicht zulassen, dass andere ständig die Tagesordnung festlegten und mich damit überrumpelten und überfuhren. Durfte nicht mit dem Gefühl zurückbleiben, dünnhäutig und nackt zu sein, ohne mich wehren zu können.

Ich bekam Werkzeuge an die Hand, um die Kontrolle wiederzugewinnen und nicht ständig Opfer zu sein. Das Wichtigste war: Ich musste selbst Entscheidungen treffen und den Situationen zuvorkommen. Auf diese Weise würde ich mich nicht so überrumpelt fühlen.

Also ging ich dazu über, auf die Paparazzi zuzugehen. Ich sprach die Journalisten an, bevor sie mich sahen. Klopfte an die Autoscheibe, wenn sie irgendwo standen, und ließ sie das Fenster öffnen, damit wir miteinander reden konnten. Ich sagte ihnen, was ich von ihrem Gebaren hielt. Wies sie zurecht, wenn sie vor meinem Haus standen. Was machen Sie hier? Warum stehen Sie hier herum? Was sind Sie bloß für ein Mensch, dass sie mich rund um die Uhr verfolgen? Wie können Sie einer Arbeit nachgehen, die Sie zwingt, so etwas zu tun?

Ich hatte Herzklopfen und war sicherlich hochrot dabei, doch ich wagte es. Viele antworteten, sie würden doch nur ihren Job machen. Sie meinten, ich müsse das aushalten. Ich sei schließlich in diese Rolle hineingeboren.

Es war also meine Schuld. Ich musste alles aushalten.

Obwohl ich die Kontrolle übernahm, verfolgten sie mich weiterhin und machten genauso viele Bilder wie zuvor. Die neuen Werkzeuge halfen mir dennoch. Ich brachte es fertig zu sagen, dass sie meine Grenzen übertreten, dass dies nicht okay ist. Das machte für mich einen großen Unterschied. Die Tatsache, dass ich ihnen Bescheid gesagt und die Kontrolle übernommen hatte, stärkte mich. Und wenn ich später mit Journalisten wieder in so eine Situation geriet, war es anders als früher.

Wenn du es wagst, dem entgegenzutreten, was dir missfällt und was du am meisten fürchtest, liegt darin eine ganz andere Kraft, egal, wovor du dich fürchtest. Du schaffst es, Mensch zu sein. Die Angst wird erträglicher. Es stärkt deinen Selbstwert, du fühlst dich sicherer, weniger verletzlich – und du hast stärker das Gefühl, die Vorkommnisse im Griff zu haben. Du schaffst es, eingefahrene Denkmuster zu durchbrechen und stehst in der Situation anders da.

Im Nachhinein denke ich, dass mein Verhältnis zur Presse mit dem zu einem Psychopathen vergleichbar war. Nie wusste ich, ob es sicher war oder nicht. Mal konnten sie nett sein. Dann, ohne Vorwarnung, griffen sie mich von allen Seiten an, ohne dass ich wusste, was ich verkehrt gemacht hatte, bis ich es in irgendeinem Blatt las.

Der große Wendepunkt in meiner Angst und Unsicherheit kam 1995.

Durch Zufall stieß ich auf Marion Rosen. Eine Freundin hatte mir von der Rosen-Methode erzählt, und ich bekam meine erste Behandlung von einer Rosen-Therapeutin namens Vibeke.

Die Rosen-Methode zielt darauf ab, Verspannungen im Körper mit sanften Händen zu begegnen. Mit den Händen zu lauschen. In dem Maß, wie sich die Verspannungen lösen, kommen Erinnerungen hoch. Manche nennen es Seelenmassage. Andere bezeichnen es als Körpertherapie mit Fokus auf das seelische Wohlbefinden. Ziel ist es, den Körper von Blockaden zu befreien, Zugang zu den eingeschlossenen und verdrängten Gefühlen zu bekommen, sich für sie zu öffnen und sie aufzulösen.

Als ich endlich dort auf der Liege lag, weinte ich nicht wie so viele. Ich hatte befürchtet, dass genau das passieren würde. Dass sich ein schwarzes Loch auftun würde und ich nicht mehr aufhören könnte zu weinen.

Es floss keine einzige Träne. Stattdessen bekam ich einen Lachkrampf. Ich lachte anderthalb Stunden lang. Alle eingeschlossene Lebensfreude, alle Kreativität und alles Gelächter sprudelte einfach aus mir heraus.

Es war ungeheuer erlösend, so zu lachen! Nach nur einer Behandlung ging es mir schon sehr viel besser. Ich hatte mich so gefangen gefühlt. Nicht gewusst, wie ich mich wehren soll, und mich emotional ständig überrannt gefühlt. Ich nahm von dem, was um mich herum vorging, viel zu viel in mich auf.

Ich hatte gelernt zu überleben, indem ich meine Gefühle ausschaltete. Entweder war ich über die Maßen fröhlich oder über die Maßen traurig. Dazwischen gab es nichts. Meine Gefühle kannten keine Nuancen.

Durch diese Behandlungen habe ich gelernt, dass der Körper nicht nur negative Gefühle und Gedanken festhält. Er hält auch die guten fest – falls sie im Alltag nicht an die Oberfläche kommen dürfen. Manche bekommen von schlechten Erfahrungen sogenannte Erinnerungsschmerzen. Sie schieben die Schultern vor und spannen die Muskeln an, um sich zu schützen. Es ist, als bilde der Körper einen Schutzschild. Andere bekommen Muskelverspannungen, wenn sie Gefühle wie Freude und Liebe nicht ausleben dürfen und sie verdrängen.

Mithilfe von Berührungen und Worten fand mein Körper

heraus, dass die Gefahr vorüber war. Ich musste nicht mehr die Muskeln anspannen und alle Gefühle aussperren.

Marion Rosen war eine Frau, auf die ich mich hundertprozentig verlassen konnte. Sie war ausgebildete Physiotherapeutin, hatte aber eine eigene Methode entwickelt, die von einem Zusammenhang zwischen physischen Haltungen und emotionalen Zuständen ausgeht. Sie sprach auch mit ihren Patientinnen und Patienten, und wer mit Tränen, Wut, Lachen herauslassen konnte, was der Körper festhielt, dem ging es viel schneller viel besser. Das war ein deutliches Muster. Sie verhalf den Leuten dazu, sich lebendiger, spontaner zu fühlen und mehr Selbsterkenntnis zu erlangen. Sie brauchten nicht alle Gefühle in sich festzuhalten und konnten so ein freieres Leben leben.

Als ich zum ersten Mal an einem ihrer Kurse teilnahm, wusste sie, dass sich ein Mitglied eines Königshauses angemeldet hatte, wollte aber nicht wissen, wer es war. Doch seltsamerweise wandte sie sich ständig an mich. Ich wurde fast ein wenig verlegen, da sie immer wieder auf mich zurückkam. Mehrmals dachte ich, sie werde wohl wissen, wer ich bin.

In der Pause, in der wir ein Treffen verabredet hatten, kam sie auf mich zu und rief aus:

»Oh, it is you! You with the wonderful *hands*!«

Sie hatte nicht gewusst, dass ich die königliche Teilnehmerin war. Sie hatte sich lediglich gemerkt, dass sich meine Hände so gut zurechtfanden. Meine Hände erkannten, wo es den Leuten wehtat. Sie hatte eine ganz andere für die Prinzessin gehalten. Es war ein unglaublich beeindruckendes Erlebnis, dass ihr meine *Hände* aufgefallen waren, ohne dass jemand sie darauf aufmerksam gemacht hätte.

Schon seit meiner Kindheit weiß ich, wo andere Schmerzen haben. Ich hatte jedoch nie darüber nachgedacht, woher ich das wusste oder dass es mit meinen Händen etwas Besonderes auf sich haben könnte. Das erste Mal merkte ich es eines Abends auf Skaugum. Mein liebes Kindermädchen, Berit, hatte bei einem Autounfall ein Schleudertrauma davongetragen. Ich war acht Jahre alt und dachte darüber nach, was ich tun könnte, damit es ihr besser ginge. Wie könnte ich ihre Schmerzen lindern?

An dem besagten Abend legte ich ihr die Hände auf und massierte sie sanft. Sie rief aus: »Wie warm deine Hände sind!« Dann wurde sie ganz still.

Ich massierte sie weiter.

»Ich spüre die Wärme aus deinen Händen strömen«, sagte sie ruhig.

Nachdem ich Berit massiert hatte, sagte sie, es gehe ihr viel besser. Für sie bestand kein Zweifel daran, dass es meine warmen Hände waren, die ihr geholfen hatten. Also begann ich, auch Freundinnen und Mutter und Vater zu massieren. Sie sagten genau dasselbe. Danach ging es ihnen auffallend besser.

Niemand von uns machte viel Aufhebens davon, auch wenn Berit im Nachhinein gesagt hat, es sei ein ganz spezielles Erlebnis gewesen. In jenem Moment aber war es etwas ganz Natürliches.

Marion Rosen hat diese Fähigkeit gesehen, ohne mich vorher zu kennen. Nie habe ich jemand so Großzügiges erlebt. Sie war so geerdet. Bei jedem einzelnen Menschen so intensiv präsent. Sie sagte, was sonst niemand sagte. Stellte Fragen, die sonst niemand stellte. Sie redete nie von Spiritualität, aber sehr viel vom Atem.

Marion Rosen brachte mir bei, dass alles, was unterdrückt wird, alles, was an Gefühlen und Gedanken eingesperrt wird, Energie ist, die ich für das Leben nutzen kann. Es ist eine Kraft, die ich auf etwas Neues verwenden kann. Der Körper,

Der Wendepunkt

zuerst statisch und mit steifen Muskeln, wird dynamisch. Verspannungen reiben uns unglaublich auf. Wir wissen, dass wir einen steifen Nacken haben, unterdrücken aber trotzdem weiterhin unsere Gefühle und spannen die Muskeln an. Marion half meinem Körper zu verstehen, dass er sich jetzt entspannen könne. Jetzt kannst du loslassen.

Ich ließ mich viele Jahre lang von einer Rosen-Therapeutin behandeln. Dabei fühlte ich mich wie in einem Film, die Erinnerungen strömten während der Behandlungen nur so hervor. Die Therapeutin setzte Energie frei und brachte mich dazu, mich an vergessene Dinge aus der Kindheit zu erinnern. Ich durchlebte noch einmal heikle Erlebnisse und Gefühle, und ich traute mich, sie loszulassen.

Durch diese Behandlungsform wurde ich von der Person, die ich glaubte zu sein, zu der Person, die ich *bin*. Mich steuerten meine inneren Barrieren und Verspannungen, sodass ich den Erwartungen aller genügte. Ich war tüchtig, gewissenhaft, ruhig und angemessen schüchtern.

Jetzt nahm ich langsam, aber sicher meinen *eigenen* Standpunkt ein.

Als ich selbst die Ausbildung zur Rosen-Therapeutin machte, hatte ich oft eine Heidenangst, an mein Innerstes zu rühren. Ich war überzeugt, dass ich tief im Innern ein schlechter Mensch war, und fürchtete, dass mein wahres Ich aufgedeckt würde. Mein Schuldgefühl beanspruchte sehr viel Raum in mir. Ich glaubte ja wirklich, verurteilt zu werden, wenn ich durch den Mittelgang ging.

Doch als ich mich eines Tages traute, die Tür zu öffnen, und mir selbst von Angesicht zu Angesicht gegenüberstand, war dort nichts als Liebe. Liebe zu mir selbst und zur Welt, eine Liebe, die ich nicht zu zeigen gewagt hatte, aus Angst, man würde sie mir wegnehmen. Deshalb hatte ich eine Barriere aus den erschreckendsten Gedanken, Bildern und Gefühlen errichtet.

Mein ganzes Leben hatte ich auf dem aufgebaut, was die anderen gesagt und wozu sie mich ermahnt hatten. Ich glaubte, eine andere sein zu müssen, um meiner Rolle als Prinzessin gerecht zu werden. Ich sagte und antwortete das, von dem ich meinte, es werde von mir erwartet. Nicht das, was ich selbst meinte.

Es wurde ein langer Prozess. Ich musste tun, was für mich wichtig und richtig war. Indem ich in mich hineinhorchte, fand ich heraus, was ich mit meinem Leben anfangen wollte. Ich begriff, wie Physiotherapie und die Rosen-Therapie mit der holistischen und eher geistigen Ausbildung, die ich mir wünschte, zusammenpassten. Die körperliche Seite bekam ich bei der Physiotherapie. Mit meinen Händen hatte es ja immer schon etwas auf sich, was ich erforschen musste. Und es hat mich immer schon interessiert, wie der Mensch zusammengesetzt ist. Im nächsten Schritt galt es nun herauszufinden, was der Körper uns erzählt.

Der Körper ist der Spiegel der Seele. Muskelverspannungen können unterdrückte Gefühle sein. Schmerzen eingefrorene Tränen, Wut, Bitterkeit, aber auch Angst davor, dass dein innerstes Wesen aufgedeckt wird. Dieses Innerste ist meist der größte Schatz, den du hast. Und während wir heranwachsen, haben wir oft keine Möglichkeit, ihn zu zeigen.

In meiner Ausbildung zur Rosen-Therapeutin erhielt ich insgesamt drei Jahre Unterricht bei Annika Minnbergh und Yrsa Kjerrgren in Schweden sowie bei Marion Rosen in den USA.

Haakon studierte damals in Berkeley in Kalifornien. Es passte wunderbar, dass ich während seines Aufenthalts dort bei Marion Rosen lernte. So hatten Haakon und ich zwischendurch Zeit füreinander. Er zeigte mir San Francisco und nahm mich mit zum Skifahren an den Lake Tahoe.

Fast niemand wusste, dass ich dort war. Und dort wusste niemand, dass ich Prinzessin war. Es war überaus wichtig für mich, etwas so Kostbares lernen und erforschen zu können, ohne dass jemand wusste, wer ich war. Deshalb ging ich unter dem Namen Louise Glücksburg nach Kalifornien.

Endlich hatte ich ein Milieu gefunden, auf das ich mich verlassen konnte. Endlich konnte ich die Gedanken und Ansichten, die andere über mich hatten, beiseiteräumen. Zum ersten Mal auf mich selbst hören.

Weil ich so sensibel war, absorbierte ich viele der Gefühle anderer. So war ich ein bisschen bei allen. War als Person nicht ganz bei mir und fühlte mich nicht wohl in meiner Haut. Ich nahm mich selbst nicht ernst. Als ich nun meinen Platz fand, es schaffte, auf mich selbst zu hören und in der Begegnung mit anderen meine Gefühle zu beachten, nahm der ewige Strom störender Gefühle und Stimmungen anderer ab.

Ich merkte, dass in dieser Welt auch für mich Raum war. Ich erhielt gleichsam die Erlaubnis dazuzugehören. Plötzlich begriff ich, dass auch ich wertvoll war.

Ich zu sein war sicher.

Erwachsen

Märtha

Verletzlichkeit

Das Haus war voll. Als meine erste Tochter, Maud, geboren wurde, waren zwei Chefärzte, eine Hebamme, ein Akupunkteur, ein Kinderarzt und Ari bei mir im Zimmer. Draußen vor der Tür standen ein Polizeibeamter, ein Sekretär und ein Pressesprecher.

Insgesamt neun Personen.

Die Geburt zog sich hin. Die ersten Wehen setzten in aller Herrgottsfrühe ein, doch wir fuhren erst gegen 15 Uhr ins Rikshospital. Ich glaube, ich habe keinen Ton von mir gegeben. Jedenfalls meinte ich, still sein zu müssen, und verbiss mir die Schmerzen. Es waren schließlich jede Menge Leute da, die mich hören und – in der verletzlichsten Situation meines Lebens – sehen konnten.

Alle waren gestresst.

Ich hatte noch nie ein Kind zur Welt gebracht, hatte aber keine Angst, dass etwas schiefgehen würde. Ich verließ mich voll und ganz darauf, dass mein Körper tun würde, was er tun sollte. Geburten sind das Natürlichste der Welt. Meine Mutter hatte mir erzählt, dass es auf jeden Fall schmerzhaft sei. Allerdings wurde von ihr gesagt, sie habe wie eine Katze geboren. Und das würde sich normalerweise vererben. Vor der Geburt war mir also nicht bange.

Im Rikshospital hatten sie getan, was sie konnten, um einen abgeschirmten Kreißsaal vorzubereiten. Alles war so durchdacht, gut und schön, wie nur irgend möglich. Meiner Erfahrung nach ist man während einer Geburt sehr in seiner eigenen Welt. Man denkt nicht viel. Konzentriert sich vor allem auf das Kind, das da kommen wird. Nichtsdestoweniger nahm ich die Gedanken, Gefühle und Erwartungen aller anderen in mich auf. Sämtliche Antennen waren ausgefahren. Bat ich jemanden darum, für einen Augenblick den Raum zu verlassen, bekam ich ein furchtbar schlechtes Gewissen.

Es waren fantastische Leute um mich herum. Ich kannte und mochte sie, doch mich störte, dass es so viele waren. Eine Geburt ist ein starkes und tolles Erlebnis, aber sie ist auch anstrengend. Ich kam nicht zur Ruhe, selbst mit dem von mir gewünschten Konzept nicht.

In *Aftenposten* stand, ich würde nach der Rosen-Methode gebären. Allerdings lässt sich diese Methode nicht auf eine Geburt anwenden, sondern es geht darum, mithilfe von Berührung und Massage den Körper von emotionalen Blockaden zu befreien. Was ich dagegen anwendete, war Akupunktur. Wir hatten auch viele Kerzen angezündet und ließen die Urmusik laufen, die wir mitgebracht hatten. Diese Melodien werden auf dem Didgeridoo gespielt, dem langen Blasinstrument, das die australischen Aborigines bei verschiedenen Ritualen einsetzen. Viele Frauen benutzen diese Rhythmen als Geburtshilfe und Klangtherapie. Bei mir wirkte es.

Jede Geburt ist überwältigend. Viele Eltern teilen den größten Augenblick des Lebens mit dem Rest der Facebook-Welt, andere brauchen viele Tage, um das Wunder zu verarbeiten. Sie brauchen Ruhe, um zu begreifen, was sie erlebt haben – und teilen die neue Einsicht, dass das Leben nie mehr so sein wird, wie es war, langsam und intensiv mit ihrem engsten Umfeld. Bei uns warteten die Journalisten und die Presseabteilung vor der Tür.

Verletzlichkeit

Als ich erneut schwanger war und die nächste Geburt bevorstand, gab es für mich keinen Zweifel. Ich musste mir selbst gegenüber ehrlich sein und herausfinden, was *ich* wollte, und nicht nur versuchen, alle anderen zufriedenzustellen. Es war keine Risikogeburt, und wenn bis zum Geburtstermin alles gut ging, wollte ich das Baby zu Hause bekommen, so wie Frauen es schon zu allen Zeiten getan haben – in vollkommener Ruhe und in meinem Tempo.

Alle rieten mir ab. Der Gynäkologe warnte mich. Die Ärzte redeten ein ernstes Wort mit uns. Sie erklärten, wie riskant dies sei. Niemand wollte die Verantwortung übernehmen, wenn etwas schiefginge. Die Aufregung war groß. Ich verstehe wirklich, dass sie das alles sagen mussten. Aus ihrer Perspektive war es völlig richtig. Doch es war meine Verantwortung, und ich nahm sie auf mich. Diese Geburt sollte mir gehören.

Ich mochte mir keine Sorgen machen, ob wir rechtzeitig ins Krankenhaus kämen. Ich wollte es nicht mit vielen neuen, unbekannten Menschen zu tun haben. Meine Mutter und mein Vater sind ungemein ruhige Menschen, die mir ein starkes Gefühl der Gelassenheit mitgegeben haben. Wir vertrauen darauf, dass die Dinge sich ordnen.

Und so entband ich auf einer Insel. Welch einschneidendes Erlebnis! Es war Frühling, und wir waren in unserem Sommerhaus Bloksberg auf Hankø. Dass ich dort entbinden wollte, lag ganz einfach daran, dass unser Haus in Lommedalen just in dieser Zeit renoviert wurde. Leah kam so schnell, dass die Hebamme es gerade mal schaffte, die letzte halbe Stunde dabei zu sein.

Als ich in den Niederlanden lebte und in der Physiotherapie tätig war, fand ich viele Freundinnen, zu denen ich immer noch Kontakt habe. Etliche von ihnen haben ihre Kinder zu

Hause zur Welt gebracht. Sie finden das ganz natürlich und verstehen nicht, dass Hausgeburten in Norwegen so umstritten sind. Mehr als ein Drittel der Geburten in den Niederlanden sind Hausgeburten mit Hebamme.

Unsere dritte Tochter, Emma, kam zu Hause in Lommedalen zur Welt. Unser Haus liegt, umgeben von Pferdeställen und Koppeln, mitten im Wald. Es war Spätsommer und ein kühler Herbstwind wehte, so als atmete die Natur auf.

Ich hatte vom frühen Morgen an Wehen, lief rastlos im Wohnzimmer umher und jammerte. Im einen Moment hängte ich mich aus dem Fenster, im nächsten lag ich auf dem Sofa oder kniete auf einem Stuhl. Auf der Weide, die man vom Wohnzimmerfenster aus sah, waren fünf Pferde. Als die Geburt einsetzte, stellten sie sich in Reih und Glied an den Zaun. Da standen sie dann und schauten zum Haus herauf, als würden sie verstehen, was vor sich ging.

Sie standen ganz still, grasten nicht, wieherten nicht – bis die Geburt vollzogen war.

Ich weiß das, da ich sie die ganze Zeit über sah.

Es war eine magische, absolut befreiende Ruhe.

Und ich hatte meine eigenen Grenzen gesetzt.

Elisabeth

Mutterrolle

Ich bin Mutter von vier Kindern, vier mit großem V. Fünfzehn Jahre lang war ich mit ihnen zu Hause, während mein Mann arbeiten ging. Drei Kinder kamen binnen drei Jahren. Ich interpretierte das Weinen von Babys, lag wach, horchte auf ihren Atem und empfing ihre nonverbalen Signale. Als Mutter lebte ich sacht, intensiv und glücklich.

Vom Augenblick ihrer Geburt an ließ ich sie an meiner Brust liegen. Alle vier mussten per Kaiserschnitt geholt werden. Das war ein brutaler Übergang aus dem sicheren Dunkel in meinem Bauch in das grelle, blendend weiße Licht des Operationssaals. Ich wollte sie beschützen. War ganz davon beansprucht, ihnen sofort meine Wärme, Geborgenheit und Nähe zu vermitteln.

Die Kinder durften jederzeit in meinem Bett schlafen. Nie sollten sie daran zweifeln, dass sie geliebt wurden. Nie sollten sie Wärme und Liebe vermissen. Meine ganze Identität bestand darin, Mutter zu sein. Ich wurde regelrecht krank, wenn ich nicht bei ihnen war. Der Sinn meines Lebens waren die Kinder, war es, Stecklinge zu setzen, Sauerteigbrot zu backen, den Kamin einzuheizen und das Leben sacht zu leben.

Hatte eins der Kinder kalte Füße, zog ich ihm kuschelige Wollsocken an. Fühlten sie sich unpässlich, durften sie zu Hause bleiben. Beim dritten Kaiserschnitt wollte ich nach zwei Tagen das Krankenhaus verlassen. Das einzig Wichtige war, zu meiner Schar heimzukommen. Heim, heim, heim!

Bei dem Familientherapeuten Jesper Juul und der Autorin Anna Wahlgren fand ich viele Anregungen. Ich las alles, was die beiden über Schlaf und Erziehung schrieben, beherzigte alles, was meinem Gefühl nach auf mich zutraf. Je älter und sicherer ich wurde, desto mehr konnte ich mich auf mich selbst und mein Gefühl für das, was für uns richtig war, verlassen. Ich ließ mich von anderen inspirieren, aber es interessierte mich wenig, was und wie alle anderen es machten. Meine Kinder sollten mit einem guten, gesunden Selbstwertgefühl aufwachsen. Ihr Denken und Tun sollten anerkannt und wertgeschätzt werden, und ich wollte eine klare Erwachsene sein.

Ich sorgte ganz bewusst für sanfte Übergänge. Wie eine geräuschlose, natürliche Welle sollte es von der Nacht in den Tag, von den Sommerferien in den Schulalltag, von der Winterzeit in die Sommerzeit übergehen. Die Kinder sollten im Pyjama und bei Kerzenlicht frühstücken dürfen. Ihr Tag sollte behutsam beginnen. Sie sollten von Lauten, Licht und Düften umarmt sein.

Einen meiner Jungs stillte ich, bis er drei Jahre alt war. Der Erste dagegen bekam ab drei Monaten die Flasche. Intuitiv wusste ich, wie es für jedes meiner Kinder am besten war. Ich wusste einfach, dass der Übergang aus dem Dasein im Mutterleib von den Kleinen Anpassungsfähigkeit verlangte. Im Krankenhaus wollte ich nicht viel Besuch bekommen, und ich ließ die Kinder fast immer auf meiner Brust schlafen. Auch als wir dann zu Hause waren, gab es nicht viel Besuch, und wenn Verwandte kamen, wurde das Neugeborene nicht wie eine kleine Trophäe herumgereicht. Ich spürte, dass die Kleinen es nicht sofort mit all den neuen Gerüchen und Geräuschen anderer Menschen zu tun haben mussten.

Ich weiß, dass viele mich für sehr seltsam halten. Doch ich

bin nach wie vor der Meinung, dass es für kleine, neugeborene Seelen wichtig war und ist, am Anfang geschont zu werden – ob sie nun sensibel sind oder nicht. Ich habe immer versucht, aufmerksam zu beobachten, wie sie sich entwickelten, zu sehen, wann sie so weit waren, dass der Wagen gedreht werden konnte, sodass sie einen besseren Überblick über die Welt bekamen.

Es war mir wichtig, jedes Kind für sich zu sehen. Sie bildeten eine kleine Schar, und selbstverständlich wurden sie gemeinsam erzogen, doch gleichzeitig war es wichtig, sie als die Individuen zu sehen, die sie waren. Eins der Kinder ging schon mit zwei Jahren auf den Spielplatz. Ein anderes wartete, bis es drei war. Die Sinneseindrücke mussten portioniert werden. Als sie in die Schule kamen, merkte ich, dass sie mehr Ruhe und Zeit für sich allein brauchten. Mehr Hilfe, Prioritäten zu setzen – und feste Routinen.

Nach der Schule vielen Aktivitäten nachzugehen, war völlig indiskutabel. Wo andere Familien rasch zwischen allerhand Unternehmungen wechselten, taten wir lieber eins nach dem anderen. Zum Stillen ging ich stets allein in einen dunklen Raum. Und richtete zu Hause nie Feste und große Gesellschaften aus.

Als Extrovertierte wäre ich bestimmt eine ordentliche Nervensäge gewesen. Dann hätte ich vermutlich überall meine Ansichten und meinen ungemein durchdachten Lebensstil kundgetan. Doch als Introvertierte teilte ich von meinem Mutterdasein nicht viel mit anderen. Es war einfach so, wie es war.

Einfach ich und meine Schar.

Fragile Übergänge

Nichts währt ewig. Auch nicht der Glaube, eine perfekte Mutter zu sein.

Da ich mich sehr viel mit Selbstentwicklung beschäftige, habe ich darauf geachtet, den verschiedenen Altersphasen der Kinder gerecht zu werden. Es ist, als hätten wir alle Stufen ihres Heranwachsens gemeinsam erklommen – auf der obersten Stufe angelangt, müssen sie auf eigene Faust zur Tür hinausgehen.

Kürzlich kam mir ein anderes, ganz konkretes Bild in den Sinn: Wir, Eltern und die Kinder, sobald sie geboren sind, stehen gemeinsam am Rand der Hardangervidda. Gemeinsam treten wir eine Reise über diese Hochebene an. Wir wandern durch Nebel, Regen und Sonne. Wir Erwachsenen lesen die Karte, deuten die Landschaft und achten darauf, dass alle den Wetterverhältnissen entsprechend gekleidet sind. Haben wir die Hardangervidda überquert, ist das Kind ungefähr zwölf Jahre alt. Es bekommt nun Karte und Kompass und macht sich selbstständig auf den Weg zurück zum Ausgangspunkt. Wir sind weiterhin dabei, bleiben aber ein wenig auf Abstand. Das Kind kann uns um Rat fragen, kann Hilfe bekommen, wenn es seinen Kurs korrigieren muss, frische, trockene Socken aus unserem Rucksack, wenn es sich nasse Füße holt, oder Pflaster, wenn es sich Blasen läuft.

Zurück am Ausgangspunkt, ist das Kind ungefähr achtzehn, neunzehn Jahre alt. Es will weiter hinaus in die Welt, neue Hochebenen entdecken. Seine Route wählt es selbst, wir sollen uns heraushalten. Unsere größte Aufgabe als Eltern ist erfüllt. Wir laufen einander hoffentlich hin und wieder über den Weg und haben Freude daran. Doch wir müssen respektieren, dass die Kinder neue Landschaften erkunden wollen. Sie sind selbstständige, eigenverantwortliche Wesen, die ohne eine übertrieben fürsorgliche Mutter im Schlepptau genug Platz und Raum erhalten sollen, um ihr eigenes Leben zu gestalten.

Ich hatte immer schon großen Respekt vor meinen eigenen Kindern, und ich habe gesehen, was für tolle Jugendliche sie geworden sind. Es war immer deutlich, dass sie als erwachsene, selbstständige Menschen sehr gut zurechtkommen werden. Ich glaubte, ich hätte alle Gefühle durchgemacht und wäre auf die verschiedenen Übergänge in ihrem Leben gut vorbereitet.

Deshalb trafen mich, als der Älteste achtzehn wurde, die Gefühle wie ein Schlag.

Es lag mir mit einem Mal unglaublich schwer im Magen. Unsagbare Trauer überkam mich. Dabei hatte sich absolut nichts geändert. Er sollte noch nicht einmal von zu Hause ausziehen. Die Tage verliefen genauso wie vorher. Er ging zur Schule, die anderen Kinder gingen zur Schule. Alles war völlig normal. Dennoch war ich so damit beschäftigt, ihn loslassen zu müssen, dass ich ganz heftig darauf reagierte. Ich weinte mir die Augen aus. Träumte und überlegte.

Etwas war unwiderruflich vorbei.

Ich würde nicht mehr das Wichtigste in seinem Leben sein.

Viele Mütter und Väter kennen das. Wenn die Kinder erwachsen sind, geht es darum, dass wir Eltern uns umstellen und loslassen müssen. Das Kind, für das wir einmal alles waren, kann nicht mehr beschützt werden, sondern wird da draußen, außerhalb der elterlichen Fürsorge und Kontrolle ganz auf sich gestellt sein. Womöglich zieht es weit weg, macht etwas ganz anderes, als du gedacht hast – und schlägt Lebenswege ein, von denen du wenig Ahnung hast.

Erwachsen ⁓ Elisabeth

Plötzlich wird die Nabelschnur gekappt, die viel empfindlicher ist, als du geglaubt hast.

Solche Übergänge, vom Kind zum Erwachsenen, von der Schule zum Berufsleben, vom Elternhaus zur eigenen Bude, wirbeln enorm viele Gefühle auf. Erinnerungen, Hoffnungen und unausgesprochene Erwartungen kommen zutage. Nimmt man sich nicht die Zeit, den neuen Gedanken Raum zu geben und sich bewusst auf die veränderte Gefühlslage einzulassen, ist der neue Alltag möglicherweise schwer zu bewältigen. Das habe ich eingesehen, und ich musste tüchtig an mir arbeiten.

In dieser Phase war ich besonders verletzlich und brauchte Zeit, um mich an die neuen Gefühle und Gedanken heranzutasten. Ich musste mich vollkommen umstellen, in allem den eigentlichen Kern finden und mir selbst eine neue Plattform schaffen.

Als mein Sohn zwei Jahre später tatsächlich auszog, war ich vorbereitet. Ich hatte alles ordentlich verarbeitet. Mich mit der großen Veränderung ausgesöhnt. Ich konnte mich über sein neues, spannendes Studentendasein freuen. Er ging auf die andere Seite des Globus. Ich sah die Möglichkeit, einander anzurufen – und freute mich darauf, etwas vollkommen Neues zu erleben, wenn ich ihn besuchte.

Einige Jahre zuvor hatte ich meine Gefühle ebenfalls falsch eingeschätzt. Mein Mann und ich trennten uns 2010, und ich war von meiner heftigen Reaktion überrascht, die mich regelrecht überwältigte. Alles war fürchterlich qualvoll und sinnlos für mich. Gleichzeitig empfand ich große Erleichterung.

Ich hatte so viele Träume gehabt. Ich, die ich mich nie im Leben scheiden lassen oder meine Kinder einen solchen Bruch erleben lassen wollte, hatte genau das getan. Ich, die ich mein Leben lang auf sanfte Übergänge für die Kinder hingear-

Fragile Übergänge

beitet hatte, die sie immer von Ruhe und vorhersehbaren Tagen umgeben wissen wollte, fügte ihnen am Ende mehr Stress zu denn je.

Mein Lebensrezept und -fazit waren nicht mehr so klar und einfach.

Nun weiß ich aus Erfahrung, dass Hochsensible kleine und große Veränderungen im Leben stärker erleben können als andere. Deshalb habe ich gelernt, dass man sich nie mit jemandem vergleichen darf. Dass man nicht glauben darf, nur weil andere eine Scheidung anscheinend ganz glatt durchlaufen, würde es bei dir ebenfalls sanft und schmerzfrei abgehen. Alle sind verschieden.

Ich quäle mich fürchterlich mit meinem schlechten Gewissen. Während andere mit geteiltem Sorgerecht von »mamafreien« Wochen reden, in denen sie die Möglichkeit haben, sich selbst zu verwirklichen und Zeit für sich zu finden, sind für mich solche Zeiten ganz schrecklich. Ich vermisse meine Kinder jede Sekunde, die sie nicht bei mir sind. Als geschiedene Mutter von Teenagern habe ich viel darüber gelernt, wie verletzlich ich bin. Wie viele Gefühle und Gedanken bei Veränderungen im Leben hervorströmen, und wie fragil solche Übergänge sind. Aber auch, wie stark ich bin. Und wie hartnäckig.

Der kleine Sockel ist weg, auf den ich mich als erfahrene Mutter von vier Kindern, die für alles Antworten und Rezepte hat, gestellt hatte. Ich bin nicht mehr die Mutter, die alles *richtig* macht. Ich bin eine Mutter, die fortwährend Fehler macht.

Vielleicht ist es gut, in diesem Lebensstadium entdeckt zu haben, dass es für das Allerwichtigste, was ich den Kindern jetzt geben kann, keine Gebrauchsanweisung gibt. Sie sollen nur vorbehaltlos geliebt werden.

Ich glaube, Übergangsrituale sind für uns Menschen nützlich. Dass man redet über das, was war. Dabei bekommen wir etwas Wichtiges mit. Und indem wir uns verabschieden von dem, was war, begegnen wir dem neuen Lebensabschnitt mit offenem Sinn und klarem Bewusstsein.

Zeremonien sind schön und wichtig, und ich hätte gern mehr davon. Sie sind wie eine erweiterte Form der *Ablösung*, einer Meditationsübung, die wir bei *Soulspring* oft praktizieren. Auf Seite 267 ff. wird sie beschrieben. Bei dieser Übung geben wir die Energie von Menschen, denen wir begegnet sind, und von Erlebnissen, die wir hatten, zurück. Gleichzeitig ziehen wir unsere eigene Energie, die wir anderen Menschen geliehen haben, wieder ab. Ich halte es für schlau, in gleicher Weise vorzugehen, wenn wir etwas abschließen und etwas Neues beginnen: also keine Gefühle und Gedanken mitzunehmen, die früheren Lebensphasen angehören, sei es nun eine neue Arbeit, eine neue Schule oder eine neue Wohnung.

Veränderungen in der Lebenssituation sind manchmal schwer zu bewältigen – egal, ob sie angekündigt, gut geplant oder schlagartig sind. Übergänge können ungemein hart sein. Aus dem Elternhaus auszuziehen kann eine größere Belastung darstellen, als man glaubt. Ein Schulwechsel ist ebenfalls eine dramatische Veränderung, die Behutsamkeit und Wachsamkeit verlangt. Reden wir mit den Kindern genug über das, was passiert? Sind wir uns hinreichend bewusst, wie es ist, von zu Hause auszuziehen und ganz auf eigene Faust ins Erwachsenenleben zu starten? Hat das Kind Angst? Fühlt es sich gesehen? Wird es einsam?

Die starke Empfindsamkeit, mit der wir Hochsensiblen geboren sind, kann in solchen Situationen von Vorteil sein. Wir sehen die zarten, feinen Saiten, die Menschen und ihr Zuhause

Fragile Übergänge

verbinden. Wir erkennen ihre Bedeutung an, und wir verarbeiten die Veränderung gründlicher als andere.

Für viele Menschen stellt ein Umzug den größten Übergang im Leben dar. Für mich nicht. Ich bin immer schon umgezogen. In meiner Kindheit und Jugend ungefähr alle zwei Jahre. Ich erinnere mich nicht genau, wie das für mich war, aber seit ich zur Schule ging, sind wir nur noch innerhalb des Schulsprengels umgezogen, sodass ich die Schule nicht wechseln musste. Von den Umzügen selbst ist mir nicht mehr viel in Erinnerung, doch ich kann mir nach wie vor den ersten Morgen im neuen Haus zurückrufen, die neuen Gerüche, die neuen Räume. Da und dort standen Pappkartons, doch ich konnte trotzdem an ein Bücherregal gehen und sofort das Buch finden, nach dem ich suchte, an genau derselben Stelle und im selben Regal wie früher. Das hatte etwas Beruhigendes.

Mit sechzehn bin ich von zu Hause weg und in ein Internat gezogen. Seit dieser Zeit ziehe ich immer wieder um. Ich glaube, mittlerweile sind es fast zweiundzwanzig Mal. Und das ist noch lange nicht das Ende.

Vielleicht wird jemand sagen, ich sei vollkommen wurzellos. Und ich sollte den Kindern gegenüber ein schlechtes Gewissen haben. Ja, ich bin irgendwie wurzellos, vor allem aber bin ich rastlos. Ich brauche die Veränderung. Ich glaube, dass viele Menschen in den verschiedenen Stadien ihres Lebens verschiedene Wohnungen brauchen. Ich glaube, wir können von allen unseren Wohnorten etwas lernen. Sobald wir gelernt und verstanden haben, was wir brauchen, sind wir bereit, an einen neuen Ort zu ziehen.

Allein der Gedanke, womit wir bei einem Umzug alles aufräumen.

Mein persönlicher Rekord, fest an einem Ort zu wohnen,

liegt bei zehn Jahren, es ist der Ort, den meine Kinder als ihr Elternhaus betrachten. Es war ein schönes, hundert Jahre altes Haus auf Nesodden im Stile Carl Larssons. Wir hatten anderthalb Jahre gebraucht, es zu finden.

Doch nach zehn Jahren wollten wir plötzlich nicht mehr dort wohnen. Wir wollten in die Stadt ziehen. In eine Wohnung in der vierten Etage, ohne alte Kastanienbäume, ohne ein einziges Grasbüschel oder eine blendend schöne Pfingstrose in Sicht. Wir wollten zentral wohnen, keine Fähren und Wartezeiten mehr haben, ins Kino gehen und kurze Wege zur Arbeit haben. Wir sprachen lange darüber, bevor wir das Haus verkauften, und haben es uns gut überlegt.

Ich verstehe, dass es bedauerlich ist für Kinder, wenn sie kein Elternhaus haben, zu dem sie zurückkehren können. Doch wir haben uns gesagt, sie haben ihre Wurzeln in sich, egal wohin sie ziehen. Ich kann ihnen kein Dasein ohne Veränderung mehr bieten. Ich bin und bleibe nun mal eine Zugvogelmutter, rastlos und unruhig.

Zum Glück gibt es ein Backup.

Unser Ort ist die Hütte im Fjell. Dort habe ich meine Kindheitssommer verbracht, dort haben meine Kinder zeit ihres Lebens ihre Ferien verlebt. Hier gibt es die vertrauten Trampelpfade und dieselben alten Steine im Fluss. Hier betrachten wir die Narben von Mückenstichen, an denen wir, wie wir uns erinnern, allzu fest gekratzt haben, und wir lassen die Stimmung und das Gefühl steif gefrorener Finger nach kalten Skitouren wieder aufleben. Hier sind die Aquarelle, die die Kinder in der Waldorfschule gemalt haben, die Fotoalben ihrer Kindheit und die Wolldecke, die eigentlich schon viel zu zerschlissen ist, aber so gut nach schönen Erinnerungen riecht.

Diesen Ort wird es immer geben, mit dem kalten Bergwasser aus Ila, einer verstimmten Gitarre und alten Lagerfeuergesängen, die im Gedächtnis auftauchen, sobald wir die Tür öffnen. Wenn ich bei der Hütte ankomme, aus dem Auto steige und den Fluss höre, dann geschieht etwas in meinem Innern. Ich glaube, ich höre das Geräusch von einem Zuhause. Meinem Zuhause.

Ehrlichkeit

Oft könnte man meinen, es sei ein Status, viele Freunde zu haben. Möglicherweise sind es aber nur die sozialen Medien, die den Eindruck von ewig langen, glücklichen Essen, Geburtstagsgesellschaften und Urlauben mit Freunden hervorrufen.

Elisabeth ist nicht der Typ, der auf Instagram Bilder einer fröhlichen Mädelsgruppe im glamourösen Sex- und Single-Livestyle der Stadt postet. Sie fährt nicht mit einer großen Clique in den Urlaub. Elisabeth sei gut in Zweisamkeit, sagen ihre Freunde. Sie hat einige wenige, eng vertraute.

Wenn sie einen Menschen und Freund sehe, halte sie an und höre genauer zu als andere, sagt ihre Freundin.

Elisabeth hält Freundschaft für kompliziert. Da Freundschaften sich verändern. Sie scheinen eine Norm zu haben – eine Art feste Schablone und jede Menge sozialer Codes –, die sie nicht recht mitmachen will. Denn solche sozialen Codes sind nicht immer ganz ehrlich.

Ihre beste Eigenschaft sei, dass sie eine Freundschaft mit größtem Ernst und Respekt eingehe, sagt die Freundin. Sie komme nicht mit voreiligen Ratschlägen oder einfachen, schnellen Lösungen. Sie sei nicht gleich dabei, zu allem Möglichen ihre Meinung zu sagen, wenn sie miteinander reden. Freunde tun das oft – um zu helfen. Sie verurteile nicht, sondern sei aufrichtig an den feinen Nuancen und Begebenheiten und Gefühlen interessiert.

»Was hattest du eigentlich für ein Gefühl, als das passiert ist?«, fragt Elisabeth.

»Warum glaubst du, ist es so ausgegangen?«

»Wie hat dich das verändert?«

Einmal hatte eine Freundin einen fürchterlichen Zusammenbruch. Sie weinte nur noch und weinte. War völlig am Ende. Elisabeth saß nur bei ihr. Sie sagte fast nichts. Umarmte sie nicht, fasste sie kaum an. Hinterher bedankte sich die Freundin dafür, dass sie sie ertragen habe, ihre Reaktionen ertragen habe und einfach nur bei ihr gewesen sei. So etwas habe sie noch nie erlebt.

Eine andere Freundin findet, Elisabeths Hochsensibilität könne man als Schnecke beschreiben. Mit allen Sinnen ihres Körpers gleite sie langsam vorwärts und befühle genau, was auf ihrem Weg sei. Sie bekomme jedes Detail mit und belausche und betaste jedes Steinchen oder jede Pfütze. Auf diese Weise umarme sie alles, was es gibt. Sie verarbeite es gründlich, übernehme dafür die Verantwortung – und lebe gut damit, sagt die Freundin.

Elisabeth wird nicht traurig, wenn eine Freundin die Freundschaft aufkündigen will. Eine ehrliche Rückmeldung und eine Klärung sind ihr lieber als Leute, die sich nur zurückziehen.

Wenn Freunde einfach ausbleiben, kann es nämlich genauso schmerzhaft sein. Oder mit Freunden, die zu verbergen versuchen, dass sie eigentlich nicht viel davon haben, mit dir zusammen zu sein.

Kleine Entscheidungen

Ich bin viel allein. Oft reise ich auf eigene Faust – und genieße es. Ich kann ganz allein auf Sansibar unter den Sternen sitzen, Fisch essen, ein Glas Wein trinken und der glücklichste Mensch der Welt sein. Eine vierundzwanzigstündige Flugreise ohne Gesellschaft ist etwas ganz Herrliches. Ich habe ein Buch dabei, Noise-Cancelling-Kopfhörer, Kompressionsstrümpfe und ganz sicher ein paar Filme, die ich mir gern anschauen möchte.

Das Eigenartige ist, dass ich mich in meiner eigenen Gesellschaft sehr wohlfühle, auf einer großen Party dagegen eher einsam. Ich merke, dass ich nicht dorthin passe, ich komme mit dem Small Talk nicht klar. Im Lauf meines Lebens habe ich nur dreimal selbst zu einer Party eingeladen und mich gefeiert. Ich habe oft Freundinnen zum Abend- oder Mittagessen zu mir eingeladen, aber große Feste hat es nur wenige gegeben.

Das hat nichts mit Wollen zu tun. Wahrscheinlich ist es eine Kombination aus Angst, es könnte nicht gut genug werden, und mangelnder Energie, mich dazu aufzuraffen. Zugleich widme ich mich viel zu sehr den Details und schaffe es nicht, mich zu entscheiden. Kleine Entscheidungen beanspruchen schlicht und einfach unfassbar viel Zeit. Das ist bei Hochsensiblen oft der Fall, wie ich mittlerweile begriffen habe. Ich kann mich innerhalb weniger Stunden entschließen, meinen Sohn auf der anderen Seite des Globus zu besuchen, schaffe es aber nicht, Ja oder Nein zu sagen, wenn ich in einem Laden gefragt werde, ob ich eine Plastiktüte haben möchte. Da rotiert es in meinem Kopf. Brauche ich eine Plastiktüte? Soll ich? Manchmal kommt mir Märtha zu Hilfe.

»Mensch, Elisabeth, sag einfach Ja. Sag ›Ja bitte‹, wenn sie dir eine Tüte anbieten.«

Wir lachen herzlich darüber – dass große Entscheidungen so leicht sein können und kleine so schwierig. Ich kann mich nicht entscheiden, welches Buch ich in den Sommerferien lesen möchte, beschließe aber nach fünfzehn Minuten Besichtigung, die neue Wohnung zu kaufen.

In vielen Freundschaftsbeziehungen wird eine Gegenleistung erwartet. Wirst du oft bei Freunden zum Abendessen eingeladen, gehen sie davon aus, dass du sie ebenfalls mal einlädst. Das ist einfach so. Mein großes Problem ist, dass ich das nicht schaffe.

Ich möchte nur zu gern eine Party geben, und ich liebe Partymenüs. Ich finde sie in den eleganten Hochglanz-, Koch- und Einrichtungsmagazinen, die ich jeden Monat kaufe. Wenn ich so ein Menü sehe, das einfach und ganz fantastisch wirkt, reiße ich die Seiten aus und mache mich daran, Listen zu erstellen. Aperitif, herrlich! Die Vorspeise scheint gut zu passen, das Dessert sieht lecker und einfach aus. Ja! Dazu habe ich Lust!

Ich lege das Menü auf den Tisch bereit. Erstelle eine Liste, wen ich einladen werde. Die und den. So und so. Das wird gut. Dann fange ich zu denken an.

Ich muss das Silber putzen. Außerdem brauche ich Blumendekorationen. Habe ich denn genügend Vasen? Das ist nicht sicher. Da muss ich welche kaufen. Und Servietten? Kann ich meine knitterigen Leinenservietten nehmen, oder sollte ich sie bügeln? Ist es cool, wenn sie knitterig sind, oder total daneben? Ich habe viele Leinenservietten, aber sind die denn alle gleich? Und außerdem muss ich die Kinder fortschicken.

Im Übrigen ist gar nicht sicher, dass es allen auf der Liste passt.

Wollen die Gäste es miteinander nett haben? Vielleicht sollte ich etwas ganz Besonderes machen und es so einrichten, dass *neue* Leute zusammenkommen, damit es *besonders* nett wird?

In dem Magazin steht nichts von Kuchen. Ich muss Kuchen haben. Ich mag Kuchen sehr gern. Vielleicht kann ich selbst gemachte Macarons anbieten. Die kann ich gut. Aber das dauert tagelang, da ich dafür Mandeln schälen muss.

Wenn ich es mir überlege, so habe ich eigentlich gar kein Geld dafür. Kann ich die Leute bitten, Wein mitzubringen? Das ist nicht sicher. Als ich bei ihnen eingeladen war, hatte ich keinen Wein dabei, also kann ich sie auch nicht bitten, mir Wein mitzubringen.

Da vertage ich das Ganze. Ich streiche das Datum für die Party. Ich sollte lieber anfangen, auf Reisen Champagner zu kaufen. Denn dann habe ich Champagner. Das ist cool. Das mache ich.

Am Ende habe ich acht Flaschen Champagner und Schaumwein im Schrank.

Aber nun geht das Menü nicht mehr.

Und die Leute auf meiner Liste kommen nicht mehr so in Betracht.

Selbstverständlich kann ich sagen, die Leute sollen jeweils ein bisschen Wein und etwas zu essen mitbringen. Das machen viele so, und es ist immer unglaublich gemütlich. Einfach ist es obendrein. Aber ist es okay? Ich finde eigentlich, dass die Leute etwas *bekommen* sollten, wenn ich sie einlade. Ich

möchte etwas anbieten. Aber ich schaffe es nicht, die Sache einfach zu gestalten.
Und ich schaffe es nicht, eine Entscheidung zu treffen.
So vergehen die Tage.
Und es gibt keine Party.

Arbeitsleben

Der Knall
SOMMER 2007

Das Wochenblatt Se og Hør *bringt es in der Dienstagsausgabe als Aufmacher: Märtha Louise gründet Engelsschule. Das Motto der Schule lautet:* »Vollbringe Wunder in deinem Leben mithilfe der Engel und aus eigener Kraft.«

Am 24. Juli kann die Nachrichtenagentur NTB *die Meldung bestätigen. Es ist wahr. Die Schule heißt* Astarte Education *und bietet einen dreijährigen Kurs an, in dem man unter anderem in Reading, Healing und Berührung ausgebildet wird. Die Ausbildung kostet 24 000 Kronen im Jahr. Die Prinzessin hat diese Schule zusammen mit Elisabeth Samnøy gegründet, die die Zusammenarbeit bestätigt. Die Website ist auf Märtha Louises Namen registriert. Der Kurs beginne am 16. August, aber noch habe die Schule keine Räume gefunden, meldet der Sender* NRK.

Wer das Wort Reading googelt, findet bei Wikipedia eine Antwort. Dort steht: »Reading sind Techniken, die unter anderem von angeblichen Hellsehern, Schwindlern und Illusionisten angewandt werden, um den Eindruck zu vermitteln, sie hätten oder erhielten auf mystische Weise detaillierte und private Kenntnisse über eine unbekannte Person, der sie begegnen, über Ereignisse, die diese Person berührt haben, oder über Geschichten aus deren Vergangenheit. Personen, die Cold Reading ausüben, haben keine Vorinformation über diejenigen, mit denen sie sprechen. Indem sie Körpersprache, Alter, Geschlecht, Sprechweise, Religion und Kleidungsstil analysieren und Statistiken kennen, schaffen es geübte Personen trotzdem schnell, so zu klingen, als erhielten sie die Informationen auf übernatürliche Weise.

Ein professioneller Gedankenleser, der sich dieser Methode bedient, kann auch nach passenden Antworten fischen, indem er Selbstverständlichkeiten vorschlägt, die auf alle passen, Möglichkeiten andeutet und das Gespräch in prüfendem, suchendem Stil und mit einem Bombardement häufiger, aber diskreter Fragen führt, um etwas zu finden, was als überraschender, genauer Treffer erlebt werden kann. Ein solches Ablesen kann auch intuitiv und unbewusst erfolgen.«*

Der Artikel trägt den Vermerk »Dieser Abschnitt bedarf einer Überarbeitung. Hilf mit, ihn zu verbessern.«

Die Kritik an der Prinzessin ließ nicht auf sich warten. Ganz Norwegen hat eine Meinung zu der Kombination aus Prinzessin, Engel, Heilung, Gedankenlesen und Geld.

Der Finanzredakteur Trygve Hegnar bezeichnet die Engelsschule als reinen Schwindel. Die Organisation Mental Helse *fürchtet, die große Aufmerksamkeit rund um die Schule könne zur Folge haben, dass etliche Menschen dazu verführt würden, teure Wahrsagedienste anzurufen. Die Zeitung* Asker og Bærums Budstikke *meldet, dass eine Nachricht aus dem Königshaus noch nie*

---

* Übersetzung des norwegischen Wikipedia-Eintrags zu *Cold Reading* (Anm. d. Ü.)

zuvor bei den Lesern so viel Spott hervorgerufen habe wie Prinzessin Märtha Louises Engelsschule.

Zum ersten Mal in ihrem Leben wird Prinzessin Märtha Louise krankgeschrieben. Nach zwei Wochen, am Samstag, dem 11. August, stellt sie sich in der Nachrichtensendung Lørdagsrevyen einem Fernsehinterview, um zu erklären, worum es sich bei dieser neuen Schule handelt. Sie bedauert, auf der Website die Telefonnummer des Schlosses angegeben zu haben. Auf die Frage, wie es ihr gehe, antwortet die Prinzessin: »Ich bin wohl noch etwas angeschlagen.«

Prinzessin Märtha Louise erzählt, sie habe viel Unterstützung erhalten, sagt aber auch, dass sie die Kritik an ihr verstehe. Gleichzeitig fragt sie: »Wie wollen wir Mobbing in der Schule verhindern, wenn die Kinder sehen, dass die Erwachsenen es nicht anders machen?«

Weiter sagt sie, froh zu sein, dass sie nicht vor hundert Jahren geboren wurde. Da hätte man sie sicherlich auf dem Scheiterhaufen verbrannt.

Auf die Frage, ob sie hellseherische Fähigkeiten habe, antwortet sie: »Ich verwende diesen Begriff nicht für mich. Ich sehe Dinge, ich fühle Dinge, ich nehme Dinge wahr. Das geschieht auf eine für mich wichtige Weise. Schon von Kindesbeinen an kann ich mitbekommen, was andere fühlen.«

Einige Wochen später stellt die Prinzessin auf einer ausgedehnten Lesereise die große Märchensammlung Eventyr fra jordens hjerte vor. Als sie im Web-TV-Kanal VGTV gefragt wird, woher sie die Kraft genommen habe, durch diese rauen Zeiten zu kommen, antwortet sie:

»Ich greife zu dem Märchen von der Prinzessin, die sich zum Herzen der Erde begab. Die Märchenprinzessin liegt verlassen auf der Erde, und plötzlich spürt sie, wie deren Kraft sie durchströmt. Die Prinzessin in dem Märchen spürt den Herzschlag der Erde im Takt mit ihrem eigenen Herzen, steht jedoch auf und geht. Sie geht durch Flammen, trägt aber einen Umhang, dem das Feuer nichts anhaben kann.«

Ein Kind im Saal fragt, ob Prinzessin Märtha Louise durch Flammen gegangen sei. Die Prinzessin antwortet: »Ja. Aber da kommt man hindurch.«

Märtha

Mit Kritik zurechtkommen

Es war mitten in den Sommerferien. Ich war überhaupt nicht darauf gefasst.

Elisabeth war mit ihrer Familie nach Griechenland in den Urlaub gefahren. Die Website unserer neuen Selbstentwicklungsschule war fertig. Wir hatten das Gefühl, fleißig gewesen zu sein, und waren sicher, dass wir den für uns richtigen Lebensweg gefunden hatten. Den ganzen Sommer über hatten wir ruhig und friedlich gearbeitet.

Keine von uns hatte daran gedacht, einen Medienberater zu kontaktieren oder bei der Festlegung einer Medienstrategie um Hilfe zu bitten. Es war uns schlicht und einfach nicht eingefallen. Davon abgesehen hatten die Berater, an die wir uns früher gewandt hatten, oft Angst, Fehler zu machen. Sie zählten auf, was alles schiefgehen könne, statt uns zu beraten, welche Schritte wir unternehmen müssten, um dorthin zu gelangen, wo wir hinwollten. Das hatte uns verunsichert und daran zweifeln lassen, ob unser Vorhaben überhaupt eine gute Idee war. Dass dem nicht so war, darüber waren sich viele einig. Prinzessin, Unternehmerin und Selbsthilfe mit geistiger Dimension, das passt doch nicht zusammen, nicht wahr?

Ich ahnte aber trotzdem nicht, dass ein in meiner Welt völlig natürlicher Schritt für andere eine derartige Sensation darstellen würde.

Am 1. Februar 2002 habe ich den Titel *Königliche Hoheit* abgelegt und die Firma *Prinsesse Märtha Louises Kulturfor-*

midling gegründet. Ich beziehe keine Apanage mehr, sondern verdiene mein eigenes Geld und bezahle wie alle anderen Steuern. Sechs Jahre lang habe ich in der Fernsehserie *Prinsessen i Eventyrriket* (Die Prinzessin im Märchenreich) Märchen vorgelesen.

Jetzt brannte es plötzlich an allen Ecken und Enden. Der Verlag, mit dem ich an einem neuen Märchenprojekt arbeitete, war wütend. Die Sponsoren meiner Lesereise im Herbst zogen sich zurück. Aus allen Richtungen hagelte es Kritik. Ich muss zugeben, das war ausgesprochen hart.

Kritik vonseiten der Presse war ich gewohnt. Doch allein damit zurechtkommen zu müssen, war nicht schön. Gleichzeitig war ich froh, dass Elisabeth in Griechenland war. Dieser Sache musste ich mich stellen. Ich war schließlich die Prinzessin. Ich musste für diese Entscheidung geradestehen.

Die Leute hielten mich für verrückt. Für nicht mehr zurechnungsfähig. Oder sie machten mich lächerlich und klein. Viele unterstützten mich. Und viele kümmerte es nicht.

Während des Interviews mit *NRK* habe ich total die Nerven verloren. Ich brach in Tränen aus, was allerdings weggeschnitten wurde. Wenn du aber ungefähr in der Mitte der Einspielung genau hinschaust, kannst du sehen, dass ich um die Augen plötzlich etwas röter bin als vorher.

Die Journalisten ritten immer nur auf denselben Fragen herum und waren mit meiner Antwort nie zufrieden. Solche Situationen bringen mich zur Verzweiflung. Mit der geballten Energie, mit der ich da konfrontiert bin, komme ich nur schlecht zurecht. Die Interviewer sitzen eiskalt da und stellen im Voraus ausgearbeitete Fragen. Sie weichen keinen Fingerbreit davon ab. Wissen genau, was sie tun und worauf sie mit ihren Fragen hinauswollen. Das weiß *ich* aber nicht, und ich werde unsicher und verwirrt, wenn ich eine Frage beantwortet habe, so gut ich kann, und sie mir die gleiche Frage noch einmal stellen, allerdings auf eine klein wenig andere Art. Dann habe ich das Gefühl, in einem Verhör zu sitzen. Während ich mit Fragen bombardiert werde, muss ich versuchen, kühlen Kopf zu bewahren, das Richtige zu sagen, nicht rot zu werden, aber deutlich zu sein.

Ich werde gezwungen zu denken, statt sinnlich wahrzunehmen, und als Hochsensible verunsichert mich das sehr. Es ist, als hätte man mir den Boden unter den Füßen weggezogen. Wie blind ertaste ich, dass sie auf irgendetwas aus sind, was ich nicht verstehe oder nicht mitbekommen habe. Ich habe das Gefühl, zu etwas befragt zu werden, von dem ich gar nicht wusste, dass es zu meinem Pensum gehört.

Viele, besonders die Medien, nehmen alles, was ich sage, ganz wörtlich. Im Nachhinein sehe ich, dass die Sprache, die wir im spirituellen Milieu verwenden, zu vielen Missverständnissen geführt hat. Wir verwenden Begriffe wie Aura, Erdung, Spiritualität und Energie. Das hat viele befremdet. Aber ich habe nie behauptet, dass ich hellsehen könne. Ich kann nicht in die Zukunft sehen. Ich arbeite hier und jetzt mit lebendigen Menschen. Helfe ihnen, festgefahrene Muster, die sie am Leben hindern, zu erkennen und loszulassen, sodass sie aus ihrem Potenzial heraus leben können.

Wo wir von Energien sprechen, sagen andere Stimmungen. Wo andere physische Engel mit Flügeln vor sich sehen, sprechen wir von Lichtwesen und energetischer Frequenz. Mit Healing meinen wir nicht notwendigerweise die Heilung von Kranken. Es kann genauso gut darum gehen, dass du mit deiner Situation besser zurechtkommst oder mit deinen Schmerzen besser leben kannst. Es geht schlicht und einfach um eine Verbesserung des Lebens. Viele Bücher über Healing handeln von Akupunktur, Ayurveda, Kräutern, Coaching, Homöopathie und Aromatherapie – Begriffe, die den meisten bekannt sind. Healing kann auch die schonende Weise sein, in der ein neugeborenes Kind gewaschen wird, nachdem es aus der Gebärmutter gekommen ist. Es kann lindernde Fürsorge sein.

Reading ist eine intuitive Art, einem anderen Menschen zu begegnen. Wir öffnen uns einem höheren Bewusstsein, was bis zu einem gewissen Grad an nächtliches Träumen erinnert. Uns kommen Bilder, Stimmungen, Farben und Symbole. Durch langes Training haben wir gelernt, die Information, die wir empfangen, zu dekodieren. Wer Reading praktiziert, übersetzt gewissermaßen zwischen der Person, die gelesen wird, und dem Unbewussten der oder des Betreffenden. Wir lesen zwischen den Zeilen, können hinter die Masken sehen und an den Kern der Probleme und Herausforderungen der Person gehen, sodass sie oder er sich durch diese hindurcharbeiten kann.

Die von uns oft benutzte sogenannte Energiesprache verwendet andere Begriffe, als die meisten gewohnt sind. Dadurch entstehen leicht Missverständnisse. Außerdem war es wohl schwierig zu verstehen, dass ich keine Königliche Hoheit mehr bin, aber nach wie vor Prinzessin.

Durch die Ereignisse in jenem Sommer ging meine Lernkurve extrem steil nach oben. Steiler, als ich es je erlebt habe.

Viele meinten, ich sei fürchterlich naiv gewesen. Wir hätten vorhersehen müssen, welchen Spektakel es geben würde. Ja, ich bin vermutlich naiv. Denn selbst nach so vielen Jahren im Rampenlicht scheine ich immer noch nicht zu glauben, dass es in den Medien Aufsehen erregen wird, wenn ich in meinem Leben irgendetwas ändere. Ich bin jedes Mal aufs Neue überrascht, wenn ich auf den Titelseiten lande und es eine mehrwöchige Debatte gibt. Hängt das vielleicht damit zusammen, dass ich hochsensibel bin? Nein, das ist keine Entschuldigung.

Ich möchte die Verantwortung nicht abschieben. Doch ein gewisser Zusammenhang könnte bestehen.

Möglicherweise liegt meine Naivität darin begründet, dass ich das große Potenzial der Leute sehe. Ich nehme von den Menschen immer das Beste an. Immer. Ich sehe ihre Größe und Güte und die Möglichkeiten, die in ihnen stecken.

Viele Hochsensible verbrennen sich daran. Freunde oder Partner können sehr garstig zu ihnen sein, doch sie tolerieren vieles, weil sie deren großes Potenzial sehen. Und so geraten wir oft in schwierige Situationen, da wir vergessen, die Realität zu beachten. Es ist nicht sicher, dass die andere Person sich öffnen und die Seiten ausleben wird, die wir in ihr sehen. Und es ist auch nicht sicher, dass wir immer richtig sehen.

Ich für meine Person hoffe, ein positiver Mensch zu sein, großzügig, entgegenkommend und an Menschen interessiert. Ich lache gern. Und ich bekomme ziemlich viel mit. Oft sehe ich Dinge auf eine etwas andere Art, als andere sie sehen. Die Welt braucht Menschen, die ihre Umgebung auf andere Art sehen, die alles in sich aufnehmen, was um sie herum geschieht, und dadurch mehr Nuancen und Zwischentöne mitbekommen. Je mehr wir Menschen diese Unterschiede zwischen den Leuten erfassen und allen Raum geben, desto leichter fällt es, andere zu akzeptieren und selbst akzeptiert zu werden.

Wenn alle Menschen auf der Welt vollkommen gleich wären, kämen wir nie weiter. Wir brauchen hochsensible Stimmen. Und Menschen, die an eine Seele und an Spiritualität glauben.

Auch Leute, die ein wenig anders gestrickt sind, sind normal. Was ist schon normal? Kennst du irgendeinen Normalen? Wer definiert eigentlich, was normal ist? Und was hast du geopfert, um Teil dieser Normalität zu sein?

Weil ich Prinzessin bin, habe ich lange versucht, normaler zu sein als alle anderen. Alle haben mich nur in dieser Rolle gesehen und definiert. Deshalb übte ich mich darin, möglichst unsichtbar zu sein. Am liebsten wollte ich mit der Wand verschmelzen.

Verbirgst du das, was du eigentlich bist und willst? Hast du andere Träume als die, welche dir eingeredet wurden?

Vielleicht liebst du es, auf Bäume zu klettern, doch deine Mutter hat eine Heidenangst davor. Dann wächst du womöglich in dem Glauben auf, dass du Angst davor hast, auf Bäume zu klettern. Danach richtest du dich, bis du entdeckst, dass es eigentlich deine Mutter war, die Angst hatte. Du erinnerst dich plötzlich an dein eigenes Gefühl, daran, wie es sich körperlich anfühlt, wenn du einen Baum erklimmst. An das Gefühl der Freiheit. Vielleicht daran, die Welt von dort oben zu sehen. Es gemeistert zu haben. Die Körperbeherrschung. Die Ruhe. Die Gegenwart der Bäume. Da begreifst du, dass du aus der Perspektive deiner Mutter gelebt hast. Und mit einem Mal siehst du alles auf andere Art und kannst aus deiner eigenen Perspektive leben. Du kannst die Angst loslassen, wenn du weißt, woher sie kommt. Du kannst dir deine Kraft zurückholen und brauchst nicht mehr Opfer zu sein und aus der Angst anderer heraus zu leben.

Die Vision von *Soulspring* ist: *Change the world – your world.* Wenn die Welt ein besserer Ort werden soll, muss die Veränderung von innen heraus beginnen, in jeder und jedem Einzelnen von uns. Obwohl in unserem Teil der Welt Äußerlichkeit ihren Platz hat, obwohl die Menschheit intellektuell und technisch hoch entwickelt ist und wir, was den Wohlstand betrifft, Riesenschritte gemacht haben, haben viele das Gefühl, dass etwas fehlt. Etliche merken, dass sie ihre Essenz vergessen haben, nicht wissen, wer sie eigentlich sind und worauf es ihnen in ihrem Leben ankommt.

Es ist keineswegs so, dass die Leute zu *Soulspring* kommen, um von einer Krankheit geheilt zu werden. Die Menschen kommen zu uns, damit sie gesehen werden, sich als Mensch entwickeln und sogenannte Energiereadings bekommen. Sie sagen, sie spürten, dass ihr Leben besser werde, wenn sie es schafften, Verspannungen und unterdrückte Gefühle loszulassen. Es geht um persönliche Entwicklung, darum, sein wahres Ich zu finden.

Ich habe mich entschieden, von und mit meiner Geistigkeit zu leben. Oder Spiritualität, wenn man es so nennen will. Ich bin stolz auf das, was ich mache. Ich glaube an das, womit ich mich beschäftige. Ist man seiner selbst sicher, lässt sich mit Kritik leichter zurechtkommen. Denn ich bin nach wie vor das schmerzhafte Steinchen im Schuh. Für meine Familie ist es durchaus eine Belastung, dass ich etwas betreibe, was nicht allgemein akzeptiert ist. Sie haben nie gesagt, dass ich damit aufhören solle, doch ich weiß, dass es für sie zuweilen schwierig ist.

Ich weiß aber auch, dass sie mich so mögen, wie ich bin.

Ich weiß jetzt, was für mich richtig ist. Und ich respektiere, dass es nicht auch für alle anderen richtig ist.

Vielleicht werden noch mehr Menschen verstehen, warum es mir so wichtig ist, *Soulspring* und Selbstentwicklung betreiben zu dürfen, wenn sie meine Geschichte lesen und etwas über Hochsensibilität erfahren. Das heißt nicht, dass alle Hochsensiblen spirituell sind. Beileibe nicht. Doch meiner Erfahrung nach haben viele Hochsensible ein Talent dafür zu sehen, was viele andere leugnen oder nicht mitbekommen.

Es ist leichter, Kritik zu ertragen und schlimme Situationen auszuhalten, wenn du weißt, dass du ganz ehrlich gewesen bist und das getan hast, woran du glaubst. Wenn du deiner ganzen Identität Raum gibst, auf deine innere Stimme hörst und mit beiden Beinen fest auf der Erde stehst, dann kannst du mit allem fertigwerden.

Lampenfieber

Die meisten Leute sind nervös, bevor sie eine Bühne betreten. Bei mir ist es genau umgekehrt. Ich bin ruhig, wenn ich auf die Bühne trete. Ich nehme alle Menschen im Zuschauerraum in mich auf, nehme wahr, was sie fühlen, spüre, was sie aussenden. Dann gerate ich zunehmend in Panik.

Als Kind habe ich Klavier gespielt, doch ich schaffte es nie, die Noten des Bassschlüssels zu lernen, und wechselte zur Querflöte. Damit konnte ich in einem Quartett spielen. Viele Jahre lang tanzte ich Volkstanz und sang im Chor. Ich sang auch solo, aber nur unter sanftem Zwang. Ich machte lieber etwas zusammen mit anderen. Im Chor zu singen fand ich ganz großartig.

Ich sang im Schulchor des Christlichen Gymnasiums. Dazu wurden wir einmal in der Woche aus dem Fachunterricht geholt, was ja an sich schon ein Geschenk war. Das Wichtigste für mich aber war, zusammen mit anderen Klang zu erzeugen. Unter unserem Dirigenten Bill Spade waren wir ungefähr dreihundert Schülerinnen und Schüler. Ich sang Alt und fand es immer ganz fantastisch, dass die vier Stimmen, wenn alle die ihre hielten, einen harmonischen Klang hervorbrachten. Schöne Musik ist größer als wir, und allein können wir sie nicht hervorbringen. Darüber habe ich damals viel nachgedacht. Wenn ich meiner Stimme treu bin, kann ich zusammen mit anderen, die ihrer Stimme treu sind, Klänge erzeugen. Es war so schön, mit meinen Mitschülerinnen und Mitschülern auf diese Weise eine Gemeinschaft zu bilden. Durch Töne.

Wenn ich mit dem Chor zusammen oder beim Volkstanz auftrat, war ich nie nervös. Da teilte ich die Bühne mit anderen. Wir bildeten ein Team, und wenn ich einen Fehler machte, war das nicht so schlimm. Sollte ich aber solo auftreten und zum Beispiel Querflöte spielen, wurde ich nervös. Im Lauf des Konzerts wurde ich immer röter, ich bekam heftiges Herzklopfen. Je mehr hohe Töne ich nicht schaffte, desto hysterischer und nervöser wurde ich. Meine Finger wurden schweißnass und rutschten von den Klappen.

Oft musste ich eine Rede halten, die samt und sonders andere geschrieben hatten. Ich erhielt ein Manuskript, von dem ich nicht abweichen durfte. In solchen Situationen hatte ich eine Heidenangst, Fehler zu machen. Mir schlotterten die Knie, der Schweiß brach mir aus. In der Regel zog ich einen langen Rock an oder bat um ein schützendes Rednerpult, hinter dem ich mich verstecken konnte, sodass niemand meine zitternden Beine sah.

Einmal stand ich mit Theaterleuten aus aller Welt irgendwo in Vestlandet auf der Bühne. Ich, die ich während meiner ganzen Kindheit und Jugend an Weihnachten für Großvater und an den Geburtstagen meiner Großmutter mütterlicherseits Haugtussa und Peer Gynt gespielt hatte, erzählte diesen Theatermenschen, welche Sicherheit mir das auf der Bühne verleihe.

Es war überhaupt nicht wahr. Nur unglaublich ironisch.

Hinterher fragte ich die Hofdame, ob sie gesehen habe, dass mir die Knie schlackerten?

»Nein, das hat niemand sehen können«, versicherte sie mir.

Aber ich sah, dass sie log.

Im Nachhinein haben wir über diese Episode herzlich gelacht. Doch das alles passierte so oft, dass es mich hemmte, vor allem wenn es um Musik und Gesang ging. Irgendwann kam der Punkt, wo ich einsah, dass ich mir Hilfe suchen musste.

Ein Sportcoach brachte die Lösung. Der Coach Øystein Hammer erzählte mir etwas völlig Neues, was für ein großes Aha-Erlebnis sorgte: Die Menschen, die im Zuschauerraum säßen, seien doch gekommen, weil sie Lust hätten, mich zu sehen und zu hören.

Daran hatte ich nie gedacht. Dass es für sie lustbetont war. Diese neue Sichtweise wirkte.

Danach schlotterten mir die Knie ein bisschen weniger, wenn ich sang oder eine Rede hielt. Doch ich muss gestehen, dass ich nach wie vor Lampenfieber haben kann, wenn ich etwas vortrage, das ich nicht selbst verfasst habe. Das ist nicht weiter schlimm, denke ich heute. Es macht mich nur konzentrierter.

Heute lebe ich davon, auf der Bühne zu stehen. Ich reise mit *Soulspring* durch die ganze Welt und halte Vorträge. In der Regel komme ich ohne Manuskript aus. Einige Stichworte auf ein paar Zetteln genügen. Ich bin mir dessen, was ich sagen werde, sicher, da es von Herzen kommt. Jedes einzelne Wort, das ich sage, habe ich erfahren, und ich weiß, dass es wahr ist. Deshalb strömen die Worte und Geschichten hervor, ohne dass ich rot werde oder schlottere.

Das allerwichtigste Werkzeug für mich als Hochsensible ist, Grenzen zu setzen. Da ich so viel in mich aufgenommen habe, war ich immer ein bisschen bei allen. Ich war als Person nicht ganz bei mir. Ich nahm mich selbst nicht ernst. *Ich bedeutete nichts.* In der Begegnung mit anderen mich selbst wahrzunehmen, war ein ganz neues Erlebnis. Indem ich *mei-*

nen Platz fand, es schaffte, den Fokus mehr auf mich selbst zu richten, auf mich selbst zu hören und in der Begegnung mit anderen meine eigenen Gefühle und Wünsche wahrzunehmen, nahm der ewige Strom von Gefühlen und Stimmungen anderer ab.

Ich fand meinen privaten Klang.

Elisabeth

Märthas Schatten

Ich habe so gut wie nie gegen das Gesetz verstoßen. Aber sobald ich eine Polizeisirene höre, bin ich mir sicher, dass *ich* etwas verkehrt gemacht habe und gefasst werden soll. Obwohl ich die Geschwindigkeit eingehalten, den Sicherheitsgurt angelegt habe und ein neues Auto ohne Mängel fahre, bekomme ich schweißnasse Hände, ein flaues Gefühl im Magen und werde rot, wenn ich bei einer Polizeikontrolle herausgewinkt werde. Ich gehe mit umherirrendem Blick durch den Zoll, auch wenn ich keine einzige Flasche im Gepäck habe. Habe ich ein winzig kleines Glas Wein getrunken, setze ich mich vor Ablauf von zwölf Stunden nicht ans Steuer.

Ich habe permanent ein schlechtes Gewissen, weil ich etwas falsch machen könnte. Die schlimmste Angst ist, etwas falsch zu machen, ohne es zu wissen.

Es ist, als wäre ich ständig in Alarmbereitschaft. Ich bekomme alles mit. Die Dame, die vor mir ihren Handschuh auf der Ladentheke liegen lässt. Den kleinen Zettel, der jemandem aus der Tasche fällt, wenn er die Hand schnell herauszieht. Sage ich Bescheid, was ich gesehen habe, versuche ich zu helfen und zu warnen, dann kann es vorkommen, dass die Leute ärgerlich werden. Besonders Freunde, die wollen, dass ich nicht gar so sehr auf sie achte. Sie glauben, ich krittele an ihnen herum. Das ist aber wirklich nicht meine Absicht.

Besonders schmerzlich ist es bei persönlicher Kritik. Weisen Freunde mich zurecht, heule ich sofort Rotz und Wasser. Da fühle ich mich sehr zerbrechlich. Doch die Kritik an *Astarte Education* und dem, was wir veranstalten, prallte damals eigentlich an mir ab, und heute erscheint mir das Ganze belanglos. Wenn ich jetzt darüber nachdenke, so haben wir damals zweifellos ein paar offenkundige Fehler gemacht. Wir haben daraus gelernt. Heute können wir darüber lachen wie zwei enthusiastische, etwas naive Damen, die sich endlich selbst gefunden hatten, nicht verstanden haben, dass sie den Wölfen zum Fraß hingeworfen wurden.

Die Kritik ist seitdem immer leiser geworden. Wir erfahren immer mehr Unterstützung. Es muss aber auch gesagt werden, dass wir mittlerweile gut darin sind, negative Kritik nicht zu beachten, wir versuchen, über das Negative hinwegzusehen und uns lieber auf uns selbst zu verlassen. Hätten wir in jenem Mediensturm nicht auf langjährige Erfahrung in Selbstentwicklung sowie verschiedene hilfreiche Werkzeuge und Techniken bauen können, dann hätten wir wohl das Gefühl gehabt, von draußen mit einem Maschinengewehr beschossen zu werden.

Wir haben gelernt zu unterscheiden, welche Energien wir weiter mitnehmen wollen und was nicht unser Problem und unsere Schuld ist. Wir richten uns gegenseitig auf und tun uns jetzt vielleicht leichter, andere um Rat zu fragen.

Nie hätte ich gedacht, dass jemand mich und meine Arbeit als Belastung für Märtha und die Königsfamilie auffassen könnte. Das ist mir tatsächlich nicht eine Sekunde in den Sinn gekommen. Vielleicht wäre es besser gewesen. Doch ehrlich gesagt ist Märtha überhaupt nicht die Person, die zu allem nur nickt und die ich zu allem bringen könnte, was ich will. Diese Verantwortung trägt Märtha ganz allein.

Ich weiß, dass viele mich lange als Märthas Anhängsel betrachtet haben. Einige Journalisten haben nicht verstanden, warum wir Interviews immer gemeinsam geben wollten. Ich war das Haar in der Suppe, die nervige Person, die meinte, bei Tonaufnahmen und beim Filmen immer dabei sein zu müssen. Für manche war ich die Person, die sich langsam, aber sicher an die Prinzessin des Landes herangemacht hatte und sie jetzt ordentlich im Griff hatte.

Dergleichen beeindruckt mich nicht. Märtha und ich haben eine klare Abmachung getroffen, sowohl auf dem Papier als auch auf seelischer Ebene. Wir haben einen Arbeitsvertrag, und wir unterstützen einander in allem. Früher waren wir Geschäftspartnerinnen. Heute sind wir Geschäftspartnerinnen und enge Freundinnen. Es gibt niemanden, mit dem ich so herzlich lachen kann wie mit ihr. Wir verstehen uns auf allen Ebenen.

Unsere seelische Abmachung ist sehr fest und zielt darauf ab, dass wir uns gemeinsam weiterentwickeln. Wir sind jetzt im neunten Jahr Partnerinnen. Das ist spannend. Fantastisch. Und herausfordernd. Wir haben einander versprochen, nicht zu stagnieren. Wir bringen anderen Menschen bei, auf ihre eigene Stimme zu hören, auf ihr Herz. Wenn man darauf hört, stagniert man als Mensch nie. Immer müssen neue Schritte getan werden.

Sowohl Märtha als auch ich sind Unternehmertypen. Wir sind schnell begeistert und extrem hinterher, in Gang zu kommen und etwas Neues zu schaffen. Bei der Arbeit ergänzen wir uns gegenseitig, bringen einander voran und haben unterschiedliche Informationen, die zusammen ein Ganzes ergeben. Wenn wir zum Beispiel einen Kurs planen, habe ich meistens eine Idee, welche Themen er beinhalten soll und welche Übungen, um diese Themen zu vertiefen. Gleichzeitig hat Märtha zum selben Thema eine andere Idee, die meine vervollständigt. Oft wäre ich nicht annähernd selbst darauf gekommen. Auf diese Weise ergänzen wir einander. Wie bei einem Reißverschluss greifen meine und Märthas Teile perfekt ineinander und ergeben ein Ganzes.

Ich habe ein Puzzleteilchen, und sie hat ein anderes. Dann finden wir neue Teilchen und gestalten auf diese Weise neue Kurse. Manchmal denken wir viel zu sehr in die gleiche Richtung, ein anderes Mal etwas zu wenig. Die eine von uns treibt etwas zu schnell voran, während die andere bremst. Auch kann eine zu passiv werden. Dann muss die andere zupacken und das Projekt auf den Weg bringen. Wir spiegeln einander im Guten wie im Schlechten. Geben einander Sicherheit.

Ich selbst wurde nie in negativer Weise von der Presse heimgesucht. Die Journalisten tun ihre Arbeit, auch wenn ich mit ihrer Vorgehensweise und mit dem, was sie schreiben, nicht immer einverstanden bin. Jetzt habe ich eigentlich das Gefühl, dass alles in Ordnung ist. Dass unsere Arbeit voll akzeptiert wird und die größten Missverständnisse und Mythen aus dem Weg geräumt sind. Möglicherweise müssen die Leute mich und das, was wir betreiben, nur besser kennenlernen.

All die öffentlichen Auftritte in den ersten Jahren waren sehr hektisch, für hochsensible Menschen also nicht gerade ideal. Wie an jenem Freitagabend, als wir in der Fernsehtalkshow *Skavlan* waren. Ich war nicht nervös. Hatte keine Schmetterlinge im Bauch. Fand es einfach nur toll, dass wir dorthin eingeladen waren. Hinterher bekamen wir jedoch zu hören, wir hätten zu viel gekichert. Das solle man um Gottes willen nicht tun. Man betrachtete uns als zwei kleine, süße Freundinnen, die etwas lächerlich wirkten. Dabei waren wir damals gar keine Freundinnen. Wir waren Geschäftspartnerinnen.

Ich finde es viel leichter, ernst genommen zu werden, wenn

ich in anderen Foren wie Illustrierten und Rundfunk über Selbstentwicklung mit geistiger Dimension sprechen kann. In letzter Zeit durfte ich in Rundfunkinterviews ausführlich darüber reden. Ich habe auch allein Interviews gegeben. Ich mag das Tempo und das Format. Für uns sind aber sowohl Fernsehen als auch Rundfunk, Internet und Zeitschriften wichtig, damit wir noch mehr Menschen erreichen.

In der Frauenzeitschrift *Tara* machen wir unter der Rubrik *Life-Style-Patrouille* mit einer ausgewählten Kandidatin ein Reading und geben ihr Tipps und Ratschläge mit auf den Weg. Es ist interessant, auf diese Weise zu arbeiten. Dabei sehen wir, wie viele Menschen sich in der Geschichte einer Person wiedererkennen können. Das ist sehr spannend.

Wir fühlen uns oft so allein. Aber eigentlich haben wir viel mit den meisten anderen Menschen gemein. Und es ist gut zu teilen und zusammen zu wachsen.

Empfindsame Männer

Es gibt ebenso viele hochsensible Männer wie Frauen. Aber nicht viele Männer reden offen darüber. Sie tauchen oft bei unseren Vorträgen auf, allein oder gemeinsam mit ihrer Frau. Einer unserer männlichen Kursteilnehmer nennt das, was wir tun, ein spirituelles Bootcamp, doch die feminine Sprache, die wir verwenden, entmutigt und stört ihn. Nicht alle hochsensiblen Männer finden es natürlich, über Erdung und Liebeskraft zu sprechen.

Als das *Wall Street Journal* 2015 einen Artikel über Hochsensibilität brachte, war dieser mit dem Bild eines Kinosaals illustriert, in dem das Publikum mit Taschentüchern saß und weinte. In dem Artikel gestand ein ehemaliger Ingenieur der NASA, der Fußball und Motorräder liebte, dass er oft weine. Besonders wenn er Countrysongs und Fußballhymnen höre. Auf diesen Artikel gab es viele heftige und wütende Reaktionen. Nah am Wasser gebaut zu haben, habe nichts mit Hochsensibilität zu tun, hoben etliche Leserinnen und Leser hervor.

Gewiss reagieren hochsensible Menschen stärker als andere. Das bedeutet aber nicht, dass sie wegen allem Möglichen ständig weinen. Märtha ist extrem leicht gerührt. Ihr schießen schon die Tränen in die Augen, wenn sie nur ein Kind singen hört. Ich dagegen wünsche mir fast, es wäre mir leichter anzusehen, wenn ich gerührt bin. Bei Frauen wirkt das gewissermaßen sympathisch. Allerdings dürfen wir nicht gar zu emotional werden, sonst heißt es gleich, wir seien hysterisch. Sind wir aber zu ungerührt, dann sind wir herzlos.

Die amerikanischen Kinderpsychologen Dan Kindlon und Michael Thomson schreiben in ihrem Buch *Was braucht mein Sohn?*, dass neugeborene Jungen tatsächlich mehr Empfindsamkeit und Verletzlichkeit an den Tag legen als weibliche Babys. In dem Maß aber, wie sie heranwachsen, werden ihnen diese Eigenschaften bewusst oder unbewusst abgewöhnt. Ab dem Alter von vier, fünf Jahren werden Jungs, die oft weinen, gern als mädchenhaft und schwächlich bezeichnet. Tränen und Angst sollen möglichst versteckt und unterdrückt werden.

Das Persönlichkeitsmerkmal Hochsensibilität wird in vielen Milieus auch lächerlich gemacht. Auf Twitter kannst du vor allem von Männern Nachrichten dieser Art lesen: »Maria kann heute nicht zum Zahnarzt gehen, weil sie hochsensibel ist und keine große Lust hat.« Ein anderer twittert: »Ich bin praktisch hochsensibel und habe eine ärztliche Bescheinigung, dass ich weder Kritik noch anderen negativen Rückmeldungen ausgesetzt werden darf.« »Als ich jung war, nannten wir das nicht hochsensibel, sondern Grasallergie.« Oder: »Hochsensibel ist eines der Synonyme für Leute, die sich zusammenreißen sollten.«

Bei uns Frauen wird es leichter akzeptiert, wenn wir über Gefühle sprechen. Aber warum ist das heute in Zeiten der Gleichberechtigung von Frauen und Männern immer noch so? Wie denken sensible Männer? Und wie ist es für einen Mann mit sensibler Persönlichkeit, in einer toughen Machokultur zu arbeiten?

Arne Kristian Kolberg ist introvertiert und hochsensibel und Konzernchef von *Nortura*. Auf die leitende Stellung in der Firma hat er sich aufgrund eines besonderen Ereignisses beworben.

Diesen Geruch vergisst er nie. Der war genauso übel wie der groteske Anblick von vernachlässigten und toten Tieren. Er war allein zur Inspektion eines Stalls gefahren. Als Leiter eines der Produktionsbereiche von *Nortura* hatte er einen Hinweis auf Missstände bekommen, dem er nachgehen musste. Als er die Stalltür öffnete, wurde er überrollt. Vom Anblick und Geruch übel zugerichteter Tierkadaver.

Ihm drehte sich der Magen um. Er bekam Schmerzen in der Herzgegend. Er, der auf einem Hof aufgewachsen war, der es gewohnt war, Blut, Schlachtung und tote Tiere zu sehen. Doch das hier war etwas völlig anderes. Grausames. Er war voller Wut, Verzweiflung, Verwünschungen und Traurigkeit.

Noch vor Ort gelobte sich Kolberg, alles zu tun, was in seiner Macht stand, um eine so grausame Vernachlässigung in

Zukunft zu verhindern. Er wollte Verantwortung übernehmen. Es anders machen. Etwas Sinnvolles schaffen.

Arne Kristian Kolberg bewarb sich auf die Spitzenposition. Er wurde Konzernchef von *Nortura,* der großen norwegischen Fleischproduktionsgesellschaft mit 5350 Beschäftigten. Nun hatte er alle Möglichkeiten, sowohl das Tierwohl als auch die Unternehmenskultur zu beeinflussen. Er gestand, zugleich froh und zu Tode erschrocken gewesen zu sein, als er die Stelle bekam. Denn eigentlich sei er jemand, der Sicherheit suche.

Diese Geschichte, die ihn so tief erschüttert hatte, erzählte er im Frühjahr 2017 in einem Interview mit *Aftenposten* über sein Leben an der Spitze. Er verriet, dass er introvertiert und hochsensibel sei – und dass er dies zu seinem Vorteil gewendet habe. Er habe eine Arbeit gewählt, die seinem Leben *Sinn* gebe, und er nutze seine Hochsensibilität aktiv, indem er Stimmungen schnell erfasse und eine schlechte Atmosphäre umdrehen könne. Gleichzeitig setze er sein Gewissen ein, um die ethische Bilanz zu sichern und das Tierwohl zu verbessern.

Das Interview erregte große Aufmerksamkeit. Es wurde auch in *Bergens Tidende* abgedruckt, und der Studentenverband in Bergen lud den Konzernchef ein, um mit ihm darüber zu reden, wie introvertierte und hochsensible Menschen eine verborgene Ressource der Gesellschaft bilden können. Arne Kristian Kolberg erhielt von den verschiedensten Menschen viele positive und unterstützende Reaktionen. Vor allem von Frauen.

Viele erkannten sich wieder und fanden es gut, dass er in Worte fasste, wie in einer Führungsposition Gefühle als Stärke eingesetzt werden können. Es gab aber auch negative Reaktionen. Weitgehend von Männern. Etliche von ihnen waren über sechzig Jahre alt und arbeiteten in der Wirtschaft. Sie fragten, ob jemand wie er überhaupt Führungskraft sein könne.

Arne Kristian Kolberg nimmt solche Rückmeldungen nicht persönlich. Der Vater dreier Kinder und Konzernchef findet es interessant, wie deutlich sich Männer und Frauen in ihrer Haltung zur Hochsensibilität unterscheiden. Hochsensibel und verletzlich zu sein kann im modernen, von Konkurrenz geprägten Arbeitsleben mit seiner rauen, maskulinen Unternehmenskultur besonders hart sein.

»Hätte sich der Fokus im Arbeitsleben nur auf die linke Gehirnhälfte gerichtet – mit Struktur, IT, Logistik und Budgets –, dann wäre es für mich fürchterlich schwer geworden. Selbstverständlich sind alle diese harten Anforderungen nötig, wir betreiben schließlich Business. Doch ich bin davon überzeugt, dass erfolgreiche Gesellschaften im 21. Jahrhundert auch dafür offen sind, den Fokus auf die kreativen Eigenschaften zu richten, die in unserer rechten Gehirnhälfte sitzen. Ich bin brennend an den Menschen um mich herum interessiert und daran, etwas Sinnvolle zu tun, und ich möchte bei den Mitarbeiterinnen und Mitarbeitern so gern Freude und Inspiration triggern«, sagt Arne Kristian Kolberg.

Es ist viele Jahre her, dass er entdeckt hat, wie ihn zu viele Eindrücke und Aktivitäten im Alltag völlig auslaugten. Was er für ein Auftanken gehalten hatte, konnte genau den entgegengesetzten Effekt haben. Er brauchte immer mehr Zeit für sich allein in der Natur. Kolberg überlegte eine Weile, ob mit ihm etwas nicht stimme, doch als er nach und nach mehr über Hochsensibilität las und mit verschiedenen Menschen sprach, denen es genauso ging, entdeckte er, dass es eine Bereicherung war.

Zartheit ist keine Schwachheit.
Du musst nur darauf achten, was du tust.

Offene Landschaften

Es ist zu einer Selbstverständlichkeit und einer Art allgemeingültiger Wahrheit geworden, dass die Menschen in riesigen offenen Bürolandschaften Bestleistungen erbrächten. Wie konnte es dazu kommen? Diese Frage hat sich Andrew Rott schon so manches Mal gestellt.

Der Engländer war ein preisgekrönter Art Director. Er hat unter anderem in der Werbeagentur Saatchi & Saatchi gearbeitet, und der hohe Zeitdruck, der Leistungsdruck und die langen Abende in der Werbe- und Medienbranche sind ihm bestens bekannt. Oft verschwand er auf die Toilette, um sich zehn Minuten Auszeit zu nehmen. Hin und wieder musste er einen Spaziergang machen, um Atem zu schöpfen.

Rott hatte immer schon das Gefühl, ein wenig anders zu sein als andere Männer. Er mochte kein ruppiges Rugby und konnte brechend volle, laute Bars nicht leiden. Als er Elaine N. Arons Forschungsarbeit über Hochsensible kennenlernte, fügten sich die Teile seines Lebens endlich zu einem Gesamtbild.

Heute arbeitet er als holistischer Businesscoach in London und steht auf der Liste der vom *National Center for High Sensivity* empfohlenen persönlichen Mentoren in Großbritannien. Seine Kundschaft ist bunt gemischt, ob Schauspieler, Angestellte oder Manager. Alle brauchen sie Hilfe, um sich einen Überblick über ihr Leben zu verschaffen, um neue

Perspektiven und verschiedene Seiten ihrer Persönlichkeit zu entwickeln.

Andrew Rott hat viel über Sensibilität und Selbstentwicklung gelesen und ist ungemein fasziniert, dass manche Kulturen Schüchternheit und Sensibilität würdigen, während andere dies nicht tun. Bei einer von Elaine N. Aron oft zitierten Forschungsstudie handelt es sich um eine Vergleichsstudie aus China und Kanada, in der untersucht wird, welche Persönlichkeitsmerkmale Kinder beliebt machen. In China werden schüchterne und sensible Kinder als Erste zu Freunden gewählt. Auf Chinesisch bedeuten »schüchtern« und »still« auch »wohlerzogen«. »Sensibel« kann auch mit »Verständnis haben« übersetzt werden. In Kanada dagegen werden schüchterne und sensible Kinder selten als Erste gewählt.

Als Coach hält Rott es für wichtig, die Klienten herausfinden zu lassen, welche Stärken sie als sensible Personen haben und was ihr tatsächliches Bedürfnis im Leben ist. Er *fragt* viel. Er will wissen, welche Triebkraft hinter den Zielen der Menschen steckt, warum ein Mann in neunundzwanzig Tagen neunundzwanzig Marathons laufen oder den Mount Everest besteigen will. Rott versucht, die eigentliche Absicht der Menschen zu ergründen, und fragt immer wieder nach, was mit ihrem Körper passiert, wenn sie um jeden Preis ans Ziel kommen wollen.

»Wenn das Gehirn den Körper überfährt, sind hochsensible Menschen, so meine Erfahrung, der Erschöpfung, physischen Beschwerden und einem Burn-out besonders stark ausgesetzt. Viele trauen sich nicht zu zeigen, wer sie eigentlich sind, da Hochsensibilität nach wie vor als Stigma und ein Zeichen von Schwäche gilt. Besonders unter Männern«, sagt er.

Andrew Rott hält auch nach anderen noch unentdeckten Faktoren Ausschau, die Leute außerordentlich sensibel machen können – zum Beispiel mildere Formen der Dyslexie und ADHS. Diese Faktoren können daran beteiligt sein, dass eine Person besonders sensibel wird. Alles, was sich störend auf unser Konzentrationsvermögen auswirke, könne sensible Reaktionen hervorrufen, meint er.

Ist derlei ausgeschlossen, ist es das Ziel des Coachs, jedem Einzelnen die Verantwortung für seine Bedürfnisse zuzuweisen. Andrew Rott gibt seinen Klienten grundlegende Meditations- und Atemübungen an die Hand, die sie ganz unauffällig sogar in Gegenwart von anderen machen können. Das Arbeitsleben verläuft heute in derart hohem Tempo, dass die Leute Probleme mit so elementaren Dingen wie dem Atmen haben. Folglich setzt er hier an. Mit einfachen Übungen, die sich in der Praxis leicht umsetzen lassen.

Rott hält es auch für wichtig, Alltagsgewohnheiten zu betrachten. Viele scheinen vergessen zu haben, dass es bei einem gesunden Lebensstil nicht nur um Essen und Schlafen gehe, hebt er hervor. Manchmal müssten wir uns ganz ehrlich ansehen, was wir von unserem Körper verlangen.

Für uns alle gilt: Wir brauchen Zeit, in der wir überhaupt nichts tun. Und wir brauchen Aktivitäten, bei denen es nicht um Leistung geht, sondern die uns etwas geben, von dem wir möglicherweise gar nicht wussten, dass wir es brauchen.

Eine überstimulierende Welt

Der amerikanische Psychologe und Autor Ted Zeff spürte seine ganze Kindheit und Jugend hindurch, dass er anders war als andere Jungen. Er war davon überzeugt, dass er es war, bei dem etwas nicht stimmte. Er ertrug keine lauten Geräusche.

Er war schnell gestresst und überwältigt, wenn er sehr vielen Eindrücken ausgesetzt war. Als er zur Schule ging, konnte er abends nur schwer einschlafen.

Zeff versuchte, seine Sensibilität dadurch zu verbergen, dass er »ein ganzer Kerl« war. Obwohl er einen heftigen Widerwillen gegen Gewaltfilme hegte, tat er so, als ob sie ihm gefielen, wenn er mit seinen Freunden ins Kino ging. Er verbarg seinen Abscheu vor Gewalt, indem er seinen Freunden erzählte, dass er die Gewaltszenen für richtig gut hielt. Viele Jahre lang schämte er sich, weil er anders war und spürte, dass er nicht ins Schema passte. Zeff erinnert sich, wie empört er als Fünfjähriger war, als der Wolf in der Geschichte *Peter und der Wolf* die Ente verschlang. In der Familie reagierte sonst niemand so, und seine Mutter lachte nur und sagte, das sei doch nur ein Märchen.

Jahrelang versuchte Ted Zeff, Wege zu finden, sein Nervensystem zu beruhigen. Doch auch als er seine Doktorarbeit in Psychologie über die psychologischen und physiologischen Effekte der Meditation schrieb, wusste er noch nicht, dass er selbst hochsensibel ist.

Heute ist Ted Zeff ein bekannter Autor, der vier Bücher über Hochsensibilität geschrieben hat. Sie wurden in sieben Sprachen übersetzt. Als wir ihn interviewten, erzählte er, dass ihm Dr. Elaine N. Arons Forschungsergebnisse die Augen für den Charakterzug Hochsensibilität geöffnet haben. Er machte 2002 Arons HSP-Test und beantwortete fast alle Fragen mit Ja. Da wurde ihm klar, dass die meisten seiner Probleme im Leben von seiner hochsensiblen Natur herrührten.

»Die Sicht auf Sensibilität ist von Kultur zu Kultur unterschiedlich. In mehreren Ländern Asiens, wie Thailand und Indien, wird Sensibilität als eine überaus positive, wertvolle und wichtige Eigenschaft betrachtet. In Nordamerika dagegen lernen die meisten Jungs, tough zu sein und ihre Gefühle zu unterdrücken. In vielen Kulturen gilt es für einen Mann als beschämend und feminin, Angst auszudrücken oder zu weinen. In vielen Kulturen ist Wut das einzige Gefühl, das ein Mann an den Tag legen darf. Sensible Jungs werden noch mehr stigmatisiert als Mädchen, und deshalb habe ich beschlossen, ein Buch zu schreiben, wie man sehr sensible Jungs zu frohen und sicheren Menschen erziehen kann«, erklärt Ted Zeff.

Einer der Männer, die er für sein Buch *The Strong, Sensitive Boy* interviewt hat, sagt: »Mein Vater hat ständig zu mir gesagt, ich sei zu empfindsam. Er zog mich manchmal auf deswegen. Ich erinnere mich, wie ich mit meinen Eltern einmal einen traurigen Film gesehen habe. Mir liefen die Tränen über die Wangen, und mein Vater sagte, echte Jungs weinen nicht. Das hat mich tief verletzt.«

Ein anderer sensibler Mann erzählt: »Ich habe es sehr zu schätzen gewusst, dass mich mein Vater nie zwang, an Aktivitäten teilzunehmen, die ich nicht mochte. Stattdessen zeigte er Interesse an meinen Hobbys. Ich glaube, seine Akzeptanz hat mir im Leben viel Selbstvertrauen gegeben.«

Lars, ein Psychologe aus Dänemark, steuerte eine interessante Beobachtung über sensible Männer in der dänischen Gesellschaft bei. »In Dänemark habe ich bemerkt, dass sensible Männer in frauendominierten Berufen akzeptiert und wertgeschätzt werden, während sie in männerdominierten Berufen nicht gerade bewundert werden«, sagte er.

Heute ist Ted Zeff stolz darauf, ein hochsensibler Mann und der gefragteste Referent der Welt zu diesem Thema zu sein. Er hat andere Hochsensible inspiriert, sich so zu akzeptieren, wie sie sind, und ausführlich über ihre hochsensible Natur zu reden. Eines seiner Ziele ist, ihnen klarzumachen, wie aus Sensibilität eine Stärke werden kann. Jetzt, da Zeff seine eigene Sensibilität akzeptiert und zu schätzen weiß, mag er sich so, wie er ist, und lebt ein authentischeres Leben.

Für Sensible ist es wichtig, zu Hause wie auch auf Reisen täglichen Routinen zu folgen. Ted Zeff versucht, zu viel Lärm und große Menschenmengen zu meiden. Er steht immer zur selben Zeit auf, meditiert jeden Morgen und nimmt täglich drei gesunde Mahlzeiten zu sich. Er achtet darauf, im Lauf des Tages Pausen einzulegen, liest erbauliche Bücher und meidet vor dem Schlafengehen Computer- und Fernsehschirme. Hält er rund um die Welt Vorträge und Seminare, achtet er besonders darauf, feste Pausen einzulegen und friedliche Oasen zu finden, wo er allein sein kann. Auf Flugreisen hat er stets eine Augenmaske und Noise-Cancelling-Kopfhörer dabei.

Viele Sensible quälen sich damit ab, in unserer atemlosen und überstimulierenden Welt genug Schlaf zu bekommen. Früher legten sich die Leute bei Sonnenuntergang hin und standen bei Sonnenaufgang auf. Heute leben die meisten Menschen in Städten, die Tag und Nacht erleuchtet sind und in denen sie ständig von Geräuschen umgeben sind, was sich auf den Schlaf negativ auswirkt. Die meisten von uns starren den ganzen Tag auf leuchtende Bildschirme, was unsere Fähigkeit, zur Ruhe zu kommen und zu schlafen, ebenfalls beeinflusst. Viele merken, dass sie gegen acht Uhr abends schläfrig werden und um Mitternacht herum wieder hellwach sind. Unser Biorhythmus sagt uns so um acht herum, wir sollten zur Ruhe kommen und uns bettfertig machen. Stattdessen aber stimulieren wir unser Nervensystem weiterhin mit verschiedenen Aktivitäten und gehen erst um Mitternacht zu Bett – und können dann nicht schlafen.

Ted Zeff zufolge ginge es insbesondere hochsensiblen Personen besser, wenn sie zeitig am Abend alle elektronischen Geräte wie Fernseher, Handys und PCs ausschalteten. Statt auf einen Bildschirm zu starren, sollten sie zur Ruhe kommen, indem sie meditieren, Tagebuch schreiben, ein Buch lesen, ein Bad nehmen oder beruhigende Musik hören. Idealerweise sollten sensible Menschen vor zehn Uhr zu Bett gehen und sich mindestens eine Stunde vorher mit ruhigen Dingen beschäftigen, so Zeff. Legst du dich mit überstimulierten Sinnen ins Bett, wird es schwierig, den nötigen Tiefschlaf zu bekommen, um deinen Körper aufzuladen.

»Trag in deinen Kalender Ruhezeiten ein, oder lass dich von deinem Handy daran erinnern«, sagt er. »Das ist genauso wichtig wie deine anderen Verabredungen. Hör im Lauf des Tages aufmerksam auf dein Inneres und finde heraus, was dein Körper braucht. Darüber hinaus ist es wichtig, ein Wochenende im Monat für ruhige Beschäftigungen freizuhalten, am besten in der Natur und ohne elektronische Geräte wie PC und Handy. Die Natur beruhigt die Nerven und lädt dich auf.«

Ted Zeff hat auf der ganzen Welt Hunderte von hochsensiblen Personen getroffen, die merkten, wie sich alles ineinanderfügte, als sie begriffen, dass sie mit diesem speziellen Charakterzug geboren waren. Lernten sie ihre Sensibilität zu akzeptieren und mit überstimulierenden Eindrücken zurechtzukommen, wurde ihr Leben sehr viel einfacher.

»Hochsensibilität ist ein ganz normales Persönlichkeitsmerkmal, deshalb ist es extrem wichtig, dass Therapeuten und Psychologen viel über Hochsensibilität wissen und äußerst vorsichtig sind, verfrüht klinische Diagnosen zu stellen. Ein Kind kann beispielsweise in einer lauten Schule große Probleme haben, sich zu konzentrieren, in der ruhigeren Umgebung zu Hause fällt es ihm dagegen leicht. Leider erhalten etliche sensible Kinder fälschlicherweise die Diagnose ADHS (Aufmerksamkeitsdefizit-Hyperaktivitätsstörung). Auch sind

Hochsensible sehr nah am Wasser gebaut, was aber nicht zwangsläufig bedeutet, dass sie klinisch deprimiert sind«, erklärt Zeff.

An einem überstimulierenden Arbeitsplatz sind manche sensiblen Menschen sehr gestresst. Der Lärm und das Tempo reiben sie auf, leider arbeiten sie trotzdem in dieser schwierigen Umgebung weiter. Als Zeff einmal einen Klienten, den seine Arbeit physisch krank machte, fragte, warum er nicht aufhöre und sich etwas anderes suche, antwortete der Mann, er müsse durchhalten, um mal seine Rente zu bekommen. Zeff sagte zu ihm, es sei nicht sicher, dass er überhaupt lange genug lebe, um seine Rente zu bekommen.

Ted Zeff möchte hochsensiblen Personen helfen, neu einzuschätzen, worauf es ihnen im Leben eigentlich ankommt. Wie können sie im Alltag eine Balance zwischen zu viel und zu wenig Stimulans finden? Wie können sie lernen, sowohl in der Arbeit als auch zu Hause Grenzen zu setzen? Gibt es Mittel und Wege, die ihnen helfen können, sich am Arbeitsplatz wohler zu fühlen? Wann sollten sie eine unhaltbare Situation beenden? Wie kann es ihnen gelingen, mit frustrierenden Situationen im Leben zurechtzukommen?

Einmal kam eine verzweifelte Frau zu Zeff. Sie konnte nicht schlafen. Sie lebte in einer großen Stadt, ihre Wohnung lag in einem belebten, lauten Stadtteil, und auch ihre Nachbarn hielten sie nachts wach. Die Frau sagte, die Situation sei völlig verfahren, denn sie müsse dort wohnen bleiben, da sie es sich nicht leisten könne, in einen anderen, ruhigeren Stadtteil zu ziehen. Zeff brauchte viel Zeit, um ihr klarzumachen, dass es immer einen Ausweg gibt. Immer!

Gemeinsam fanden sie eine Lösung. Die Frau lebt jetzt in einer kleinen, ruhigen Stadt, wo die Wohnungen günstiger sind. Sie ist näher an der Natur, schläft gut und ist glücklich.

Hier ging es darum, ein Muster zu durchbrechen: Die Gedanken, die im Bewusstsein der Frau als einziger Ausweg auftauchten, wurden nicht akzeptiert. So wurde sie offen für neue und gesündere Wege, die Herausforderungen des Lebens zu meistern.

Märtha

Der Werkzeugkasten

»Ich bin nicht auf Facebook. Das wäre mir bestimmt zu viel«, sagt die Schriftstellerin Gro Dahle.

Ich verstehe genau, was sie meint. Lange war es für mich völlig indiskutabel, mich in den sozialen Medien umzutun. Den Gedanken an den ewigen Strom von Statusaktualisierungen hielt ich nicht aus. Alle kleinen Nachrichten und großen Freuden, alles Nahe und alles Ferne, womit ich es da zu tun bekäme, würden mich garantiert überwältigen und überstimulieren. Deshalb beschloss ich, der digitalen Gemeinschaft fernzubleiben.

Das hielt nicht lange vor. *Soulspring* ging 2009 in Verbindung mit der Veröffentlichung des Buches *Schutzengel begleiten dich* auf Facebook. Zuerst managte das in erster Linie der Buchverlag, doch nach und nach übernahmen wir die Sache selbst, betrachteten sie aber vor allem als notwendiges Übel. Erst im Lauf der Zeit entdeckten wir die Kraft, die in der Kommunikation über die sozialen Medien steckt. Diejenigen, die wir erreichen wollten, nämlich alle, die an unseren Kursen teilnahmen, konnten wir am einfachsten auf Facebook treffen. Schließlich gingen wir auch privat auf Facebook.

Heute programmieren wir Internetseiten, schneiden Videofilme, geben Internetkurse und stellen Bilder auf Instagram ein. Wir haben mehrere geschlossene Facebook-Gruppen, die wir verfolgen müssen. Auf diese Weise haben wir Raum geschaffen für die Kommunikation mit fantastischen bekannten und unbekannten Menschen, die sich mit denselben Dingen beschäftigen wie wir.

Wie um alles in der Welt kommen wir mit diesem endlosen Informationsfluss klar, wo wir doch für Eindrücke und Stimuli so empfindsam sind? Wie schaffen wir es, permanent sichtbar zu sein, wo wir doch ein so großes Bedürfnis nach mentalem Ausloggen und Unsichtbarkeit haben? Warum suchen wir Schnelles und Flüchtiges auf, wo wir doch Zeit brauchen, um in Ruhe langsamen Gedanken und tiefen Reflexionen nachzuhängen? Wie vermeiden wir es, auf Likes festgelegt zu werden?

Die Antwort ist einfach: strenge Disziplin, regelmäßige Meditation und deutlich abgegrenzte Freiräume. Dazu gehören simple Tricks wie der, spätabends nicht mehr am PC oder Handy in sozialen Medien unterwegs zu sein. Wir aktualisieren den Status und checken den Nachrichtenfluss stattdessen jeden Tag zu einem festen Zeitpunkt. Die tägliche feste Routine verhindert, dass uns die Zeit, die wir für soziale Medien aufbringen, zwischen den Fingern zerrinnt. Wir legen großen Wert darauf, nicht alle Pausen und Wartezeiten mit Facebook und Instagram zu füllen.

Elisabeth bekommt körperliche Beschwerden, wenn sie zu viel Verwaltungsarbeit und zu viele technische Herausforderungen bewältigen muss. Sie ist schlicht und einfach erledigt. Was nicht heißt, dass sie nicht viel arbeiten kann. Aber sie möchte lieber fünf Tage in der Woche zwölf Stunden am Stück unterrichten. Da ist sie im Flow, da ist sie in ihrem Element und hat unendlich viel zu geben. Sie ist voller Endorphine und positiver Energie – und hat so viel Power wie ein Duracellhase. Bitte ich sie aber, zwei Tage an einer Internetseite zu arbeiten, wird ihr Blick ganz leer. Es ist, als würde sie dahinwelken.

Es ist gut, dass wir verschieden sind. Ich liebe nämlich alle technischen Herausforderungen und merke, wie sich mein Konkurrenzinstinkt regt, wenn ich die Möglichkeit bekomme, etwas Neues zu lernen, was mit Elektronik oder Medienplattformen zu tun hat.

Viele fragen uns auch, wie wir als Hochsensible es schaffen, in Norwegen und Europa auf Vortragsreise zu gehen. Das bringe doch lange Tage, viel Fahrerei, lange Wartezeiten auf Flugplätzen und viele neue Menschen und Orte mit sich, mit denen wir umgehen müssten. Die Antwort ist, dass wir das lieben, weil wir an das, was wir tun, so fest glauben. Und wir haben große Freude daran, auf einer Bühne zu stehen und mit allen, die da draußen unsere Botschaft hören wollen, in Kontakt zu kommen. Wir bekommen unerhört viel Energie zurück!

Selbstverständlich ist das eine Herausforderung, denn auch positive Erlebnisse können zu einer Überlastung führen. Die Tage müssen gut geplant sein. Das Schlüsselwort heißt Vorhersehbarkeit. Pausen sind genauso wichtig wie unsere Aufgaben und Verpflichtungen. Deshalb ist es wichtig, im Alltag Rituale, Werkzeuge und Techniken einzusetzen. Sie funktionieren überall, ob auf einem Morgenflug oder in den Pausen zwischen den Vorträgen.

So habe ich ein festes Ritual, bevor ich auf die Bühne trete, ob für ein Konzert oder für einen Vortrag. Wenn wir mit *Soulspring* auf Tournee sind, vollziehen Elisabeth und ich dieses Ritual gemeinsam. Wir bringen uns auf null. Das bedeutet, dass wir uns mental völlig aus der Welt um uns herum ausloggen. Das kann fünfzehn Minuten dauern oder auch nur fünf. Bei dieser Übung sitzen wir in einem ruhigen Raum hinter der Bühne. Die Füße fest auf dem Boden, atmen wir tief ein und stellen uns vor, dass wir alles um uns herum entfernen. Alles, was war, und alles, was ist, wird weggewischt. Dann öffnen wir unser Herz und kommen mit uns selbst von innen heraus in Kontakt. (Diese Übung findest du am Ende des Buches.)

Wir legen für den Tag und für den Abend eine Intention fest. Lass es uns die Frequenz nennen oder die Stimmung, in der wir uns befinden wollen. Das kann zum Beispiel eine Farbe sein, die du vor deinem inneren Auge sehen kannst. Es muss eine Farbe sein, die dir etwas bedeutet und die dich bei dem, was du vorhast, unterstützt. Wir haben alle ein unterschiedliches Verhältnis zu Farben. Der eine wird von Rot als fantastischer Liebesfarbe angezogen, ein anderer verbindet mit Rot Krieg oder Blut oder Mutters Nagellack und wird in dieser Farbe daher keine Ruhe finden.

Wenn wir die Intention für den Abend festlegen, begeben wir uns in den Bereich der Zuversicht. Wir wissen nicht, was wir erleben werden, doch wir wissen, in welcher Stimmung wir uns befinden wollen. Wenn du zum Beispiel einen schlechten Tag hast, befindest du dich in einer speziellen Stimmung, in der du sehr vielen mürrischen Menschen begegnen wirst. An einem guten Tag, wenn du dich in ganz anderer Stimmung befindest, hast du die Tendenz, sehr viele positive Menschen anzuziehen. Du nimmst all das Schöne wahr, das dir widerfährt. So versuchen wir, unsere Gedanken, Stimmungen und Energien zu steuern. Indem wir die Intention für den Abend festlegen, beschließen wir, einen guten Abend zu haben.

Bei diesem kurzen Ritual werden wir ruhig, ganz konzentriert und *präsent*. Elisabeth sagt oft, sie werde völlig leer. Damit meint sie, sie sei derart auf Null, dass sie kaum noch weiß, wie sie heißt. Alles ist weg. Sie ist jedoch voller Zuversicht, dass ihr in dem Moment, in dem sie die Bühne betritt, einfällt, was sie sagen soll. Es liegt als Erfahrung bereit. Sie hat es in sicheren Rahmen geübt.

Wir machen uns nur selten Sorgen, dass der Abend nicht gelingen könnte. Die Erlebnisse zwischen den Zuschauern und uns sind ohnehin subjektiv. Ich glaube, das geht vielen Schauspielerinnen und Schauspielern so. An einem Abend haben sie das Gefühl, es sei schwer zu spielen, am nächsten Abend sind alle in Ekstase. Für die Menschen im Zuschauerraum kann allerdings das Erlebnis am ersten Abend schon stark und gut sein.

Ohnehin ist es wichtig, dass du deine Befürchtungen und deine Versagensängste an der Garderobe oder im Parkhaus zurücklässt, wenn du auf die Bühne gehst oder zu einer Sitzung oder zu einer Präsentation. Du bist nicht dafür verantwortlich, wie andere dich erleben.

Du kannst nur dein Bestes tun.

Nähe zu Tier und Natur

Märtha

Das Mädchen auf dem Baum

Auf Skaugum war mein geheimer Ort die große Buche, die in Richtung Gärtnerei hinter dem Haus steht. Dort hinaufzuklettern war schwierig, denn die untersten Äste hingen hoch über der Erde, doch ich schaffte es. Dann saß ich hoch oben auf einem dicken Ast mit dem Rücken am Stamm. Der war so sicher. Die Rinde war alt, glatt und silbergrau. Ich war überzeugt, dass der Baum auf mich aufpasste.

Dorthin, auf diesen Baum, zog ich mich zurück und verarbeitete alles, was ich erlebte. Es war, als würden wir eins. Wenn ich nicht zu Hause war, konnte ich mich sehr nach dem Baum sehnen.

Es war, als hätte der Baum eine Art Seele. Er reckte sich weit hinunter in die Erde und hoch hinauf ins Licht. Ich saß auf meinem Ast und lehnte mich an den Stamm. Nicht um hinauszuschauen, sondern damit mich niemand erreichte.

Auf dem Baum konnte ich mich weit in meine Tagträume hineinbegeben. Ich erlebte Situationen noch einmal und gab ihnen einen anderen Ausgang. Was wäre gewesen, wenn die oder der aufgetaucht wäre? Was wäre passiert, wenn jener sich anders entschieden hätte? Zeit und Ort verschwanden in der Fantasie.

Die ersten Leberblümchen im Frühling waren immer ein beeindruckendes Erlebnis. Auf Skaugum wuchsen sie auf dem »Frühlingshügel« beim Spielhaus, gleich hinter dem Hof. Sie waren so grazil, schön und schutzlos. Es beeindruckte mich sehr, dass diese Blümchen mit ihren himmelblauen, seidigen Kronblättern mit zum Ersten gehörten, was die harte, kalte Schicht aus Schnee und Eis durchbrach. Der zausige Huflattich ist extrem robust, dass er sich den Weg bahnen konnte, verstand ich. Aber das Leberblümchen, das war doch so zart – und trotzdem so stark.

Als Elisabeth und ich *Astarte Education* gründeten, die sogenannte Engelsschule und Vorläuferin von *Soulspring*, tourte die Zeitung *VG* mit einer Pappfigur von mir durch Europa und machte eine Reportage darüber, was die Leute davon hielten, dass ich »mit Engeln reden« konnte. Die in den Niederlanden befragten Leute antworteten: »Das ist doch nichts Besonderes, wir haben eine Prinzessin, die mit Bäumen und Delfinen kommuniziert.«

Die Prinzessin, auf die sie anspielten, ist Irene van Lippe-Biesterfeld, die jüngere Schwester von Beatrix, der ehemaligen Königin der Niederlande. Irenes Patentante ist Königin Elizabeth von England, und sie war Brautjungfer bei der Hochzeit des spanischen Königs Juan Carlos. Eines Tages vor langer Zeit, als sie richtig erschöpft und für alles Leben um sich herum offen war, brachte die Natur sie ordentlich zum Nachdenken. Ab diesem Zeitpunkt richtete Prinzessin Irene den Blick darauf, wie wir Menschen mit der Umwelt und dem Klima umgehen. 1995 gab sie das Buch *Gespräch mit der Natur* heraus. Sie meinte, wir Menschen entfernten uns immer weiter von der Natur, und warnte vor dieser Entwicklung. Sie gründete die Stiftung *Lippe-Biesterfeld Natuur-College*, die den Fokus darauf legt, die Rolle des Menschen im großen Ökosystem Erde neu zu bewerten. Sie gründete auch die Organisation *NatureWise*, deren Zweck es ist, Schulkindern zu einer tiefen Verbindung zur Natur zu verhelfen.

Als das Buch erschien, bekam sie viele Briefe von Menschen, die erzählten, wie sehr das Buch sie berührt habe. Doch in der Presse wurde sie lächerlich gemacht und heftig kritisiert. Ihr jüngstes Buch *Bergplaas. Een Verhaal* (Bergplaas. Eine Geschichte), 2016 erschienen, wurde von der Presse dagegen sehr gelobt. Auf der Straße hielten sie sogar Leute an, die ihr für das Buch dankten und sie für ihren Einsatz ehrten, die Menschen zur Natur und zu ihrem eigenen Innern, ihrer inneren Natur zurückzuführen.

Prinzessin Irenes persönliche Geschichte ist richtungsweisend. Als sie zum Katholizismus konvertierte und 1964 in Spanien Prinz Carlos Hugo von Bourbon-Parma heiraten wollte, löste das in den Niederlanden eine konstitutionelle Krise aus. In Europas Königshäusern heirateten Protestanten keine Katholiken. Die Sache war auch rein politisch schwierig.

Später hieß es, das Ganze sei charakteristisch für Prinzessin Irene: Sie zog die Liebe dem Erbrecht auf den niederländischen Thron vor. Sie wusste, dass sie ihrem Herzen folgen musste.

Irene ist für mich heute etwas ganz Besonderes. Sie gehört der Generation vor mir an und ist etwa im gleichen Alter wie meine Mutter. Ich betrachte sie als Mentorin – und merke, dass ich mich ein wenig auf ihre Erfahrungen stützen kann. In den vergangenen Jahren konnte ich sie anrufen oder ihr mailen, wann immer ich Unterstützung oder Rat brauchte. Alles, was ich erlebt habe, hat sie in noch stärkerem Maß und weit größerer Dimension vor mir erlebt.

Ich betraute sie als Mentorin, weil sie das Gleiche durchgemacht hat wie ich. Gott sei Dank, dass es sie gibt! Sie hat gezeigt, dass es möglich ist, sich zu trauen, der Mensch zu sein, der man tatsächlich ist. Als es bei der Gründung von *Astarte*

Education am stürmischsten herging, war sie absolut unentbehrlich für mich.

Das Besondere war, dass wir uns erst kurz zuvor zum ersten Mal begegnet waren. Ich kannte sie überhaupt nicht. Wir hatten keinerlei Beziehung zueinander. Im Herbst 2006, als meine Familie zur Taufe von Leonore, der Tochter von Prinz Constantijn und Prinzessin Laurentien, nach Apeldoorn in den Niederlanden eingeladen war, traf ich sie zum ersten Mal. Ich hatte die Kinder dabei und erinnere mich, dass Maud ständig ihr Kleid hochzog, als wir ins Palais Het Loo, den Waldpalast, gehen sollten.

»Skirts down, heads up. Skirts down, heads up«, flüsterte einer der niederländischen Prinzen, als wir aus dem Bus stiegen. Maud hatte Aschenputtel gesehen und wollte es so machen wie sie. Sie dachte aber nicht daran, dass Aschenputtel ein langes Kleid trug, während ihres kurz war, weshalb sie also mit hochgehobenem kurzem Kleid dahinschritt.

Es war eine prächtige Taufzeremonie, und Prinzessin Irene war gebeten worden, aus der Bibel vorzulesen. Ihre Lesung berührte mich tief. Als wir einander hinterher auf dem Gang begegneten, sahen wir uns nur an und sagten: »Wir müssen miteinander reden!«

Wir entdeckten sogleich, wie viel wir gemeinsam hatten. Beide hatten wir immer schon ein sehr enges Verhältnis zur Natur. Irene bezeichnet sich ebenfalls als hochsensibel, doch ohne viel Aufheben darum zu machen.

Vor vielen Jahren kaufte sie drei Höfe – insgesamt 5000 Hektar – und gestaltete sie zum Naturreservat Bergplaas bei Nieu-Bethseda in den Sneeubergen in der Großen Karoo in Südafrika um. Dies war Teil eines Plans, ein großes, geschütztes Gebiet zu schaffen, nachdem die meisten Bauern dort Probleme hatten, wirtschaftlich klarzukommen. Als Irene zusammen mit ihrem Vater, Prinz Bernhard, zur Hundertjahrfeier des Kruger-Nationalparks gereist war, wurde sie von der wilden und weiten Natur in Bann geschlagen. Auf Bergplaas riss sie die Zäune nieder und brachte die Tiere, die ursprünglich dorthin gehörten, zurück.

Auf Bergplaas startete Irene ein Programm, das sie *Spirit of the Wild* nannte. Sie arrangiert Retreats für Manager, hält Kurse für Studenten des Fachbereichs Umwelt der Nelson Mandela Metropolitan University und bringt Nationalpark-Guides bei, wie sie die Touristen noch näher an die Natur heranführen können. Die Prinzessin ist der Überzeugung, wenn man größere Ruhe erlange und Herz und Sinne öffne, könne dies den Bruch oder Abstand, der zwischen dir und der Natur entstanden ist, heilen. Gleichzeitig könne so ein intensiveres Erlebnis und Verständnis für die Tiere, die Wildnis und das gesamte Ökosystem erlangt werden.

In einem solchen Retreat sind Schweigen und Stille absolut notwendig, um auf deine innere Stimme und auf alles Leben, mit dem du diese Erde teilst, hören zu können.

»Anstatt die Natur zu konsumieren und auf die Jagd nach The Big Five [Löwe, Elefant, Leopard, Nashorn und Wasserbüffel] zu gehen, ist unser Ziel eine tiefere Begegnung von Seele zu Seele. Ich versuche, den Leuten beizubringen, sich zu öffnen und uneingeschränkt der Natur zu lauschen. Wenn wir anderen Menschen, Kulturen und der Natur mit einer solchen Offenheit begegnen, werden unsere Vorurteile und unsere Furcht aufweichen – und dann können aufsehenerregende Dinge geschehen. Das kann unsere Lebensauffassung verändern«, sagt Prinzessin Irene.

Ihre Lebensphilosophie ist ihr Lebenswerk geworden.

»Das Leben ist so viel schöner, als wir es in unserem alltäglichen, unruhigen Leben mitbekommen. Viele von uns gehen durchs Leben, als wären wir in einem Museum, doch ohne die Bilder und Gemälde wirklich anzusehen. Es ist, als wären wir in einem Konzert, hörten aber die Musik nicht. Wir haben praktisch einen Teil unserer selbst vernachlässigt, indem wir unsere innere Verbindung mit der Natur vernachlässigt haben. Die Gesundheit der Erde und unsere innere Balance und Gesundheit gehen Hand in Hand«, sagt sie.

Prinzessin Irene glaubt, die Leute seien in den vergangenen zehn Jahren der Tatsache gegenüber offener geworden, dass wir Teil der Ganzheit des Lebens sind, Teil des fantastischen Ökosystems namens Erde. Der offenkundige Klimawandel, den wir in hohem Maße selbst zu verantworten haben, verändert unsere Einstellung zur Natur. Wir sind uns bewusst geworden und scheinen zu verstehen, dass wir das Leben auf der Erde zerstören. Jede und jeder Einzelne von uns ist gezwungen, zu reagieren und darauf zu achten, wie wir leben; allmählich läuft die Zeit ab.

Prinzessin Irene hat nie einen Test gemacht oder irgendwelche Bücher über Hochsensibilität gelesen, doch sie hat von den Studien gehört.

»Ich weiß, dass ich sehr sensibel geboren bin. Ich weiß, wann ich mich selbst schützen muss und wann ich mich öffnen kann. Sensibel zu sein ist ein bisschen wie Musiker zu sein. Begegnet man einem anderen Musiker, versteht man sofort, wovon der spricht. Ich glaube aber auch, dass man lernen kann, sensibler zu sein, jedenfalls ist das ein Teil meiner Arbeit. Wenn wir uns öffnen und hinhören, können wir Blumen, Sonne und Natur auf einer tieferen Ebene genießen und für alles, was es gibt, Dankbarkeit empfinden. Ich glaube, es ist wichtig, dass wir dem Leben um uns herum Aufmerksamkeit schenken und dass die Natur, genau wie Menschen, es braucht, dass man ihr dankt und sie wertschätzt.«

Prinzessin Irene gehört zu den Menschen, die der Anblick einer imposanten Wolkenformation oder die Art, wie ein Fluss dahinfließt, beglückt. »Ich genieße das Leben in der Natur, allein, nur für mich; ich muss in der Natur tatsächlich allein sein, um sie wirklich genießen zu können«, sagt sie.

Ari und ich haben sie einmal in dem Naturreservat besucht, das sie in Südafrika entwickelt. Wir sind mit ihr umhergefahren und haben etwas über Erdung gelernt. Das bedeutet, dass du neuen Halt findest, indem du dich dem Kontakt mit der Erde öffnest. Dass du also in deinem Leben sicher und präsent bist.

Es war unglaublich schön dort. Hohe Berge und menschenleere Ebenen. Wir waren wirklich in der Wildnis. Und welch ein Erlebnis, sich auf die Erde zu legen und zu spüren, wie man ein wenig einsank! Es war, als machte die Erde unserem Körper extra Platz, so wie eine Matratze, die sich der Form unseres Körpers anpasst.

In der Wildnis bekamen wir durch Meditation Kontakt mit der Natur und den verschiedenen Himmelsrichtungen. Ich, die ich in Sachen Orientierungssinn ein völlig hoffnungsloser Fall bin, wusste mit einem Mal, wo Norden, Süden, Osten und Westen waren. Das zu wissen war so natürlich für mich, als wäre ich ein Kompass. Es war überwältigend und ein Zustand, der wieder verging, doch allein ihn erlebt zu haben, war etwas Großes für mich.

Wir wanderten die ganze Zeit ruhig dahin und horchten. Auf einem Berggipfel mit Aussicht über die großartige Landschaft saß ich lange still – und ließ den Wind meine Gefühle aufwirbeln. Ich konnte mich entscheiden, sie loszulassen. Dem Wind mitzugeben, was immer ich empfand – seien es nun Kummer oder Sorgen. Dasselbe taten wir, als wir anschließend zu einem großen Fluss abstiegen. Am Wasser folgte ich mit Blick und Körper dem Rhythmus und den Strömungen des Flusses. Langsam, aber sicher konnte ich alle Sorgen, Kümmernisse und schlechten Gefühle loslassen und sie dem Fluss mitgeben. Es war, als würde der Anblick des Wassers und des Flusses mich reinigen.

Die Stille und Konzentration halfen mir, mich zu öffnen – und loszulassen. Das war kein Hokuspokus, sondern reine Meditation in Verbindung mit ganz einfachen, aber unfassbar intensiven Naturerlebnissen. In diesen Momenten schien ein Damm zu brechen. Es war total überwältigend, dass ich auf dieselbe Weise und genauso intensiv wie damals, als ich das Mädchen auf dem Baum war, eine Landschaft erleben konnte. Die Sehnsucht, die ich nach der Natur und ihren reinigenden Eigenschaften verspürt hatte, wurde erfüllt. Die Natur besaß tatsächlich diese Wirkung und Fähigkeit.

Viele, die dergleichen nicht erlebt haben, werden darüber verächtlich schnauben. Einen Ausdruck wie *Erdung* haben sowohl Komiker als auch Realisten als seltsam und alternativ und ein bisschen lächerlich bezeichnet. Erdung ist im Grunde aber dasselbe, was viele verspüren, wenn sie auf Skiern über die Hardangervidda laufen oder auf einem Baum sitzen, wie ich damals als Kind. Wenn toughe Manager davon sprechen, wie viel es ihnen gibt, wenn sie mit dem Hund auf Jagd gehen, oder wie sie beim Joggen oder beim Radfahren im Wald neue Kräfte sammeln, dann sprechen wir von ein und derselben Sache. Ich benutze lediglich eine andere Sprache und andere Begriffe, um sie zu beschreiben.

Mir geht es darum, zu den Wurzeln zurückzukehren und alles andere abzuschälen. Im Augenblick präsent zu sein und mit der Landschaft eins zu werden. Das ist es, was die Natur mit uns macht und was wir im geschäftigen Alltag so dringend brauchen.

2016 wurde der Autor Peter Wohlleben in vielen Ländern für sein Buch *Das geheime Leben der Bäume* gefeiert. Den Literaturkritikern zufolge öffne er uns mit diesem Buch die Augen und erweitere unseren Blick auf die Natur. Nach vielen Jahren in der Forstverwaltung in Deutschland hatte Wohlleben Entwicklungen, Reaktionen und Begebenheiten in der Natur entdeckt, die niemand erklären konnte. Er fand heraus, dass Bäume überraschende und außerordentliche Eigenschaften besitzen, unter anderem praktisch Schmerzen empfinden und ein Gedächtnis haben. Mit Rücksicht darauf beschritt er in der Forstwirtschaft neue Wege.

Wohlleben behauptet, dass Bäume, auch wenn sie keine für uns hörbare Sprache besitzen, über eine geheime Duftsprache verfügen und chemische Botschaften aussenden, die von der Tierwelt registriert werden. Buchen – also auch der Baum, auf den ich auf Skaugum geklettert bin – besäßen die Fähigkeit, miteinander Freundschaften einzugehen, und sorgten für gegenseitige Nahrungszufuhr.

Vielleicht gibt es irgendwann in der Zukunft Messinstrumente, die sensibel genug sind, um die Laute der Bäume zu vermitteln. Vielleicht kommen auch Maschinen, die zwar spürbare, aber heute noch nicht zu dokumentierende Frequenzen messen können.

Der Ökologe und Philosoph David Abram schreibt in seinem preisgekrönten Buch *Becoming Animal*, dass alle Dinge von tosenden Wasserfällen bis zu ausgetrockneten Flussbetten die Fähigkeit besäßen, zu kommunizieren und ihre Formen, Farben und Rhythmen sowohl an Tiere als auch an Menschen zu senden.

»Menschliche Rede ist schlicht und einfach unser Anteil an einem viel breiter angelegten Gespräch«, meint er – und bittet uns, unsere Sinne mehr zu gebrauchen und auf das zu hören, was uns die Natur erzählt.

Abram ist einmal einem Mann begegnet, der die Sprache der Nadelbäume gelernt hatte. Brachte man ihn mit verbundenen Augen in einem x-beliebigen Küstenwald zu einem x-beliebigen Baum, dann konnte er, allein durch Hinhören, nach ein paar Minuten genau sagen, bei welcher Art Fichte oder Kiefer sie standen. Seine Ohren seien auf die Dialekte der verschiedenen Bäume eingestellt, sagte er.

Viele von uns fordern für alles handfeste Beweise. Wir machen Yoga und essen Gemüse, weil Experten uns erzählt haben, dass das gesund sei. Nicht in erster Linie weil wir merken, dass es uns, unserer Seele und unserem Körper guttut. Deshalb war es eine große Neuigkeit, als der amerikanische Forscher Gregory Bratman von der Stanford University mithilfe von Gehirnscans nachweisen konnte, dass die grünen Bäume des Waldes tatsächlich unser Gehirn verändern und Sorgen lindern. Allein vor dem Fenster Bäume zu sehen, mache uns fröhlicher und unbekümmerter. Das kann ich unterschreiben. Bäume und Natur schenken mir schon von Kindesbeinen an Ruhe und Nahrung.

Für mich ist es wichtig, dass ich mich traue, den Dingen nachzuspüren. Mich traue, sensibel und verletzlich zu sein. Nachzuspüren, was Regen und Wind mit mir machen, was die Sonne geben kann.

Die Leute haben das zu allen Zeiten gewusst. Gespürt. Gefühlt. Doch in unserer modernen Zeit soll und kann alles nachgewiesen, gemessen und bewiesen werden.

Möglicherweise haben hochsensible Menschen ein noch größeres Bedürfnis als andere, viel in der Natur zu sein. Wir werden abhängig von Naturerlebnissen, weil wir sie besonders intensiv erleben. Wir sind schlicht und einfach hellhöriger und feinfühliger für das, was um uns herum wächst und gedeiht.

Nach vielen Jahren im Ausland, in New York, London, den Niederlanden und Belgien, habe ich herausgefunden, dass der Hauptgrund für mein großes Heimweh die norwegische Natur ist. Ich erinnere mich, dass ich in Nordengland und in den Niederlanden die Bäume schmerzlich vermisst habe. Dort gab es nur Hecken und den einen oder anderen Baum, keinen wilden Wald. Alles war angepflanzt. Das machte mich innerlich einfach unruhig.

Ich *muss* Wald haben. Ich muss wandern, mich nach Schnee sehnen, intensiv alle Jahreszeiten durchleben. Ich muss Tang und salzige See riechen.

Kennst du das Gefühl, wenn kaltes, frisches Salzwasser deinen Körper umschließt und den Kopf von allen Gedanken reinigt?

Wenn man vom Steg ins Wasser gesprungen ist und sich Sorgen und Stress abwaschen lässt, dann ist es, als tauche man als völlig neuer Mensch wieder auf. Als Kind absolvierte ich beim Baden eine ganz spezielle Übung. Ich rollte mich zu einem Ball zusammen und ließ mich vom Wasser umschließen. Es war vollkommen still, und ich fühlte mich schwerelos. Heute weiß ich, wie einzigartig es für mich ist, auf diese Weise meine Batterien aufzuladen. Genau so kann ich alles andere loslassen.

Als Kind hatte ich dafür keine Worte. Doch all die Erlebnisse auf Skiern und im Schnee waren ganz wichtig, vielleicht auf eine etwas andere Weise als für viele andere. Oft ist Leuten ein Ziel wichtig. Bei einer Hütte anzukommen. So und so weit zu gehen. Einen halben Kvikk-Lunsj-Riegel und die

Apfelsine für diesen Tag zu bekommen. Für mich war die Stille im Winterwald bedeutsam.

Die Bäume, in denen im Sommer so viel Leben ist, befinden sich unter den Schneeschichten im Winterschlaf. Sie sind ganz still. Ich habe nie verstanden, warum wir so atemlos an diesem einzigartigen Erlebnis der Stille vorbeigehen müssen. Die Hänge hinaufschwitzen. Ich will auf den Wald hören. Die schönen Gestalten betrachten, die die Bäume unter dem Schnee bilden. Die Stimmung wahrnehmen, die dieser Winterschlaf vermittelt.

Ich begegne auch gern dröhnenden Naturkräften. Wie beim Rafting auf der Sjoa. Der Anblick wilder Wasserfälle, hoher Berge und tiefer Fjorde wirkt nach wie vor auf mich, zusätzlich zum Adrenalinkick. Das werde ich nie satthaben. Nie genug davon haben.

Deshalb ist es mein Traum, unseren Kindern die Möglichkeit zu geben, sich in unberührter Natur auszutoben, und sie nicht auf Spielplätze in künstlichen, kultivierten Grünanlagen beschränken zu müssen. In der Natur können sie ihre Fantasie ausleben, in Märchenwälder voller Trolle und Kobolde eintreten und sich frei fühlen.

Die Natur ist wirklich die Seele Norwegens. Sie hat uns als Menschen geformt.

Und ich kann das größte Naturerlebnis haben, während ich auf einer simplen Buche sitze.

Die Waldfrau

Synnøve Borge war »Huhu, da kommt die Waldfrau«. Diejenige, die mit den wilden Schülern Ausflüge machte. Sie war die Sozialarbeiterin der Schule und völlig von den Socken, wie aus »schwierigen« und unkonzentrierten Jungs plötzlich die engagiertesten und wissensdurstigsten Schüler wurden, sobald sie die Schulbücher zugeklappt und den Schulranzen abgestreift hatten und in den Wald gelaufen waren.

Dort konnten sie in ihrem eigenen Tempo das Tier- und Pflanzenleben studieren. Die Nistkästen, die sie dort bauten, entsprachen nicht immer den Vorlagen aus dem Werkunterricht. Sie waren oft größer – groß genug, dass der Sperlingskauz sie im Winter als Vorratslager nutzte. Plötzlich waren die hitzigen und aggressiven Bewegungen der Schüler behutsam geworden. Sie konnten ganz still sein, ohne dass jemand sie darum gebeten hätte.

Wie kommt es, dass der Wald und die Erlebnisse dort die Schüler dazu bringen, sich völlig anders, spontaner und fröhlicher zu beteiligen, als sie es in der Schule tun? Synnøve beschloss, eine pädagogische Ausbildung zu machen, um dies besser verstehen – und etwas damit anfangen zu können. Heute hat sie einen Master in Pädagogik, ist Kinderbuchautorin und Waldschullehrerin in der Kommune Ås. Sowohl im Schulalltag als auch zwischen Buchdeckeln versieht sie Insekten und Tiere mit eigenen Lebensgeschichten. Von Steinhummeln bis zu Libellen werden sie zu spannenden und wichtigen Freunden.

Im Lauf ihrer Jahre als Lehrerin hat sie etliche Kinder erlebt, die extra Zeit für sich allein – und auch einen extra Raum um sich herum brauchten. Das Gedicht *Das Mädchen mit den vielen Spiegeln im Kopf* hat sie geschrieben, nachdem sie Kinder beobachtet hatte, die wie ein Chamäleon je nach Umgebung ihre Stimmungen und Launen änderten. Ihr fiel auf, wie viele Kinder in der Waldschule in ihrem Element waren, wo sie sich in die Natur vertiefen und auf ganz andere Weise kommunizieren konnten als in einem sterilen und lauten Klassenzimmer.

»Kinder haben einen wilderen Sinnesapparat als Erwachsene. Wir haben ihn, so gut wir können, abgeschaltet, um den Fokus auf andere Dinge zu legen. Ich erlebe, dass Kinder draußen in der Natur besser miteinander reden. Sie verhalten sich natürlicher. Auf Ausflügen muss es nicht immer nur um Würstchen und Lagerfeuer gehen. Der Wald ist eine Welt für sich. Es ist, als würde er uns umarmen«, sagt Synnøve.

In der Waldschule kann Synnøve Borge ihre ganze Einfühlsamkeit zum Tragen kommen lassen – und all ihr Wissen darüber, wie viel besser wir Menschen draußen in der Natur lernen. Als wir sie nach der Schule trafen, erzählte sie, dass die Schülerinnen und Schüler an diesem Tag im Wald einen Frosch gefunden hatten. Sie durften ihn studieren und begriffen mit einem Mal, wie behutsam sie das kleine Tier behandeln mussten.

Nur einer der Jungs war mächtig aufgeregt. Er drängelte in einem fort, dass der Frosch ins Wasser zurückmüsse. Die Lehrerin beruhigte ihn damit, dass der Frosch es aushalte, wenn er mal nicht im Sumpf war. Anders als ein Fisch, der an Sauerstoffmangel sterbe, sobald er nicht im Wasser war. Als sie den Frosch schließlich in den Teich zurückspringen ließen, hatte der Junge keine Energie mehr. »Endlich kommt er zu seinen Kindern zurück«, seufzte er erleichtert.

Synnøve erzählte ihm nicht, dass der Frosch sich gar nicht

um seine Kaulquappen kümmert. Die Natur ist nun mal so. Stattdessen erkannte sie seine große Empathie. Begriff seine intensive Einfühlsamkeit für das Leben draußen im Wald.

»Manche Kinder haben mehr Spiegel im Kopf als andere«, sagt Synnøve. »Und manche mehr Ohren in den Ohren.«

Wenn Synnøve Borge in solchen Bildern spricht, zielt sie auf das ab, was Forscherinnen und Forscher Spiegelneuronen nennen. Diese smarten Gehirnzellen lassen uns nämlich die Handlungen, Intentionen und Gefühle anderer verstehen. Sie werden aktiviert, wenn wir irgendetwas tun oder jemand anders irgendetwas tun sehen, und sie werden aktiviert, wenn wir sehen, wie jemand anders Gefühle wie Glück, Angst, Wut oder Traurigkeit erlebt. Unser Gehirn spiegelt unmittelbar dieses Gefühl.

Wenn Synnøve Borge zeigen will, wie ein Baum Jahresringe bekommt und aus Larven Schmetterlinge werden, wendet sie bestimmte Erzähltechniken an und das Stilmittel der Vermenschlichung. Wird Wissen in Geschichten verpackt, wo zum Beispiel ein Baum spricht, oder erzählt der Lehrer oder die Lehrerin, was der Schmetterling denkt, dann können sich die Kinder mit dem Geschehen leichter identifizieren. Synnøve bittet die Schülerinnen und Schüler auch, mit dem Ohr zu hören, mit dem sie beim Träumen hören, oder mit dem Auge zu sehen, mit dem sie beim Träumen sehen. Da verstehen die besonders sensiblen Kinder mit einem Mal, was sie meint. Synnøves große Mission besteht darin, die *Wirklichkeit* in die Schule zu bringen. Damit alle Schulkinder sehen können, wie alles zusammenhängt. Sie möchte die Kinder so nah an die Natur heranführen, dass sie spüren, dass diese *lebt*.

Ihr ist es wichtig zu sehen, welches Kind morgens *außerhalb* des Kreises sitzen möchte. Welches Kind sichtlich verstört ist, wenn es im Klassenzimmer nah bei anderen sitzt.

Dürfen diese Kinder dem, was sie lernen sollen, nahekommen, dann beobachtet Synnøve eine stürmische Begeisterung bei ihnen. Sie können sehen, wie sich im Mai die Birkenknospen öffnen. Sie merken sich den gestressten Blick der Vogelmutter auf ihre Eier und Jungen.

In der Natur erleben die Schulkinder, dass sie in einen größeren *Zusammenhang* gehören – unabhängig davon, wie es ihnen zu Hause oder in der Schule sonst geht.

»Oft brauchen sensible Personen viel positive Rückmeldung und wenig Kritik. Sie schauen nämlich mehr als aufmerksam auf ihre eigenen Fehler. Sind selbst ihre strengsten Kritiker. Und sie suchen oft nach dem *Sinn* des Lebens und dem ihrer Umgebung«, meint Synnøve Borge.

Viele Sensible brauchen Zeit, um Informationen zu verarbeiten, und sind nicht imstande, etwas zu lernen, ohne das große Ganze zu sehen und zu verstehen. Bei altmodischem Pauken von Fakten bleibt nichts hängen. Hohes Tempo und viele Tests und Klausuren sind für besonders gewissenhafte Schülerinnen und Schüler nicht optimal, schon gar nicht freitags, wenn sie nach einer langen Woche kaputt sind. Wie ein Schwamm ziehen sie die Erwartungen anderer an – und wollen alle Forderungen und Wünsche erfüllen.

Synnøve zählt sich heute selbst zu den Hochsensiblen, war sich aber nie im Klaren darüber, wie feinfühlig sie ist. Stattdessen hat sie erkannt, wie unendlich viel ihr die Natur bedeutet. Besonders wenn sie mit jemandem wandern war – und *nicht mehr weiß, mit wem.*

Sie will in der Natur *sein*, nicht auf staubigen Schotterstraßen daran vorbeifahren. »Sitzwandern« nennt sie es, wenn sie die Kinder mit in den Wald nimmt. Sie bittet sie, sich einfach hinzusetzen. »Lasst die, die im Wald wohnen, sich melden«, sagt Synnøve.

Und plötzlich ist der kleine Fleck im Wald voller Leben, Ameisen und Dramen.

Meine Pferde

Als ich im Jahr 2000 mit den Springreitturnieren aufhörte, entsprach dies der Vereinbarung mit meinem Vater, dem König, und mit dem Schloss. Ich war nun neunundzwanzig, und bis zum Alter von dreißig Jahren durfte ich meinen eigenen Interessen nachgehen. Anschließend sollte ich nach Hause ziehen und in Norwegen mehr offizielle Aufgaben übernehmen.

Wie sich herausstellte, saß ich an meinem letzten Tag als Turnierreiterin für viele, viele Jahre das letzte Mal auf einem Pferd.

Ich war traurig. Das alles kostete zu viel Zeit.

Anfangs glaubte ich, ich hätte das Springreiten der Turniere wegen betrieben. Wegen des Adrenalinkicks, der Veranstaltungen, der Grand-Prix-Klassen und des World Cups. Ich glaubte, ich hätte das Springreiten wegen all dieser Wettkämpfe betrieben, um zu gewinnen und zu beweisen, dass ich mehr war als nur eine Prinzessin.

Wenn ich heute zurückblicke, weiß ich, dass das nicht die Gründe waren. Als ich mit dem Springreiten aufgehört hatte, vermisste ich nicht die Turniere – obwohl ich es geliebt habe, mir Ziele zu setzen und sie zu erreichen. Was ich am allermeisten vermisste, war, durch die Natur zu reiten, und die enge Verbindung mit den schönen Pferden.

Als ich 2016 gefragt wurde, ob ich für das Magazin *Equi-*

life meine Gedanken über das Leben mit Pferden aufschreiben könne, sagte ich gerne zu. Und war von meinen innersten Gedanken überrascht. Ich schrieb nachts und merkte, dass der Stift ein Eigenleben führte.

In den Jahren nachdem ich als Springreiterin aufgehört hatte, konnte ich nicht in die Nähe eines Pferdestalls kommen, ohne dass mir die Tränen in die Augen stiegen. Nicht weil ich als Turnierreiterin nicht hatte aufhören wollen, sondern weil ich die einst empfundene Zusammengehörigkeit mit den Pferden so sehr vermisste. Die Verbindung und die Kommunikation mit diesen fantastischen Tieren waren plötzlich weg, und nun kämpfte ich damit, ohne sie einen Halt zu finden.

Als ich acht Jahre alt war, brachte mir Mette Bull das Reiten bei. Das graue Pony hieß Shah. Ich kann mich noch an meine ersten Reitstunden erinnern, an dieses ganz spezielle Gefühl der Bewegungen des Pferdes unter mir, daran, wie ich den Rhythmus fand und wie sich in der Reithalle der süße Geruch der Pferde mit dem von Sägemehl vermischte.

Ich empfand einerseits Angst, andererseits Beherrschung.

Das Allerbeste war, dass das Pferd nicht ahnte, wer ich war. Ihm war es piepegal, ob ich eine Prinzessin war oder das Mädchen aus dem Nachbarhaus. Das Pferd schätzte mich nicht wie die meisten anderen nach meinem Status oder Erbe ein, es reagierte nur auf mich als Reiterin. Es beurteilte mich weder zu hart, noch behandelte es mich zu gefällig, nur weil ich Prinzessin war. Gab ich das richtige Signal, tat es, was ich wollte. Gab ich das falsche Signal, tat es etwas anderes, als ich wollte. Meistens war es so. So einfach.

Normalerweise setzte mich unser Chauffeur gleich nach der Schule beim Stall ab. Nach dem Lärm auf dem Schulhof war ich oft gestresst und kaputt. Der Rucksack, den ich immer trug, wog schwer von meinem Gefühl, nicht gut genug zu sein, und von meiner Befürchtung, die Erwartungen anderer nicht erfüllen zu können. Den Rucksack ließ ich im Auto liegen. Ich zog mir auf dem Rücksitz die Reitkleidung an, riss die Autotür auf und lief zum Stall – ohne irgendeinen schweren Gedanken.

Auf dem Rücken eines Pferdes zu sitzen und einen staubigen Sommerweg oder einen glatten, vereisten Winterweg entlangzuschaukeln, während ich beim Geklapper der Hufe auf hartem Boden den Pferdegeruch einsog – solche Augenblicke vermittelten mir immer das Gefühl, meine Wurzeln gefunden zu haben. Ich war zu Hause.

Ich war in eine Welt eingetreten, in der alle einander verstanden. Die Pferde waren für uns Menschen ein Anker. Ich entdeckte schnell, dass sie so sensibel waren wie ich. Sie waren genauso ängstlich, skeptisch, mutig, nervend, lustig, dickköpfig, stark und aufmerksam wie ich. Ich verstand sie. Und sie verstanden mich. Mit ihnen zusammen konnte ich ich selbst sein, ihre wortlose Sprache wahrnehmen und mit ihnen kommunizieren, mithilfe von Zügel, Beinen, Gesäß – und Herz.

Niemand im Stall bezeichnete mich als bescheuert, komisch oder alternativ. Hier drehte sich alles um die Pferde. Niemand kümmerte sich um etwas anderes. Ich konnte den Geruch von Sägespänen einatmen, dem Geräusch mahlender Kiefer lauschen, an der Schulter eines Pferdes weinen oder mit ihm lachen. Ich massierte die Pferde und wusste, wo sie Schmerzen hatten.

Ich zwang Haakon, ebenfalls zu reiten. Er mühte sich tapfer, bis er schließlich dahinterkam, dass er auch Nein sagen konnte. Ich hatte ihn überredet, weil ich so engagiert und fasziniert war von all dem Fantastischen, was das Reiten mir gab.

»Es macht so viel Spaß, du musst es einfach versuchen!«, sagte ich.

Der arme Haakon war erst zehn Jahre alt und wagte seiner großen Schwester nicht zu widersprechen. Nach einem halben Jahr versuchte er kleinlaut zu sagen, dass er eigentlich keine große Lust dazu habe, aber da bekam er was zu hören: »Wie willst du wissen, ob du das magst oder nicht, wenn du gerade mal *sechs Monate* geritten bist!« Also machte er weiter, der kleine Bruder. Zwei Jahre lang.

Thirty Something hieß eines der Pferde, das mir besonders viel bedeutete. Es war ein Hengst mit einer fantastischen Persönlichkeit. In dem Sommer, in dem es passierte, nahmen wir am Marathonturnier *Sunshine Tour* im spanischen Reiterparadies Vejer de la Frontera teil. Ich war in der Nationalmannschaft der Springreiter und trat gegen die Weltelite an. Eines Tages machte Thirty Something plötzlich schlapp. Er scharrte in der Box und wollte sich hinlegen. Ein sicheres Anzeichen einer Kolik.

Wir mussten ihn zum Tierarzt bringen. Ich war verzweifelt und ängstlich, dachte aber, es werde schon gut gehen. Wir waren immerhin in Andalusien, wo die weltberühmte Königlich-Andalusische Reitschule zu Hause war, vergleichbar mit der Spanischen Hofreitschule in Wien. Gab es einen Ort, wo jemand meinem Pferd helfen konnte, so war es hier.

Am Morgen wurde Thirty Something operiert. Meine Pferdepflegerin und ich kamen zu ihm, als er noch schwach und von der Narkose beeinträchtigt war. Trotzdem strahlte er, als er uns sah.

Die Tierärzte hatten jedoch schlechte Nachrichten. Obwohl die Operation glatt verlaufen sei, müsse er noch weitere durchstehen. Möglicherweise sei er zu krank, um weiterzuleben.

Meine Pferde

Ich musste mein Pferd zurücklassen. Wir mussten weiter, zur nächsten Veranstaltung. Diesen Augenblick werde ich nie vergessen. Als ich erfuhr, dass man ihn getötet hatte, brach ich zusammen. Der Verlust von Thirty Something versetzte mich in große Trauer. Als Springreiterin war ich voller Respekt und Demut vor dem, was dieses Pferd Woche um Woche, Veranstaltung um Veranstaltung für mich getan hatte.

Nach fünfzehnjähriger Abwesenheit bin ich heute endlich wieder im Stall. (Mit Ausnahme von zwei Gastauftritten im Team der Norwegischen Meisterschaft, wo wir 2002 Gold und 2003 Bronze errangen). Ich bin jedoch nicht mehr als Reiterin dort, sondern als Ponymama. Alle unsere Kinder sind plötzlich ganz pferdenärrisch. Sie widmen sich dem Springen und dem Voltigieren, also dem Turnen auf einem trabenden oder galoppierenden Pferd.

Wir haben einen zwanzig Jahre alten dänischen Pinto namens Wendy gekauft. Ich liebe es, die Mädchen reiten zu sehen und mitzubekommen, wie sie etwas Neues lernen. In diesen Augenblicken bin ich fasziniert davon, wie sie das meistern.

Im Stall sammle ich Kraft und tanke auf. Ich betrete eine eigene Welt. Ich schaffe es sogar, selbst ein wenig zu reiten. Endlich habe ich vollauf begriffen, warum Pferde die Herzen so vieler Menschen berühren, nicht nur meins. Nicht ohne Grund wird in verschiedenen Therapien mit Pferden gearbeitet.

In den USA werden Pferde unter anderem bei Workshops für hochsensible und sensible Menschen eingesetzt. Pferde haben die Fähigkeit, sich auf den Menschen »einzustellen«, mit dem sie kommunizieren sollen. Sie fungieren gewissermaßen als emotionales Spiegelbild des Menschen, sagt der Pferdekenner Fabio Manzetti.

Ich lernte Manzettis einzigartige Arbeit mit Pferden vor einigen Jahren kennen. Er kommt aus der Toskana und ist von Haus aus Sozialwirt. Einen Großteil des Jahres lebt er in Norwegen. Viele Jahre schon setzt er Pferde in Führungstrainings für Manager ein und beschäftigt sich mit der Kommunikation zwischen Pferd und Mensch. Mithilfe der Pferde zeigt Manzetti, wie Manager auf empathische und inspirierende Weise führen können, ohne ihre Stimme und den Zeigefinger zu heben.

Pferde spiegeln dich als Person. Sie entlarven dich sofort, wenn du nicht ganz in deiner Mitte bist, und übernehmen aktiv die Führung. Pferde haben ebenso unterschiedliche Persönlichkeiten, Haltungen und Sensibilitäten wie Menschen. Da sie aber Tiere sind, werden sie von ihrer Fähigkeit, Gemütszustände und Stimmungen einzufangen, und ihrer Intuition am Leben erhalten. Sie nehmen Gefahren wahr, und sie nehmen Nahrung wahr. Sensibilität ist ihre erste und wichtigste Eigenschaft, um in freier Wildbahn zu überleben, und sie besitzen diese Eigenschaft noch immer, auch wenn sie jetzt domestiziert sind.

Ich habe lange versucht, Fabio Manzetti dazu zu bewegen, mir seine Herangehensweise zu zeigen. Ich wollte lernen, mein Bewusstsein zu stärken. Endlich willigte er ein. Sein Konzept schien ganz einfach zu sein: Ich gehe mit dem Pferd auf einer Bahn, das Pferd an einem lockeren, zwei Meter langen Seil. Mit der rechten Hand halte ich das Pferd und in der linken das aufgerollte Seil. Das Pferd soll meinen Bewegungen folgen. Schwenke ich nach rechts, soll es mir nach rechts folgen. Schwenke ich nach links, soll es mir nach links folgen. Bleibe ich stehen, soll es hinter mir stehen bleiben – und nicht an mir vorbeigehen.

Beim ersten Mal ging ich mit einem Pferd, das ich gut

kannte und auf das ich mich verlassen konnte, und erfüllte die Aufgabe ganz prima. Ich hatte die Führungsposition inne. In der zweiten Runde versuchte ich es mit einem anderen Pferd. Es ging korrekt hinter mir. Doch als ich stehen blieb, ging es an mir vorbei. Ich meinte zeigen zu müssen, wer hier der Boss war, ging ein paar Schritte und stellte mich vor das Pferd.

»Jetzt machst du einen Fehler«, sagte Manzetti ruhig. »Denn die Führungsposition hat inne, wer stillsteht. Bewegen muss sich das Pferd, nicht du.«

Ich erkannte augenblicklich ein Reaktionsmuster aus meinem Leben wieder. Ich kann oft klipp und klar sagen: »Nein, das geht nicht«. Wenn mir aber Widerstand entgegengebracht wird, halte ich meine Grenze und mein Nein nicht aufrecht. Stattdessen bewege ich mich. Ich prüfe stets einen anderen Winkel, eine neue Art und habe die Neigung »herumzugehen«, bis alle zufrieden sind. Mir kommen mein eigenes Nein und mein eigener Entschluss abhanden.

Jetzt, mit diesem Pferd, erfuhr ich, wie ich in der Begegnung mit anderen Menschen war. Ich spürte es rein körperlich.

Das dritte Pferd kannte ich noch nicht. Ich merkte, dass ich leicht gestresst war, und wollte dem Pferd sofort zeigen, wer hier der Boss war. Ich ging mit ihm los, doch dieses Pferd schnüffelte am Boden und sah woandershin. Das war mir mit keinem der anderen passiert, und ich rief Manzetti zu: »Warum macht es das?«

»Die brutale Wahrheit ist, dass du nicht voll und ganz präsent bist. Du bist überhaupt nicht seine Führerin. Du musst atmen, dich konzentrieren und es noch mal versuchen«, sagte Manzetti zu mir.

Ich atmete tief ein. Spürte, wie Kopf und Herz Ruhe und ihren Platz fanden. Wie ich in mir selbst meinen Platz fand.

Landete. Erst als ich mich wirklich konzentrierte, folgte mir das Pferd, war ganz ruhig und richtete seine volle Aufmerksamkeit auf mich.

Welch ein Aha-Erlebnis und welch fantastische Bewusstmachung! Wenn ich auch nur im Geringsten an etwas anderes dachte als an meine Aufgabe, entfernte sich das Pferd von mir und fing zu grasen an. War ich sicher und konzentriert, folgte es mir so, wie ich es wollte. Es ging um etwas so Einfaches wie Konzentration, Sensibilität und Setzen von Grenzen. Verhielt ich mich unterwürfig, war plötzlich das Pferd der Boss und übernahm die Kontrolle. Es verhält sich ja nur nach seinem Instinkt und zeigte mir ganz deutlich, wo meine Gedanken waren, ob ich konzentriert war oder nicht. Es spiegelte mich und meine Gefühle.

Ich erkannte den Stress aus den Situationen wieder, in denen ich nicht genau weiß, was mich erwartet. Wenn ich zum Beispiel vor mir unbekannten Menschen einen Vortrag halten soll. Ich gehe auf sie zu und will sie mit ein paar scherzhaften Kommentaren gewinnen, verliere aber die Konzentration, weil ich leicht nervös bin. Ich sollte mich stattdessen konzentrieren, meinen Platz in mir finden und mich auf die anwesenden Menschen fokussieren, um mit ihnen zu kommunizieren, ganz so wie ich mich auf das Pferd konzentriere und mit ihm kommuniziere. Sonst verschwindet der emotionale Kontakt (den wir energetisch nennen), der den Vortrag interessant macht, und ich erreiche das Publikum nicht.

Ich habe aber auch entdeckt, dass der Kontakt mit dem Publikum auf Anhieb da ist, wenn ich »in mir selbst lande«, mich voll und ganz fokussiere und »mich einlogge«, wie Manzetti das nennt.

Das Gefühl, etwas zu meistern, das dich überkommt, wenn ein großes Tier tut, was du willst, ohne dass du Kraft und

Zwang einsetzt, ist völlig unverfälscht und pur. Das habe ich schon in den vielen Jahren beim Springreiten erlebt, aber nie so wie hier, auf dem Boden und im Zusammenspiel mit dem Pferd.

Viele haben bei einer solchen Übung ein Aha-Erlebnis. Im Gegensatz zu anderen Freunden des Menschen, etwa Hunden, ist das Pferd ein Fluchttier, das auf Stress mit Weglaufen reagiert. Es nutzt also nichts, groß und stark zu sein, damit ein Pferd gehorcht. »Du musst dich gefühlsmäßig einloggen, mit deiner mentalen Kraft, und gleichzeitig visualisieren, was du erreichen willst. Erst dann kommt es zu einem Zusammenspiel«, belehrte mich Manzetti.

Er hat im Lauf der Jahre in seinem Kurs oft erlebt, wie großspurige Manager von den Pferden emotional in die Schranken gewiesen wurden. Ein Topmanager, der vor allem damit beschäftigt war, ständig bei allen anderen Fehler zu suchen, lernte ganz Grundlegendes über Gruppendynamik: Setzt du einer Gruppe von freundschaftlich zusammenarbeitenden Leuten eine gestresste, unsichere und aggressive Führungskraft vor, dann dauert es nicht lange, bis sich alle miteinander zanken.

Fabio Manzetti und ich haben oft darüber gesprochen, dass Pferde, genau wie Menschen, eine starke Persönlichkeit haben. Manche sind sonderbar. Andere spannend und komplex.

Ich erinnere mich gut, wie Countryman, eines der legendärsten Pferde, die ich besaß, alle täuschen konnte. Als ich ihn bekam, hinkte er und war schon ziemlich alt. Er war aber eines der wenigen Pferde, das an drei Olympischen Spielen teilgenommen hat, und er liebte Turniere. Im Stall konnte er sonderbar und übellaunig sein und alle beißen, die in seine Nähe kamen. Sein Beiname war Grumpy, also Miesepeter. Mein Vater sagte, wenn ich das nächste Mal ein neues Pferd bekommen würde, sollte ich mich vorher nach seinem Beinamen erkundigen. Das Besondere an Grumpy aber war, dass er auf Veranstaltungen als das hervorragendste und selbstsicherste Pferd der Welt glänzte – ohne die geringste Laune. Bei der Veterinärinspektion vor dem Turnier hinkte er nie. Er trabte ganz fantastisch ohne den geringsten Fehler an den Tierärzten vorbei. Aber kaum bogen wir nach der Inspektion um die Ecke, hinkte er wieder.

Mehrmals dachten wir, wir sollten dem alten Burschen eine ordentliche Pause auf der Weide gönnen. Schließlich hatte er viele Jahre an Turnieren auf unglaublich hohem Niveau teilgenommen, was ihm auf die Knochen gegangen war. Die meisten Pferde sind gern auf der Weide. Sie bekommen neue Energie und werden sehr viel munterer. Bei Countryman war das nicht so. Wenn wir ihn auf die Weide brachten, wurde sein Fell stumpf, er verlor an Gewicht und bekam noch schlechtere Laune. Bereiteten wir ihn jedoch auf eine neue Veranstaltung, ein neues Turnier vor, funkelten seine Augen. Es war, als wüsste er schon vier Tage im Voraus, dass es losgehen sollte. Woher, weiß ich nicht. Sein Fell glänzte wieder, und er fing wieder zu beißen an.

Nach dem Veterinärcheck vor dem Turnier brauchte er immer seine Ruhe. Er stand mit halb geschlossenen Augen in seiner Box und tankte auf. Das verlieh ihm genau jenes kleine Extra, das er brauchte, um sein Bestes zu leisten.

In der Regel flocht ich Countryman vor einem Turnier die Mähne. Hin und wieder ließ ich es sein. Erst nach vielen Turnieren fiel mir ein Muster auf. Hatte ich ihm die Mähne nicht geflochten, war seine Leistung meist schlechter. Wir versuchten, andere Erklärungen für sein Verhalten zu finden, ohne Erfolg. Als wir eine seiner früheren Pferdepflegerinnen trafen, wurden wir in unserer Vermutung bestätigt. Sie erzählte, dass

Countryman ohne Zöpfe nicht zu gebrauchen sei, er könne sich mit offener Mähne nicht konzentrieren. Das hätte ich bemerken und verstehen müssen.

Hast du ein enges Verhältnis zu einer Katze, einem Pferd oder einem Hund? Dann weißt du genau, wovon ich rede. Sie verstehen sehr viel und senden viele Signale an uns aus, wir bekommen sie nur nicht immer mit. Wenn wir uns Zeit nehmen und uns unserer Sensibilität öffnen, werden wir viel mehr verstehen.

Beziehungen

Der Mittelgang
24. Mai 2002

2001 war ein turbulentes Jahr. Es gab eine lebhafte öffentliche Debatte über die Beziehung von Prinzessin Märtha Louise mit Ari Behn und heftige Kritik daran. Doch dann, mit einem Mal, schien sich die öffentliche Meinung zu drehen. Kronprinz Haakon heiratete im August Mette-Marit. Die Rede des Kronprinzen – und Bischof Stålsetts Predigt im Osloer Dom – berührten das Volk tief. Das Königspaar machte deutlich, wie wichtig es ihm war, dass seine Kinder selbst entscheiden durften, wen sie heirateten. Sie selbst hatten neun schmerzliche Jahre gebraucht, bis ihre Liebe akzeptiert worden war.

Nun war die Reihe an Märtha Louise und Ari Behn, den Segen des Volkes zu bekommen. Als Ari mit Märtha am Lucia-Tag, also am 13. Dezember 2001, nach Kongsseteren kam, hatte er im Voraus aus Märtha-Lilien einen Liebespfad gelegt. Am Ende des Pfads, bei der letzten Lilie, machte er ihr einen Heiratsantrag.

Vor ihrer Hochzeit gingen Prinzessin Märtha Louise und Ari Behn zu Fuß den Pilgerweg durch ganz Trøndelag. Sie übernachteten im Zelt und in Klöstern. Unterwegs meditierten sie und besuchten Andachten des Pilgerpfarrers. Sie hatten ihre Mützen tief über die Ohren gezogen, damit niemand sie erkannte.

Am 24. Mai 2002 hatten sich Tausende jubelnder Trønder entlang der Route versammelt, als König Harald und Prinzessin Märtha Louise mit Pferd und Wagen zum Nidarosdom gefahren kamen. Dort angekommen, führte ein stolzer Vater seine Tochter durch die Kirche. Durch den Mittelgang.

Märtha

Liebe spüren

Es geschah bei einer Übung während meiner Ausbildung zur Rosen-Therapeutin in Oslo. In der Schule, in der mir beigebracht wurde, mich selbst und meinen Platz zu finden. Ich hatte der Klasse von meinem Verhältnis zu Mittelgängen erzählt. Wie eng und überwältigend sie für mich waren. Und wie sicher ich war, dass ich dort nicht nur beobachtet, sondern auch verurteilt würde. Und dass ich nicht wusste, ob ich das überleben würde.

Für diejenigen, die das Gefühl, »verkehrt« zu sein, nicht kennen, hört sich das vermutlich recht merkwürdig und dramatisch an. Ich habe jedoch mit vielen gesprochen, die genau dasselbe erlebt haben, nämlich ein Schuldgefühl mit sich herumzutragen, so groß, dass es uns buchstäblich dazu bringt, den Kopf zu senken.

Bei dieser ganz speziellen Übung, die eine der schwedischen Lehrkräfte in die Akademie mitgebracht hat, geht es darum, dass jede und jeder von uns einen Spießrutenlauf durch die Reihen der Mitschülerinnen und Mitschülern macht. Obwohl ich alle kannte, wurde mir ganz übel. Dabei war es doch nur eine Übung. Die Lehrerin gab nicht nach. Sie wollte, dass ich es schaffte, aufrecht durch die Gruppe von Menschen zu gehen. Diese sollten mich mit warmem, freundlichem Blick ansehen.

Ich war erwachsen und sollte das Gefühl der Güte erleben, während ich mich durch einen Mittelgang bewegte. Den Mittelgang, vor dem ich seit meiner Kindheit eine Heidenangst hatte.

Wackeligen Schritts ging ich zwischen all den starrenden Augen hindurch. Ich versuchte, den Blick zu heben, schaffte es aber nicht. Ich sah nach unten. Am Ende angelangt, erhielt ich die Anweisung, den gleichen Weg zurückzugehen und diesmal aufzublicken, um all die Liebe in den Augen derer, die mich anschauten, mitzubekommen. Zu sehen, was ich verpasst hatte. War das möglich? Konnten sie mich wirklich liebevoll anschauen?

Ich atmete tief durch, richtete mich auf und ging los. Ich hatte erwartet, dass ich sie durchschauen würde. Dass sie ihr Gesicht in die passenden, lächelnden »Ich-hab-dich-lieb«-Falten gelegt hätten, ich aber hinter ihre Maske schauen würde.

Doch was mir dann begegnete, waren echte Blicke, die mich anfunkelten. Die mich sahen, die mich aus tiefstem Innern anlächelten. Plötzlich entdeckte ich, dass ich in den Blicken derer, die den Mittelgang bildeten, ruhen konnte. Am Ende angelangt, wollte ich weitergehen. Ich wollte alle ansehen und ihre Unterstützung, ihre Liebe und ihr gutes Lächeln spüren. Mir wurde klar, dass mir auf meinem Weg viel echtes Lächeln entgangen war.

Jetzt bestand die Herausforderung darin, mit meiner Sensibilität in meinem Alltag, draußen in der wirklichen Welt zurechtzukommen. Immer wieder musste ich mir diese Übung in Erinnerung rufen: Geh erhobenen Hauptes. Begegne jedem Gesicht. Dann wirst du etwas Schönes sehen.

Diese Übung und andere Selbstentwicklungstechniken lernte ich in einer sehr schwierigen Phase meines Lebens. Das hat mein Leben verändert. Zeit meines Lebens strebte ich danach, die Prinzessin mit der Privatperson Märtha in Einklang zu bringen. Wer war die Prinzessin, und wer war ich, Märtha? Waren wir zwei verschiedene Personen – oder waren wir ein und dieselbe Person? Ließ sich denn das eine vom anderen trennen? Konnte ich so tun, als wäre ich kein Teil der Königsfamilie? Konnte ich so leben, als wären der König und die Königin nicht meine Eltern?

In dem Prozess, den ich durchlief, fügte sich alles zu einem Gesamtbild. Ich war Prinzessin, und ich war Märtha. Zusammen wurde daraus Prinzessin Märtha Louise. Als solche war ich geboren. Ich konnte nicht so tun, als wäre es anders. König Olavs Stärke war es gewesen, dass er immer er selbst war, ob im Alltag oder beim Feiern, und so musste es auch bei mir sein. Ich musste die Rolle mit mir selbst ausfüllen. Ganz, wahr und echt sein. Die mir zugeteilte Prinzessinnenrolle nicht nur spielen.

So einfach war das. Und so schwierig.

Mitten in all dem lernte ich Ari kennen. Teile der Presse waren womöglich noch schlimmer als vorher. Irgendwann war es so schlimm, dass wir glaubten, viele Jahre warten zu müssen, um zueinanderzukommen. Wir fühlten uns schikaniert und überrollt. Es verging fast kein Tag, an dem wir nicht kritisiert wurden.

Am Karsamstag, nach dem jährlichen Skirennen in Sikkilsdalen mit der Familie, sagte ich vor laufender Fernsehkamera meine Meinung. *Dagsrevyen* wollte wissen, wie es mir ergangen sei und was ich über die Kritik in den Medien dächte. Ich sagte, wie es war, nämlich dass ich die Lügen und die erfundenen Aufmacher satthatte.

»Die Prinzessin kommt aus einem beschützten Zuhause und ist gewohnt, mit Samthandschuhen angefasst zu werden. Dass sie jetzt meint, mit Boxhandschuhen angefasst zu werden, ist falsch«, sagte ein Kommunikationsberater anschließend gegenüber *VG*. »Viele Geschichten über sie wurden gar nicht gedruckt. Schauen wir uns doch mal an, wie die dänische oder britische Presse mit ihren Königshäusern umgeht. *Das* ist grob. Ich glaube, die Königsfamilie muss künftig einfach auf eine weniger sanfte Behandlung gefasst sein. Die Medien hierzulande waren bisher zu freundlich«, stand da.

Wochen später, im April 2001, brach ich auf einer offiziellen Reise durch Bolivien und Peru vollends zusammen. Ich hatte ein vollgepacktes Programm und wichtige Termine: Ich sollte drei verschiedene Missionsorganisationen besuchen und landwirtschaftliche Projekte, Schulen und Wohnungsbauprojekte besichtigen, eindeutige Beweise dafür, dass es nützte zu helfen.

Es war mir schon vorher klar, dass das Risiko bestand, in der dünnen Luft höhenkrank zu werden. Auch würden die Eindrücke von der Armut und den Slums sehr stark sein. Und die Begegnungen mit all den Kindern überwältigend. Auf dieser Reise waren außerdem viel mehr Journalisten als gewöhnlich dabei, und wir waren viele Stunden unterwegs.

Eines Abends verlor ich bei einem Treffen mit den Presseleuten die Nerven. Ich brach vor versammelter Mannschaft in Tränen aus. Ich war so kaputt. Ich konnte einfach nicht noch mehr ertragen. Stunde um Stunde, Tag um Tag, Monat um Monat war das nun so gegangen. Dieser massive, ständige Druck lastete auf mir. All die Gerüchte. Als mir die unvermeidliche Frage nach Ari gestellt wurde, antwortete ich, so gut ich konnte: »Ich finde, Sie greifen sich Teile eines Menschen heraus und verzerren ihn bis zur Unkenntlichkeit. Sie wissen selbst, was und wen ich meine«, sagte ich.

Ari war unerschrocken. Er war jemand, der direkt zur Sache kam und mir immer zur Seite stand. Er trat in mein Leben und sagte: »Das sind doch nur Worte. Du musst doch leben können.« Er traute sich, in alle Richtungen zu gehen und außerhalb der Konventionen zu leben. Er wollte den ganzen Weg mit mir gehen und mir felsenfest zur Seite stehen.

Am 24. Mai 2002 heirateten wir in Trondheim. Nach der Trauung gingen wir zu Fuß von der Kirche zum Stiftsgården. Es war eine ganz fantastische Menschenmenge, durch die wir hindurchgingen, auf einem roten Teppich einen Mittelgang entlang. Auf beiden Seiten standen fröhliche Menschen und winkten und riefen.

Ich spürte, sie waren meinetwegen da. *Unseretwegen.*

Unter den Hochzeitsgästen war auch Marion Rosen. Sie war extra aus San Francisco gekommen mit dem Nachweis im Gepäck, dass ich voll ausgebildete Rosen-Therapeutin war. Sie war siebenundachtzig Jahre alt und hatte große Mühe mit dem Gehen, bestand aber darauf, den ganzen Weg vom Nidarosdom bis zum Stiftsgården mit uns zu gehen. Ich traf sie, als wir die enorme Menschenmenge hinter uns gelassen hatten und zum Festessen hineingingen.

Sie wusste alles über mich. Alles über meine Sensibilität, alles über mein Verhältnis zu Mittelgängen, alles, was ich an Ängsten und schlimmen Gefühlen verspürt hatte. Jetzt stand sie da mitten in der Feier und der Jubelstimmung und sah freudestrahlend zu mir auf.

Die wache alte Dame nahm mich bei der Hand, schaute mir ernst in die Augen und sagte: »Now, did you feel the *love*, my dear?«

Sensibler Alltag

Ich gestehe es. Ich habe einen extrem schlechten Orientierungssinn. Du glaubst nicht, wo ich überall landen kann, wenn ich allein fahren muss. Mit meiner Pünktlichkeit ist es genauso schlimm. Ich sage normalerweise, ich habe brasilianische Zeit im Blut. Egal, wie gut ich plane, ich komme am Ende zu spät. Es ist gerade so, als führten meine Uhren ein Eigenleben.

In letzter Zeit habe ich mich besonders angestrengt, denn ich habe unter anderem Kinder, die zu Reitveranstaltungen wollen. Ich erinnere mich an die Nerverei in meiner eigenen Kindheit und Jugend und weiß, wie entscheidend es ist, vor einem Turnier in aller Ruhe die Bahn abgehen zu können. Seit ich die Fahrerlaubnis für Lkw und schwerere Fahrzeuge habe, sollte ich eigentlich sowohl Pferde als auch Kinder ohne fremde Hilfe rechtzeitig zu einer Veranstaltung bringen können.

Aber dann ist da die Sache mit dem Anhänger und der Anhängerkupplung.

Vor einiger Zeit sollten die Kinder zu einer Übungsveranstaltung in einem Stall in unserer Nähe. Ich hatte beschlossen, dass es für alle ein fantastisches Erlebnis werden sollte. Wir würden eine robuste und lebensfrohe »Familie Larkin« abgeben, die alles unter Kontrolle hat, alle strahlend und jovial anlächelt, viel Zeit hat und sich gegenseitig unterstützt. Ich würde an alles gedacht haben.

Am Tag vor der Veranstaltung wollte ich noch kontrollieren, wie die Anhängerkupplung am Auto zu bedienen war und ob sie mit dem Anhänger, den wir benutzen würden, zusammenpasste. Am Veranstaltungstag, so mein Plan, würden wir schon früh am Morgen im Stall sein. Dann hätten wir genügend Zeit, um die Box auszumisten und die Pferde vorzubereiten.

Um halb eins in der Nacht vor der Veranstaltung fiel mir ein, dass ich doch irgendwas an der Anhängerkupplung kontrollieren wollte. Verflixt noch mal! Jetzt war es zu dunkel und auch zu spät, um noch hinauszugehen und nachzusehen. Ich beschloss, es sofort nach dem Aufwachen zu erledigen.

Als wir am Morgen gerade im Aufbruch waren, kam meine Jüngste an und wollte nun doch mitkommen, obwohl sie es am Tag zuvor eigentlich nicht vorgehabt hatte. Also alle wieder zurück ins Haus. Ich hatte allerdings nicht einkalkuliert, dass Emma sich den Arm gebrochen hatte und einen Gips trug. Es war nicht zu glauben, aber es dauerte eine Dreiviertelstunde, einen Pullover zu finden, der über den dicken Gips passte, und ihn Emma anzuziehen. Der Stresslevel stieg. Als ich die dritte Jacke halbwegs über den Gipsarm gezogen hatte, fiel es mir wieder ein: die Anhängerkupplung!

Ari lief zum Auto, um sie zu kontrollieren. Er studierte die Gebrauchsanleitung. Das Auto hatte eine verborgene Anhängerkupplung, doch wie bekam man sie heraus? Er rief beim Kundendienst an und erfuhr, dass im Kofferraum ein Knopf sei, den man drücken müsse. Ari fand den Knopf, doch er stellte sich als Attrappe heraus. Das Auto hatte gar keine Anhängerkupplung!

Als er mir das mitteilte, hatte ich gerade eine Jacke gefunden, die über Emmas Gips passte, und war so gestresst, dass ich nur noch rotierte. »Das geht nicht! Nichts geht!« Ich brach in Tränen aus.

An der Eingangstür sank ich zu Boden und holte mein

Handy hervor. Lag in Embryonalstellung da und simste allen, von denen ich wusste, dass sie eine Anhängerkupplung am Auto hatten. Und heulte dabei Rotz und Wasser.

Während ich mit meiner Hysterie beschäftigt war, besorgte Ari von irgendjemandem ein Auto mit Anhängerkupplung.

Da verlor ich total die Nerven. »Wir können doch nicht deren Auto nehmen! Wir wissen doch gar nicht, wie schwer der Anhänger ist!«, sagte ich schluchzend.

Ari sah mich besorgt und forschend an.

»Ich bin bloß überstimuliert! Lass nur! Ich krieg das auch heulend hin!« Ich simste und schniefte weiter.

Dann kam die Familie, mit der wir nun zu der Veranstaltung fahren wollten. Sie hatten ein Auto mit Anhängerkupplung, aber keine Fahrerlaubnis für ein so großes Gespann. Ich dagegen hatte eine. Gemeinsam bekamen wir alles auf die Reihe. Um halb elf fuhren wir los und waren die Allerersten am Veranstaltungsort. So etwas hatte ich noch nie erlebt, so früh da zu sein und so viel Zeit zu haben! Warum hatte ich mich bloß so grauenhaft gestresst?

Am nächsten Tag feierten wir einen Kindergeburtstag mit vierundzwanzig Kindern und Schatzsuche im Freien. Wir waren den ganzen Samstag unterwegs gewesen und nun ab dem frühen Sonntagmorgen mit den Vorbereitungen beschäftigt. Für die Schatzsuche fehlten noch Rätsel, Karten und Puzzlespiele. Die Posten waren nicht fertig, und ich musste noch zwei Kuchen backen. Einen laktosefreien. Einen glutenfreien. Und dann mussten wir noch unzählige Pizzen backen. Wir hatten nur einen Backofen, und es regnete.

Die fein säuberlich ausgeschnittenen Papierbuchstaben für ein kreatives Puzzle, das auf dem Trampolin gelegt werden sollte, kräuselten sich. Ari hatte in der Küche die Sache in die

Hand genommen. Er stand da und strich die Buchstaben mit dem Bügeleisen glatt und trocken.

Er sah mich über das Bügelbrett an und sagte: »Flippst du jetzt aus?«

»Mmmmmm. Und wie!«

»Ich auch.«

Diesmal brach ich nicht zusammen. Ich schaffte es sogar zu lachen. Trotzdem zitterte ich am ganzen Körper. Allein die Tatsache, dass irgendwelche Gäste eine Viertelstunde zu früh kamen, katapultierte mich in den »roten Bereich« auf der Stressskala. In einer ganz normalen Alltagssituation reagierte mein Körper, als befände er sich mitten in einer akuten Krise.

Die Geburtstagsfeier war jedoch fantastisch!

Empfindsame Beziehungen

Es ist wichtig, in allen Beziehungen zu anderen einen gewissen Sinn für Humor zu bewahren. Es ist ebenfalls wichtig, immer eine Pause von fünf Sekunden einzulegen, bevor man in einer hitzigen Diskussion antwortet. Diese zwei Techniken sind leicht zu merken. Hochsensible Menschen neigen manchmal dazu, ihre Beziehung zu anderen Menschen sehr ernst zu nehmen und überzureagieren, wie der Psychologe Ted Zeff in seinem Buch *The Highly Sensitive Person's Survival Guide* betont.

Zeffs Kollegin, die Psychologin Elaine N. Aron, hat ein ganzes Buch über hochsensible Menschen und die Liebe geschrieben. Vor dem Hintergrund ihrer Forschungen legt sie dar, wie man eine Zweierbeziehung meistert, wenn man von

Gefühlen überwältigt wird. Mit hochsensiblen Frauen und Männern zusammen zu sein, die sich ihrer Sensibilität nicht bewusst seien, sei oft anstrengend, da sie so unsicher seien, schreibt sie. Es erfordere ein gutes Zwiegespräch, um sich in die Perspektive des anderen zu versetzen. Unterschiedliche Bedürfnisse nach Nähe, nach Zeit für sich selbst und nach Stille hätten nichts mit der Qualität der Liebe zu tun. Dass jemand viel Zeit für sich selbst braucht, bedeute nicht, dass er oder sie den Partner oder die Partnerin weniger mag, erklärt Aron.

Ist in deiner Partnerschaft nur einer von euch beiden hochsensibel, habt ihr mit Sicherheit unterschiedliche Grenzen, ab wann ihr überstimuliert seid. Es ist hilfreich, dies bei der Alltags-, Wochenend- und Urlaubsplanung einzukalkulieren. Niemand hat etwas davon, wenn einer von euch wegen eines zu vollen Programms und zu vieler Menschen total erledigt ist.

Sowohl Ari als auch ich haben begriffen, dass ich in der Geschichte mit dem Pferdeanhänger überstimuliert war. Mein ganzer Körper »pufferte«, er vibrierte und schaffte es nicht, zur Ruhe zu kommen. Fast wie bei einem Film, den du auf den Computer herunterlädst, während du ihn anschaust, wobei die Informationen schneller kommen, als der Film bearbeitet und gezeigt werden kann, und das Ganze sich schließlich aufhängt.

Früher, bevor ich etwas von besonders sensiblen Menschen gehört hatte, hätte ich mir wohl Vorwürfe gemacht und mich für hysterisch gehalten. Heute weiß ich, dass meine Überreaktion und mein ungewöhnlich starkes Bedürfnis nach Pausen ganz einfach zu erklären sind. Und dass ich nicht die Einzige bin, der es so geht.

Wir Gefühlsmenschen schaffen es schlicht und einfach

nicht, klar zu sehen oder zu denken, wenn wir viele Programme am Laufen haben und immer nur neue Daten und Stimuli nachschieben. Wenn ich von vielen dicht und ohne Ruhepause aufeinanderfolgenden Begegnungen mit Menschen erledigt und überstimuliert bin, gelingt es mir nicht, die rationale Vogelperspektive einzunehmen und alles auf die Reihe zu bekommen.

In einer Beziehung können solche Ausbrüche, wie ich sie hatte, für den Partner anstrengend und schwierig sein. Manche denken vielleicht, die Frau leide unter PMS, sei extrem überempfindlich und neurotisch. Es ist wichtig, einen Partner zu haben, der deinen Reaktionen verständnisvoll und sensibel begegnet. Einer, der weiß, dass zwischen Traurigkeit und Überstimuliertheit ein Unterschied besteht, auch wenn die daraus resultierende Reaktion dieselbe sein mag. Einer, der es versteht und merkt, wenn du allein sein musst, ja, der intuitiv weiß, ob du für ein Zwiegespräch offen bist, oder ob du dich sammeln musst.

Sowohl Elisabeth als auch ich hatten in den vergangenen Jahren große Freude an den Büchern und Zeitungsartikeln der Psychologin und Beziehungstherapeutin Sissel Gran. Sie hat sehr gut und so, dass man sich darin wiedererkennt, über emotionales *Flooding* und das Gefühl der Überwältigung geschrieben. Sie ist der Meinung, es sei lebensnotwendig geworden, Grenzen zu setzen, sich zu disziplinieren und zu ignorieren. Denn es gebe in unserer modernen Welt einen massiven Glücks- und Erfolgsanspruch, und wir würden uns viel zu leicht an alles hängen, was vorbeitreibe.

In ihrem Buch *Kjærlighet i hastighetens tid* (Liebe in Zeiten der Geschwindigkeit) schreibt Sissel Gran, dass alle Paarbeziehungen Grenzen brauchen, um zu bestehen. Sie greift auf, in welcher Weise externe Faktoren wie soziale Anforderungen, Zeitdruck und das, was sie »Zentrifugenleben« nennt, die Liebesbeziehung beeinflussen. Manche Paare würden nie eine gemeinsame Grenze zwischen sich als Paar und der Umwelt errichten, legt sie dar. Darüber hinaus ist es für viele Paare schlecht zu ertragen, wenn über längere Zeit hinweg sehr viel Logistik und Alltag notwendig sei. Das gehe über das Erlebnis, ein Paar zu sein, hinaus – und kollidiere zudem mit dem Wunsch, persönliche Bedürfnisse zu befriedigen.

Unter dem ständigen Einfluss von Stress und Lärm haben wir unterschiedliche Belastungsgrenzen. Viele Menschen, besonders die sensiblen, reibt der Mangel an Pausen im Alltag auf. Wir haben ja auch alle Pausen mit immer noch mehr Lärm gefüllt. Wartezeiten, in denen früher unsere Gedanken schweifen und Eindrücke sich festigen durften, nutzen wir heute dazu, uns noch mehr unnötige Informationen in den Kopf zu stopfen. Selbst auf dem Spielplatz stecken wir die Nase ins Handy.

Manche von uns müssen es um sich herum hübsch und aufgeräumt haben, um sich entspannen zu können. Unordnung und unerledigte Aufgaben bereiten uns Unbehagen. Wenn wir im Kopf das gleiche Gefühl von Unordnung haben, müssen wir in unseren Gedanken und Eindrücken ordentlich aufräumen. Das braucht Zeit. Und es erfordert Ruhe.

Wir besonders Sensiblen brauchen hin und wieder besonders viel Zeit, um zu durchdenken, was in einer Diskussion gesagt wurde. Und wir brauchen vielleicht viel Zeit, um zu antworten. Das bedeutet aber nicht, dass wir desinteressiert sind. Es bedeutet lediglich, dass wir ein paar Umdrehungen mehr brauchen, um die Informationen in uns aufzunehmen – und sie gut zu sortieren und zu verarbeiten.

Der Psychologe Ted Zeff ist der Meinung, in einer Beziehung, in der beide hochsensibel sind, müsse man aufpassen, dass man nicht nur zu Hause sitze. Bei solchen Konstellationen werde in der Diskussion darüber, welches Restaurant man besuchen oder was man am Wochenende machen soll, oft zu viel Rücksicht genommen. Und am Ende gebe das sensible Paar womöglich ganz auf und bleibe zu Hause. Wusstest du übrigens, dass man sich in den USA Restaurants nach ihrem Lärmpegel aussuchen kann? Etliche Restaurants haben sogenannte Early-Bird-Angebote, wo Leute, die lieber früh am Abend essen gehen, solange die Lokale und ihre Umgebung noch ruhig sind, sogar weniger bezahlen.

Der Psychologe Frode Thuen ist Professor an der westnorwegischen Hochschule *Høgskulen på Vestlandet*, Paartherapeut und mit der Kolumne *Leve sammen* (Zusammen leben) Kolumnist im *A-magasinet*, der Wochenbeilage von *Aftenposten*. Er bekommt viele Zuschriften von Paaren, die sich damit abmühen, sich aneinander anzupassen und einander zu verstehen. In einem Leserbrief erzählt eine hochsensible Frau, dass sie von der Unsensibilität ihres Mannes immer so schnell verletzt sei. Dies ist einer der meistgelesenen und am häufigsten geteilten Artikel. Als wir Thuen um ein Interview und ein Gespräch über besonders empfindsame Beziehungen und Hochsensibilität bei Paaren bitten, ist er aufrichtig engagiert. Taucht dieses Thema in Beziehungstherapien doch ständig auf.

»Es ist ein klassisches Problem, dass Paare auf ein Gleis geraten, das die Sensibilität der Frau und die Rationalität und das Ausweichen des Mannes untermauert. Das Muster wird zum Monster«, erklärt Frode Thuen.

Er hält es für unglaublich wichtig, dass hochsensible Personen in einer Diskussion über das Zusammenleben ihr Persönlichkeitsmerkmal nicht als Märtyrerkarte missbrauchen. »Sich in die Opferrolle zu begeben ist gefährlich. Es ist nicht so, dass besonders starke Empfindsamkeit alles übertrumpfen und beherrschen soll. Gleichwohl kann es manchmal nötig sein hervorzuheben, dass man besonders sensibel ist. In meiner Rolle als Beziehungstherapeut ist es wichtig, das Paar dazu zu bringen, einander zu verstehen, Unterschiede zu akzeptieren und die verschiedenen Reaktionsmuster zu respektieren. Selbsterkenntnis ist das A und O. Die oder der Sensible muss einkalkulieren, dass sie oder er mehr und stärker reagiert als andere. Und bezüglich der oder des anderen ist es wichtig zu versuchen, Gefühle zu verstehen, mit denen man selbst keine Erfahrung hat«, sagt Thuen.

Dass Männer sich Konflikten und Auseinandersetzungen oft entziehen, bedeute absolut nicht, dass sie keine Gefühle hätten, erklärt er. Viele fräßen alles in sich hinein, weil sie in der emotionalen Sprache nicht so gut geübt seien. Oder dazu erzogen seien, Fassade zu bewahren und ihre Gefühle zu kontrollieren.

Der amerikanische Beziehungstherapeut John Gottman nennt so einen Rückzug *stonewalling*. Er hat diesen emotionalen Mechanismus in vielen Forschungsversuchen nachgewiesen. *Sie* ist in der Diskussion energisch. *Er* bleibt völlig stumm, scheint sich nichts daraus zu machen und verkriecht sich in sein Schneckenhaus. Niemand sieht, dass in seinem Gehirn sehr viel passiert. Da sind viele, viele starke Gefühle im Gange. Er ist überwältigt, verbirgt seine Sensibilität aber hinter der Fassade, wo niemand sie sehen kann. Nach außen wirkt er unempfindsam. Doch Puls und Gehirnaktivität zeigen etwas ganz anderes.

»Es heißt, dass es genauso viele besonders sensible Männer gibt wie Frauen, doch leben sie in einer Beziehung wohl auf sehr unterschiedliche Weise damit«, vermutet Thuen. Er beschäftigt sich mit der *Mentalisierung* in Paarbeziehungen, das heißt, mit der Fähigkeit des Einzelnen zu sehen, dass die Welt vieldeutig ist. Dass man sich selbst von außen und andere von innen sehen kann. Manche Menschen tun sich sehr leicht damit, die Perspektive eines anderen einzunehmen. Anderen fällt dies schwerer, besonders wenn sie Angst haben oder wütend sind. Dann nehmen sie ganz schnell eine Verteidigungshaltung ein und greifen zudem den anderen an.

»Kennt man sich selbst und seine Reaktionen, fällt es leichter, in hitzigen Diskussionen um eine Auszeit zu bitten. Ist man besonders sensibel und fühlt sich überwältigt und überfahren, ist es sicherlich klug zu sagen, dass man auf die Diskussion zurückkommen möchte, wenn man sich beruhigt habe«, sagt Thuen.

Seiner Meinung nach ist es für eine sensible Person entscheidend, sich eine Partnerin oder einen Partner zu suchen, der diesem Persönlichkeitsmerkmal Raum geben und es verstehen kann. »Du entdeckst früh, ob ein potenzieller Partner nur über sich selbst redet. In dem Fall solltest du dich fragen, ob so ein Partner dich wirklich sieht und beflügeln wird. Gleichzeitig muss man sagen, dass manche unter falscher Flagge segeln und mit ungeheuer guten ›Einführungsangeboten‹ ankommen. Man darf auch nicht vergessen, dass Sensibilität vom Kontext abhängt. Manche Menschen können in der einen Beziehung sehr sensibel sein, während sie in einer anderen völlig sicher und weniger empfindsam sind. Oft ist es so, dass man in einer sicheren Beziehung mehr erträgt und robuster ist. Oft schon habe ich Paare herausgefordert, die meinten: ›Wir sind doch so verschieden!‹ Dann frage ich: ›Aber das wart ihr doch auch, als ihr euch kennengelernt habt, warum erträgt ihr diese Unterschiede dann jetzt nicht?‹«

Der Psychologe Frode Thuen betont, wie wichtig es für Paare ist zu erkennen, dass einer besonders feinfühlig oder empfindsam ist, oder dass beide dies sind – und dass sie damit umgehen müssen. Im Zusammenleben sollten sie ein Auge darauf haben, *worüber* sie diskutieren, und ein Auge darauf, *wie* sie diskutieren. Denn manchmal sei die Form der Diskussion oder des Streits das Problem, und gar nicht das Thema des Streits. Einfach gesagt: Wenn wir uns nicht sicher fühlen, werden wir gemein.

Obendrein sei unsere Zeit vom Individualismus und der Grundeinstellung »What's in it for me« geprägt, meint Frode Thuen.

»Wenn in einer Paarbeziehung beide aufhören, egoistisch zu denken, und sich stattdessen darauf konzentrieren, was *ich* tun kann, damit *du* einen guten Tag hast, ist man auf dem Weg zu einer guten und dauerhaften Beziehung schon weit gekommen. Lebt man das Leben wie in einer Zentrifuge in Turbogeschwindigkeit, merkt man schnell, dass in der Mitte nichts liegen bleibt. Alles ist ringsum an den Rand gepresst. Was in der Mitte war, ist verschwunden. Der Zusammenhalt.«

Der Scheideweg

»Das Leben läuft nicht immer nach Plan. Ari und ich haben das erfahren. Am deutlichsten zeigt sich das jetzt, wo das Leben eine Kapriole geschlagen hat, die wir nicht vorhergesehen haben. Wir haben uns getrennt. Wir haben unsere Ehe beendet, bleiben aber in der Elternschaft zusammen.

Es ist unsagbar traurig für uns beide zu erkennen, dass unser weiterer Weg kein gemeinsamer sein wird. Wir haben uns wie so viele andere auseinandergelebt. Es ist schrecklich zu erleben, dass wir nichts mehr dagegen machen können. Lange Zeit haben wir alles versucht, wir können uns aber trotzdem nicht mehr dort begegnen, wo wir uns früher begegnet sind. Nun ist es uns unmöglich weiterzumachen. Wir empfinden Schuld, weil wir es nicht mehr schaffen, den sicheren Hafen zu bilden, den unsere Kinder verdienen. Doch wir hoffen und glauben, dass wir es schaffen durch das, was jetzt vor uns liegt, an der Freundschaft festzuhalten.«

Diese Pressemitteilung wurde im August 2016 vom Schloss herausgegeben. Ich habe sie selbst verfasst. Es war schmerzlich. Schwierig. Das Scheitern einer Ehe.

Träume zerplatzen.

Wenn in meinem Leben etwas geschieht, egal, ob es ein Auf oder ein Ab ist, so muss ich ertragen, es mit allen zu teilen. Das liegt an meiner Rolle. Handelt es sich um eine frohe Nachricht, dann ist das fantastisch. Handelt es sich um eine traurige Nachricht, zu der viele eine Meinung haben, ist das oft eine sehr schmerzliche Erfahrung.

In den vergangenen Jahren habe ich es bewusst vermieden, etwas über mich in den Medien zu lesen. Deshalb weiß ich nicht, was in den Kommentarspalten der Netzzeitungen oder auf Facebook steht. Die großen Schlagzeilen in den Zeitungen und Illustrierten ignoriere ich. Ich schirme mich ab und verwende keine Zeit und Energie auf Dinge, mit denen ich nichts anfangen kann.

Früher habe ich mir einen Knacks nach dem anderen geholt, weil ich in den Medien zu viel über mich selbst mitbekommen habe. Sehr negative Kommentare gehen mir tief unter die Haut. Am Ende glaube ich noch, dass mich in Norwegen alle hassen. Zeitweise habe ich mir das so stark eingebildet, dass es eine Prüfung war, unter die Leute zu gehen. Doch dann habe ich bei offiziellen Anlässen gemerkt, dass die Leute noch genauso eifrig wie früher winken und mich aufrichtig anlächeln. Und schließlich habe ich begriffen, dass diejenigen, die diese griesgrämigen Kommentare schreiben, nicht in der Mehrzahl sind. Dass es kein landläufiger Blickwinkel ist. Daraufhin wurde ich leichter damit fertig. Die Medien sind nicht die ganze Wirklichkeit, wie ich früher immer geglaubt habe.

Heute bekomme ich die wichtigsten Inhalte von anderen referiert, sodass ich weiß, was in den Zeitungen und Illustrierten steht. Ich bleibe davon verschont, alles direkt zu sehen. Ich bleibe davon verschont, Magenschmerzen zu bekommen und alles tagelang mit mir herumzuschleppen.

In besonders verletzlichen Phasen habe ich gemerkt, wie dankbar ich für all die Meditationen und Werkzeuge zur Selbstentwicklung bin, die ich anzuwenden gelernt habe. Ich glaube, ohne sie hätte ich es nicht geschafft, zur Arbeit zu gehen und anderen Menschen Kurse in Selbstentwicklung zu geben.

Wenn du gelernt hast, an dir selbst zu arbeiten, dann traust du dich, ganz ehrlich zu sein und herauszufinden, was hinter all den Gefühlen steckt, die du hast. Wenn du das schaffst und es außerdem schaffst, alle Gefühle der Ohnmacht, der Wut, der Bitterkeit, der Angst, der Einsamkeit usw. loszulassen und auf die Essenz hinter alldem zu kommen, dann bist du auch imstande weiterzukommen.

Als ganz Norwegen vom Scheitern meiner Ehe erfuhr, gab es viele Reaktionen. Es gab alles von »Das *wusste* ich!« bis »Ach, wie traurig«. Mithilfe der Techniken und Werkzeuge gelang es mir, Abstand zu nehmen und die Reaktionen und Energien anderer zur Seite zu schieben, sodass sie mich nicht mehr so sehr beeinflussen. Auf diese Weise schaffe ich mir einen Raum, um mir selbst ohne Beeinflussung durch andere nachzuspüren.

Alle, die solche schmerzlichen und schwierigen Phasen in ihrem Leben durchgemacht haben, wissen, dass sich eine offene Wunde in einem auftut.

Mir ist es wichtig, zusammen mit meiner Familie einen Schritt nach dem anderen zu machen. Ich versuche, in begrenzten Zeiträumen zu denken und die Ruhe zu bewahren, sodass ich nicht auf einen Schlag das große Bild vor Augen habe. Indem ich mich traue, in der Begegnung mit anderen Menschen verletzlich zu sein, erlebe ich eine neue Kraft und Stärke.

Wunden brauchen Zeit, um zu heilen.

Deshalb kannst du die Gedanken anderer fühlen

»Was tun wir Menschen eigentlich den lieben langen Tag? Wir sind unablässig damit beschäftigt, die Welt um uns herum zu entziffern, vor allem die Erscheinung und das Verhalten all derer, die uns über den Weg laufen. Mein Gesicht im Spiegel sieht früh am Morgen noch nicht allzu gut aus, aber das Spiegelbild neben mir verrät, dass meine bezaubernde Frau einen blendenden Start in den Tag erwischt hat. Ein rascher Blick auf meine elfjährige Tochter am Frühstückstisch mahnt mich, Vorsicht walten zu lassen und meinen Espresso schweigend zu schlürfen.«

So beginnt das Buch *Woher wir wissen, was andere denken und fühlen* des Hirnforschers Marco Iacoboni. Es handelt von der einzigartigen Fähigkeit des Menschen zu verstehen, was im Kopf eines anderen Menschen vor sich geht. Von der

Empathie und der Intuition, die uns in die Lage versetzen, die Gedanken anderer zu fühlen und zu lesen.

Der Italiener, dem wir für ein Interview via Skype von Angesicht zu Angesicht begegnen, scheint einen sehr guten Morgen erwischt zu haben. Er hat im warmen Rom seinen Espresso genossen und spricht mit ansteckender Begeisterung über die Entdeckung der Spiegelneuronen, dieser smarten Wunderzellen in unserem Gehirn, die uns Menschen mental und gefühlsmäßig miteinander verbinden. Sie sitzen an mehreren Stellen im Gehirn und kommunizieren mit unterschiedlichen Hirnsystemen. Sie regieren auf Bewegungen, Geräusche, Berührungen und Erinnerungen.

Kurz gesagt heißt das, dass deine Spiegelneuronen zu einem Lächeln aktiviert werden, wenn du jemanden lächeln siehst. Wenn du auf der Kinoleinwand jemanden weinen siehst, schluchzt du ebenfalls, weil du buchstäblich die gleichen Gefühle erlebst wie die Person im Film. Siehst du, wie sich zwei Menschen küssen, dann möchtest auch du das Gefühl haben, jemanden zu küssen. Und betrachte mal das Gesicht eines eifrigen Fußballreporters während eines Spiels – dann siehst du, dass sein Gesicht wie auch sein Körper spiegeln, was auf dem Spielfeld vor sich geht. Es ist, als spiele er mit.

Genau so – mit angespannten Muskeln – sitzt Marco Iacoboni da, als er sich das Finale zwischen Frankreich und Italien bei der Fußballweltmeisterschaft im Sommer 2006 in einer Aufzeichnung anschaut. Er erlebt das Ganze physisch noch einmal. Es ist, als spüre er den Schmerz Materazzis im eigenen Körper, als der Franzose Zidane dem Italiener den Kopf in die Brust rammt. Später, bei dem unerträglich spannenden Elfmeterschießen, verschoss der Franzose Trézéguet seinen Elfmeter, und Italien sicherte sich den WM-Pokal. Der entscheidende französische Fehlschuss ruft bei Iacoboni nicht so starke Gefühle hervor wie die Konfrontation zwischen Zidane und Materazzi, da es sich nicht um einen physischen Vorgang zwischen zwei Menschen handelt, den er spiegeln und worin er sich wiedererkennen könnte.

Iacoboni wuchs in der italienischen Hauptstadt auf und studierte dort Neurologie. 1993 zog er in die USA und begann am Zentrum für Hirnforschung der University of California in Los Angeles (UCLA) zu arbeiten. Später wurde er an ebendieser Universität Professor der Psychiatrie und Verhaltenswissenschaft – und ging mit seinem Wissen über das Gehirn auf Vortragsreisen rund um die Welt. Bei einem Symposium in Prag traf er einen italienischen Kollegen aus Parma, dieser mittelalterlichen Stadt, die für ihren Schinken, ihren Käse, die Musik Verdis – und die Entdeckung der Spiegelneuronen bekannt ist.

Giacomo Rizzolatti hatte 1992 mit seinen Forschungen begonnen. Seine Forschungsgruppe hatte im motorischen Teil der Hirnrinde von Affen Elektroden angebracht, um zu ermitteln, wie das Gehirn Signale an den Arm sendet, wenn der Affe etwas zu fressen bekommt. Immer wenn der Affe die Hand ausstreckte, um ein Stück zu nehmen, sendete eine Nervenzelle ein elektrisches Signal an einen Lautsprecher, der einen Ton von sich gab. In einer Pause geschah etwas, das den unerwarteten Durchbruch brachte.

Der Assistent hatte sich an diesem extrem heißen Tag ein leckeres italienisches Eis gekauft. Im Labor saß ein Affe ganz ruhig auf einem Stuhl und beobachtete ihn. Als der Assistent das Eis zum Mund führte, ertönte aus dem Lautsprecher ein Signal. Im Gehirn des Affen war irgendetwas aktiviert worden – so als hätte der Affe das Eis selbst gegessen.

Die speziellen Neuronen im Gehirn feuerten also nicht nur dann, wenn der Affe selbst eine Handlung ausführte, sondern auch dann, wenn er jemanden eine Handlung ausführen sah. Rizzolatti wollte nun mit Iacobonis Hilfe herausfinden, wie sich dies auch im *menschlichen* Gehirn nachweisen ließe.

Gemeinsam gelang ihnen der Nachweis, dass Spiegelneuronen sowohl dann aktiviert werden, wenn wir etwas tun, als auch dann, wenn wir andere etwas tun sehen. Spiegelneuronen sind die einzigen Gehirnzellen, die darauf spezialisiert sind, Handlungen anderer Menschen zu kodieren – und auch unsere eigenen Handlungen.

»Jahrhundertelang haben Philosophen über ›the problem of other minds‹ gegrübelt, jetzt aber haben wir ordentliche wissenschaftliche Methoden, mit denen wir arbeiten können. Spiegelneuronen sind die Zellen im Gehirn, die unsere Erlebnisse und Interaktionen mit anderen Menschen zutiefst sinnvoll machen. Deshalb spreche ich von existenzialistischer Neurowissenschaft«, erklärt Marco Iacoboni.

Er versteht gut, dass wir uns fragen, ob besonders sensible Menschen mehr Spiegelneuronen besäßen als andere. Das sei eine schwierige Frage, meint er. Spiegelneuronen könne man nämlich nicht zählen. Das Interessante sei, wie sie mit den anderen Hirnsystemen interagieren und wie sie kontrolliert werden. Sensible Menschen seien aber gute Beispiele dafür, wie Spiegelneuronen wirkten, betont Iacoboni.

Wir sprechen darüber, dass wir manchmal Menschen begegnen, denen es an Empathie zu fehlen scheint – oder die weniger Empathie besitzen als andere. Bedeutet dies, dass ihre Spiegelneuronen nicht so gut funktionieren, oder haben sie gelernt, »sie auszuschalten«? Oder kann ihr Nervensystem zerstört sein?

»Alle diese drei Szenarien sind möglich. Es besteht kein Zweifel, dass wir von Empathie ebenso angesteckt werden

Die Gedanken anderer

können wie von einer Erkältung. Wir können unsere Empathie kontrollieren, und wir können sie steigern. Wenn du viel Empathie ausgesetzt bist und sie mit speziellen Übungen trainierst, dann ist es möglich, empathischer zu werden. Davon bin ich überzeugt. Die neuere Forschung zeigt ferner, dass wir für unsere eigene oder eine ähnliche soziale Gruppe ein höheres Maß an Empathie aufbringen. Hingegen sinkt sie erheblich, wenn es um Gruppen geht, die unsere sozialen Codes nicht teilen. In einer Diskussion über soziale Vorurteile ist das nützlich zu wissen. Wichtig ist auch, sich daran zu erinnern, dass das Gehirn von allem, was wir tun, geformt wird. Es wird von Erfahrungen und Bildung geformt, und es wird überall dort besser, wo es trainiert wird – und überall dort schlechter, wo es nicht trainiert wird«, erklärt Iacoboni.

Im Jahr 2011 diskutierte Marco Iacoboni bei einem internationalen Symposium mit dem Dalai-Lama über die Bedeutung von Empathie. Der Hirnforscher hörte genau hin, was der Dalai-Lama sagte. Denn Iacoboni ist überzeugt, dass Kulturen, die Sensibilität als positive Eigenschaft kultivieren, eine größere Fähigkeit besitzen, Empathie zu zeigen.

Es gibt aufsehenerregende kulturelle Unterschiede, was das Maß an Empathie betrifft. Iacoboni sagt, dass Menschen westlicher Kulturen, die Individualität kultivieren und Erfolg an individuellen Leistungen messen, ein geringeres Maß an Empathie besitzen können als Kulturen, die andere Werte hochhalten. Gleichzeitig hält er es für wichtig, daran zu denken, dass wir Menschen Empathie nicht immer auf die gleiche Weise zeigen. Mönche, die viel meditierten, seien außerordentlich empathisch, hätten ihre Gefühle aber auch sehr gut unter Kontrolle – und zeigten sie nicht nach außen.

Im Rahmen des Symposiums trafen sich Iacoboni und der Dalai-Lama zu einem Gedankenaustausch bei einem Essen.

Die berühmte britische Primatologin Jane Goodall war ebenfalls dazu eingeladen. Sie gilt weltweit als *die* Schimpansenexpertin, und sie sprach darüber, dass auch Tiere die Fähigkeit besäßen, Empathie zu zeigen. Sie selbst hat ihr ganzes Berufsleben lang das familiäre Sozialverhalten wilder Schimpansen studiert. Sie erzählte, einmal etwas ganz Unglaubliches erlebt zu haben: Eine Schlange habe einer anderen Schlange geholfen, sich vor einem Feind zu verstecken.

Marco Iacoboni trägt seine Geschichten mit italienischer Verve vor. Er gestikuliert viel und strahlt übers ganze Gesicht, wenn er in der Fernsehserie *The Human Spark* die Forschungsergebnisse des MASH-Stars Alan Alda zeigt. Und wenn er mit uns über Spiegelung spricht, ist er genauso engagiert. Denn was geschieht mit Kindern, die negative Ereignisse und schlechte Gefühle spiegeln? Was geschieht mit Menschen, die ständig dem Anblick von Gewalt, Krieg und Zerstörung ausgesetzt sind?

Der italienische Hirnforscher meint, es gebe einen deutlichen Zusammenhang zwischen gewalttätigem Verhalten und dem häufigen Konsum gewalttätiger Filme und aggressiver Spiele sowie derartigen Sinneseindrücken. Unser Gehirn werde von allem, was wir tun, geformt. Von Bildung, Erfahrungen und sämtlichen Eindrücken.

Den angeborenen Instinkt der Menschen, Handlungen und Gefühlsreaktionen anderer zu imitieren, nennt man Chamäleon-Effekt. Wir tun das schon, wenn wir erst ein paar Tage alt sind. Kleine Babys ahmen den Gesichtsausdruck der Eltern nach. Sie reißen den Mund auf, wenn die Eltern den Mund aufreißen, und lächeln, wenn die Eltern lächeln. Wenn ein Baby weint, fängt auch das Baby, das neben ihm liegt, zu weinen an. Diese Spiegelungen und Imitationen setzen wir unser Leben lang fort. Alte Ehepaare entdecken vielleicht, dass sie im Aussehen und in ihren Reaktionsmustern einander immer ähnlicher geworden sind.

Das ist die angenehme Spiegelung. Iacoboni meint aber, wir müssten sowohl die angenehme als auch die negative Spiegelung weiter diskutieren und erforschen. Es gebe noch viel zu untersuchen, wie etwa die Einwirkung der Spiegelneuronen auf Großzügigkeit und Vorurteile, womit er sich im Moment beschäftige.

Iacoboni betont, dass wir alles in allem die Menschen lesen, denen wir begegnen. Wir sehen ihre Erwartungen. Und wir sehen ihre Fähigkeit, Empathie zu zeigen. Es spielt keine Rolle, ob man blind ist oder gut sieht. Die Spiegelneuronen und das angeborene Nervensystem schnappen auch Gefühle auf, die nicht zu sehen sind.

Und kommen wir nah genug heran, entdecken wir, dass Gefühle anstecken. Genau wie eine Erkältung.

Elisabeth

Wenn alles stimmt

Spiegelneuronen können uns also dazu bringen zu verstehen, was andere Menschen denken und fühlen. Das ist das eine. Aber hast du schon mal erlebt, dass du dich irgendwo sofort willkommen gefühlt hast, bevor du dort mit einem einzigen Menschen zusammengetroffen bist und ohne dass irgendjemand etwas gesagt hat? Wie jegliche Nervosität verschwunden ist, nur weil du an einen guten Ort gekommen bist? Geruch, Stimmung, Farben – alles stimmt!

Schon als wir die Tür zum neuen Kulturhaus Kimen in Stjørdal öffneten, spürten wir es. Dieses Willkommensein. Die Freundlichkeit. Das Haus war so neu, dass es noch nach frisch gehobeltem Birkenholz roch. Die Kirche beherrschte wie ein großes, helles, schlagendes Herz die Mitte des Hauses. Als Märtha den Kirchenraum sah, der von Kino, Theatersaal, Freizeitklub, Kulturschule, Bibliothek und Café umgeben war, wurde sie ganz ekstatisch.

Im *Vektersalen*, dem Saal, in dem wir unseren Vortrag halten sollten, schlug uns Wärme entgegen. Die Bühne war in den Farben von *Soulspring* ausgeleuchtet, Rosa, Grün und Orange. An alles war gedacht, an jedes kleinste Detail, jede Blume, jedes Licht – ohne dass wir etwas gesagt hatten. Im Aufenthaltsraum, wo die Künstlerinnen und Künstler sich vorbereiten, ehe sie auf die Bühne gehen, hatten sie ein Bild von uns mit dem Gruß aufgestellt: »Liebe Prinzessin Märtha Louise und Elisabeth Nordeng, wir wünschen Euch viel

Glück mit dem Vortrag heute Abend. Seid herzlich umarmt von uns aus der Kulturproduktion.« Auf dem Tisch standen Bamsemums-Bärchen und Schokoladenkonfekt, Obst und Kerzen.

Wie gut sie uns kannten! Woher wussten sie bloß, dass wir genau das brauchten?

Solche Gesten bedeuten uns ungeheuer viel. Als Märtha und ich 2007 beschlossen, unsere Selbstentwicklungstechniken mit anderen zu teilen, hatte ich null Bühnenerfahrung. Ich hatte noch nie eine Rede gehalten. Nie vor einer Versammlung gesprochen, die größer war als eine Schulklasse. Und nun sollte ich plötzlich auf einer Bühne stehen und zu einem großen Publikum sprechen. Das erste Mal sprach ich auf der Alternativmesse in Lillestrøm. Es kamen an die tausend Leute.

Es ist unglaublich, aber ich wurde ganz ruhig. Ich spürte, dass wir eine Botschaft hatten, die von Herzen kam. Es ging lediglich darum, sie rüberzubringen.

Wenn ich mir heute Aufzeichnungen von frühen Interviews anschaue, muss ich zugeben, dass ich da doch einen etwas starren Gesichtsausdruck habe oder wie ein aufgescheuchter Vogel aussehe. Zum Glück habe ich mittlerweile viele Jahre Erfahrung.

Ich habe auch gelernt, darauf zu achten, wenn mir das Programm oder die Umgebung zu gewaltig werden. Märtha bleibt zum Beispiel nach einem Vortrag gern noch im Saal, um mit dem Publikum zu reden. Ich würde das auch gern tun. Doch da habe ich bereits lange genug die Energien aller Anwesenden gespürt. Noch länger zu bleiben, würde mich zu sehr überstimulieren. Nach einem Vortrag brauche ich Zeit für mich selbst und um mich herum Raum, um aus der Situation und den Gefühlen herauszukommen. Wir nennen das

Ablösung, wenn ich meine Energie zurücknehme und die der anderen zurückgebe.

Während ich damit beschäftigt bin, die Zeit einzuhalten und dem Plan zu folgen, kann Märtha richtig aufdrehen und noch mehr Geschichten und von noch mehr Begegnungen mit Menschen erzählen. Mich stresst so etwas enorm, und ich versuche, sie mit strengem Blick einzufangen, damit wir den Vortrag rechtzeitig beenden. Für mich geht es dabei auch um den Respekt vor der Zeit anderer.

Während Märtha begeistert mit der Handykamera herumläuft und zwischen den Vorträgen auf unseren Reisen Kultur erleben möchte, begnüge ich mich mit frischer Luft und einem Spaziergang durch die nähere Umgebung. Obwohl auch ich gern reise und neue Eindrücke sammle, kann es für mich das beste Erlebnis sein, in einer mir unbekannten Stadt auf einer Bank zu sitzen und die Passanten zu beobachten oder einfach einen Rosenbusch zu betrachten.

Ich denke oft daran, wie unterschiedlich wir sind und wie gut wir uns gegenseitig ergänzen. Ufert die eine aus, so rudert die andere zurück. Wird die eine verletzlich, so wird die andere stark. Dann wiederum sind wir gemeinsam stark. Wir ergänzen gegenseitig unsere Gedanken und Ideen und inspirieren einander. Ich merke, dass wir uns zu zwei starken Kraftzentren entwickelt haben, die erkennen, dass der Mut in unserer Verletzlichkeit liegt.

Begegnung mit Sinn

Mein ganzes Leben habe ich mich nach einem *Sinn* gesehnt. Als ich zufällig eine Nachbarin kennenlernte, die sogenannte Readings machte, oder das, was wir Seele-zu-Seele-Kommunikation nennen, war das wohl schon ein Schritt zur Erforschung meines geistigen Teils. Ich war neugierig auf die Sinne, das Bewusstsein, das Unterbewusstsein und die Muster, die uns Menschen lenken.

Über Prinzessin Märtha Louise wusste ich wenig, einzig, dass sie sich mit Pferden beschäftigte. Das interessierte mich nicht. Als ich später hörte, dass sie sich in der Rosen-Therapie ausbilden ließ, dachte ich, die zu erlernen fände ich auch interessant. Ich hatte das Gefühl, dass wir uns eines Tages begegnen würden.

Und so kam es auch. Wir trafen uns auf der Holistischen Akademie in Oslo, einer Schule, wo ich etwas über Reading, Healing und Meditation lernte – und Werkzeug zur Entwicklung meiner Intuition an die Hand bekam.

Ich war bereits ein halbes Jahr dort, und nach den Weihnachtsferien ging es jetzt weiter. Wir waren fünfzehn Leute in der Klasse. Bei der Anfangsmeditation saßen viele bekannte Gesichter im Kreis, es waren aber auch ein paar neue dazugekommen. Unter ihnen eine junge Frau mit kurzen dunklen Haaren und einem Pullover, der vom Erbrochenen eines Babys befleckt war. Sie ähnelte eigentlich der Prinzessin ein bisschen, aber ich kam schnell zu dem Schluss, dass sie das nicht sein konnte. Ich hatte nicht das Gefühl, dass ich ihr hier begegnen würde.

Doch dann lachte sie, und dieses Lachen war unverkennbar.

Zwei Jahre besuchten wir dieselbe Schule. Wir trafen uns mehrmals in der Woche und bei Wochenendkursen, aber wir hatten nicht sofort einen Draht zueinander. Eigentlich hatten wir gar keinen Draht zueinander. Und uns auch nichts zu sagen. Unser Verhältnis war absolut oberflächlich.

Ich glaube, Prinzessin Märtha Louise fand mich ein bisschen langweilig. Und ich meine mich zu erinnern, dass ich sie für ein bisschen »speziell« hielt.

Da wir an der Schule so wenige waren, kam es vor, dass wir auf der Treppe zufällig ein Stück gemeinsam gingen oder zusammen vor der Toilette anstanden. Höflich versuchten wir beide, ein Gespräch in Gang zu bringen.

»Fahrt ihr an Ostern in die Berge?«, fragte ich sie einmal auf der Schultreppe.

»Ja«, antwortete Märtha.

»Was für eine Art Pulka habt ihr denn für die Kinder?«, wollte ich wissen – immerhin war ich Mutter von vier Kindern.

»Wir nehmen keinen Pulka. Wir setzen die Kinder in Tragen«, sagte Märtha.

Das war's. Schon war aus dem Gespräch die Luft raus. Wir hatten absolut nichts gemein. Die Chemie stimmte einfach nicht. Wahrscheinlich auch der Humor nicht. Nichts klappte.

Eigentlich war es total merkwürdig, dass Märtha zwei ihrer Töchter genauso genannt hat wie ich meine Töchter. Mehrere Jahre nach mir. Meine Maud wurde an König Haralds Geburtstag geboren, wie ich später erfuhr, doch ich verband mit diesem Namen nichts Königliches. Meine Tochter Lea erhielt diesen Namen, weil er schön ist und »stark wie ein Löwe« bedeutet, nicht weil er hebräisch ist oder weil wir Prinzessin Leia aus *Star Wars* mochten. Märthas Leah war noch gar nicht geboren.

Trotz der großen äußeren Unterschiede und unseres verschiedenen Auftretens fanden wir schließlich den Charakterzug, der uns gemeinsam war: Wir waren beide außerordentlich sensibel und beide intensiv auf der Suche nach Spiritualität und Sinn. Beide hatten wir als Heranwachsende ständig verzweifelt versucht, unsere Empfindsamkeit auszuschalten. Mittlerweile hatten wir begriffen, dass das eine ziemlich schlechte Idee gewesen war. Wenn wir fortwährend unterdrückten, wer wir waren und was wir fühlten, war das Leben schwierig. Jetzt eigneten wir uns beide das gleiche Werkzeug an, um im Alltag besser zurechtzukommen und die Sensibilität so zu entwickeln, dass sie eine noch bessere Kommunikation ermöglichte.

Als Märtha mich in dem Kurs, den wir beide besuchten, zum ersten Mal einen Vortrag halten hörte, sagte sie, es sei das Beste, was sie je gehört habe. Sie erinnerte sich noch an alles, was ich gesagt hatte. Und sie sagte, ich sei stark.

Plötzlich wurde mir klar, dass wir vorher einfach nicht füreinander bereit gewesen waren. Jede hatte für sich gearbeitet, sich in einem anderen Takt entwickelt und für sich wichtige Prozesse durchlaufen. Jetzt aber waren wir bereit, eine neue Tür aufzustoßen.

Es war, als hätte sich ein Schleier gelüftet. Plötzlich *sahen* wir einander. Wir entdeckten, dass wir das, was wir gelernt hatten, auf die gleiche Art betrachteten. Nicht dass wir genau das Gleiche auf genau die gleiche Art weitervermitteln konnten. Doch jede hatte ihr Stück, ihren Ausgangspunkt und ihre Erfahrungen, die mit denen der anderen zusammenpassten. Wir dachten, dass wir diese Werkzeuge, diese Navigationssysteme und Techniken doch mit anderen teilen müssten. Es wäre gar zu egoistisch, diese Einsichten für uns zu behalten.

Wir müssen zusammenarbeiten, Partnerinnen werden, einen Ort schaffen und eine Selbstentwicklungsschule gründen!

All das war im April 2007. Im Lauf weniger Stunden gingen wir vom Nicht-miteinander-Reden dazu über, die Sätze der anderen zu vollenden.

Schon bald darauf startete das Pilotprojekt von *Soulspring*, damals noch *Astarte Education*, mit elf Teilnehmenden. Wir hatten Sicherheit gewonnen, wir hatten einen Grundpfeiler errichtet und dachten, wir könnten mit Volldampf weitermachen.

Es ging alles schnell. Fürchterlich schnell. Vielleicht ein wenig zu schnell.

Abschluss

Wie geht es dir?

Wenn wir durch Norwegen reisen und Vorträge über Selbstentwicklung und unsere Erfahrungen als besonders Sensible halten, begegnen wir vielen, die sich darin überaus gut wiedererkennen. Plötzlich wird ihnen klar, dass es für ihre gefühlsmäßigen Deutungen, ihre Überreaktionen oder ihr ungewöhnlich starkes Bedürfnis nach Ruhezeiten und Pausen eine ganz normale Erklärung gibt. Sie sind weder ängstlicher noch zerbrechlicher als andere.

Eine der erfreulichsten Rückmeldungen erhielten wir von einem Mann, der nach einem Vortrag zu uns kam, nachdem alle gegangen waren. Er sagte: »Ich bin nicht hochsensibel, aber mir ist jetzt klar, dass ich mit meiner Tochter anders reden sollte. Sie ist exakt so, wie Sie es beschrieben haben, und jetzt erst habe ich begriffen, wie es ihr ergangen sein muss.«

Möglicherweise hat man den Menschen, den man am meisten liebt, angeraunzt, gestresst, gedrängelt oder missverstanden. Möglicherweise hat man sich Sorgen gemacht, weil das Kind offensichtlich so wenig erträgt. Oder sich darüber geärgert, dass sich in der Familie jemand zurückzieht, niedergeschlagen ist und von jeder Kleinigkeit erschöpft ist.

Andere haben uns erzählt, dass sie, seit sie erwachsen sind, unter Schlafproblemen gelitten hätten, doch als ihnen klar geworden sei, dass sie hochsensibel sind, hätten sie ihre Nachtruhe wiedergefunden. Wird der Körper – besonders vor dem Schlafengehen – von zu viel Licht, Geräuschen, Informationen und intensiven Stimmungen überstimuliert, dann reagiert er darauf.

Für viele ist es eine Befreiung, für ihre Sensibilität und dafür, warum sie sind, wie sie sind, endlich eine Erklärung zu bekommen. Denn dann können sie Verhaltensregeln lernen. Sie können lernen, sich Zeit zu nehmen, um alle Eindrücke zu verarbeiten.

Die meisten Zuhörer erkennen in Beschreibungen von Personen, die »viel Raum einnehmen«, Menschen aus ihrem Umfeld wieder. Viele sagen, gewisse Menschen gäben ihnen Energie, während andere sie auslaugten.

Mit solchen Gefühlen kommen die meisten Menschen zurecht, weil sie diese Stimmungen und Energien nicht weiter durch den Tag schleppen. Sie lassen sich nicht davon beeindrucken, dass die Dame am Schalter einen schlechten Tag oder viel um die Ohren hat. Auch wenn sie die Fähigkeit besitzen, die Gefühle anderer zu lesen, was wir »andere in sich aufnehmen« nennen, so nehmen sie es nicht persönlich, wenn jemand sie mit seiner aggressiven Energie fast umrempelt. Viele erklären sich das einfach damit, dass zwischen ihnen die Chemie nicht stimme, mit anderen dagegen schon. Und dann denken sie nicht mehr daran.

Hochsensible dagegen schleppen solche Stimmungen weiter mit sich herum. Auf diese Weise leben sie intensiver als andere. Im Guten wie im Schlechten.

Krimis sind in Norwegen ungeheuer beliebt. Bücher und Filme mit gewalttätigen Geschichten und unheimlichen Plots begeistern viele von jungen Jahren an. Zu sagen und sich damit Respekt zu verschaffen, dass solche Eindrücke für jemanden, der besonders sensibel geboren ist, zu brutal sind, kann deshalb schwierig sein. Dass man ist, wie man ist, wird nach unserer Erfahrung leichter akzeptiert, wenn man sich traut zuzugeben – und anderen verständlich macht –, wie tief greifend derartige Eindrücke sind.

Wir Hochsensiblen ziehen großen Gewinn daraus zu wissen, was mit uns passiert, wenn wir uns überwältigt oder überfahren fühlen. Es ist wichtig zu unterscheiden, was *deine* Gefühle und was die Gefühle *anderer* sind – und was genau für dein Persönlichkeitsmerkmal typisch ist. Deshalb haben viele ein Aha-Erlebnis und fühlen sich befreit, wenn sie Elaine N. Arons HSP-Test machen. Die amerikanische Forscherin und ausgebildete klinische Psychologin hat den Test 1996 ausgearbeitet, nachdem sie fünf Jahre lang Hochsensible studiert hatte.

Den Test findest du hier: http://hsperson.com/test/highly-sensitive-test/ – eine deutsche Version zum Beispiel hier: https://hochsensitive.wordpress.com/tests/.

Vielleicht fügen sich ja auch bei dir einige Teilchen zu einem Bild?

Uns ist es wichtig zu betonen, dass hochsensible Personen äußerst verschieden sind und es unterschiedliche Grade der Sensibilität gibt. Wir haben, je nachdem wie wir erzogen wurden und was wir erlebt haben, sehr unterschiedliche Geschichten und Erfahrungen.

Manche sind extrovertiert. Andere introvertiert. Manche brauchen und kultivieren ihre Sensibilität in ihrem Beruf, in der Kunst oder in der Musik. Wieder andere verbergen sie vielleicht. Oder haben gar keine Ahnung, dass sie hochsensibel sind – und tragen einen ungehobenen Schatz mit sich herum.

Märtha

Dazugehören

Das hässliche Entlein wollte wie alle anderen sein. Aber es tat die falschen Dinge am falschen Ort. Es wurde auf einem Entenhof geboren, sah aber anders aus und verhielt sich anders als die anderen Enten. Deshalb wurde es verspottet und ausgeschlossen. An dem Tag, als das Entlein plötzlich sein eigenes Spiegelbild zu Gesicht bekam und entdeckte, dass es ein Schwan war, veränderte sich die Welt total. Es fand seine eigene Schar und erlebte zum ersten Mal das Gefühl dazuzugehören.

Ich versuchte lange Zeit, normal zu sein. Mit normal meine ich, dass ich auf meine Sensibilität keine Rücksicht nahm. Ich versuchte zu tun und zu sein, was alle anderen taten und waren. Ich nahm mich zusammen. Schaffte es, um mich herum ständig eine Menge Leute zu ertragen, und nahm nicht zur Kenntnis, dass es mich aufrieb. Es war schwierig, immer so weiterzumachen, trotzdem tat ich es. Es kostete mich viel Energie, Eindrücke zu verdrängen und auf das zu hören, was die Leute tatsächlich sagten, und nicht auf das, was ich zwischen den Zeilen hörte. Ich übte mich darin, mir nicht alles Mögliche zu Herzen zu nehmen.

An offiziellen Veranstaltungen teilzunehmen und die Initiative zu einem Gespräch zu ergreifen war oft nicht einfach. Meine Sensibilität machte mich introvertiert und verlegen, obwohl ich eigentlich extrovertiert bin. Damit kam ich schlecht zurecht. Viele Jahre lang war ich wütend, dass ausgerechnet ich so sensibel sein musste. Ich merkte, wie schwierig es war, verstanden zu werden. Ich war ausgeschlossen, träumte aber davon, *dazuzugehören* – so wie das hässliche Entlein in H. C. Andersens schönem Märchen.

Mein Leben war wie Handball spielen auf einem Fußballfeld. Ich tat die falschen Dinge am falschen Ort. Ich hatte das Gefühl, jedes Mal, wenn ich den Ball nahm und ins Tor schoss, wegen Handspiels oder einer anderen Regel, die ich nicht kannte, vom Platz verwiesen zu werden. Ich sprach eine andere Sprache. Ich hatte ein anderes, viel fragileres Gefühlsleben, andere Grenzen, andere Parameter, stärkere Bedürfnisse.

Viele Hochsensible verstehen gut, wovon ich rede, wenn ich dieses Bild gebrauche. Sie nicken, wenn ich sage, ich wünschte mir, jemand hätte mir etwas früher die anderen Handballspielerinnen auf dem Spielfeld gezeigt. Denn die gab es. Doch du entdeckst sie erst dann, wenn du dir eingestehst, Handballspielerin zu sein. Hätte ich das früher begriffen, dann hätte ich die sein können, die ich sein sollte. Und meine Fähigkeiten am richtigen Ort einsetzen. Womöglich wäre es leichter gewesen, auch die Fußballregeln zu lernen.

Als Erwachsene habe ich sowohl Handball- als auch Fußballspielen gelernt. Ich traue mich, ich selbst zu sein, und bekenne mich zu *meinen* Qualitäten. Ich weiß jetzt, wo ich die anderen Handballspielerinnen finde, diejenigen, für die ich ganz normal bin. Und ich habe die wichtigsten Regeln auf dem Fußballplatz gelernt und bewege mich auch dort sicher.

Vielen Sensiblen, mit denen ich geredet habe, ist es wichtig, ihr eigenes Lebenstempo zu finden. Zeitweise kommen sie gut damit zurecht, auf die – wie sie es nennen – *schnelle* Art zu leben. Gleichzeitig merken sie, dass sie im Alltag besser ihrem eigenen, langsameren Rhythmus Priorität einräumen sollten.

Die Meditations- und Atemtechniken, die ich gelernt habe, sorgen dafür, dass mein Energieverbrauch nicht zu hoch ist und dass nicht zu viel Energie einfach so versickert. Indem ich lernte, meine Fühler einzuziehen, die immer ausgestreckt waren, und mich auf mein Inneres zu fokussieren, schaffte ich es, die Aufnahme von Gefühlen und Stimmungen anderer zu begrenzen. Ich konservierte die Energie in mir, anstatt sie an alle anderen weiterzugeben und völlig ausgelaugt zu sein. Heute bin ich nach offiziellen Aufträgen und großen Versammlungen nicht mehr völlig erschöpft. Ich habe gelernt, Eindrücke und Erlebnisse abzulösen (siehe die Übung auf Seite 267 ff., sodass ich das, was war, loslassen und stattdessen ganz präsent sein kann.

Jede Woche trage ich mir eine sogenannte Ladezeit in den Kalender ein oder »Maulaffenzeit«, wie Anne-Catharina Vestly es so schön genannt hat. Manche nennen es Alleinzeit. Es ist meine Zeit für die Reflexion und Verarbeitung all dessen, was geschieht und was geschehen ist. Regelmäßige, fest eingeplante Pausen sind wichtig für die psychische Immunabwehr, genauso wie gesundes Essen und Bewegung wichtig sind für die physische Gesundheit.

Elisabeth

Erkenne deine Grenzen

Wir Mädchen sollen meist unglaublich *tüchtig und perfekt* sein. Wir sollen nicht nur unseretwegen gute Leistungen erbringen, wir sollen uns auch mit allen anderen vergleichen. Besonders sensible Frauen haben rund um die Uhr ihre Fühler ausgestreckt, um herauszufinden, wie sie möglichst viele zufriedenstellen können. Wir ziehen alle Stimmungen an, fangen alle Gespräche im Raum ein, fragen uns, ob wir schuld sind, wenn die Stimmung kippt – und nehmen aus der Arbeit die Probleme mit nach Hause.

Abends liegen wir wach und überlegen, warum wir etwas Verkehrtes gesagt haben. Wir machen uns Sorgen wegen Probleme, die streng genommen gar nicht unsere sind. Wir nehmen die Gefühle und Stimmungen aller anderen mit in den Schlaf. Es ist wie ein riesiges aufgerolltes Tau, dessen Anfang und Ende wir schließlich nicht mehr sehen. Oft sagen wir Ja zu Elternbeirat, Nachbarschaftshilfe und Festkomitee, selbst wenn wir wissen, dass in der Arbeit derzeit besonders viel anliegt. Denn es könnte uns ja jemand für eine Drückebergerin halten! Jemand könnte mit unserem Einsatz nicht zufrieden sein!

Viele von uns leiden an Burn-out. Wir bekommen Atemprobleme, Rückenschmerzen, Kopfschmerzen. Wir haben ein schlechtes Gewissen, weil wir in der Arbeit nicht genug schaffen. Wir haben ein fürchterlich schlechtes Gewissen, weil die Familie nicht genug Schönes zusammen unternimmt. Und wir fühlen uns schlecht, weil wir eigentlich fünf Kilo abnehmen und den Körper sommerfit machen müssten.

Also beschließen wir zu joggen. Obwohl wir es hassen. Das geht vielleicht so lange, bis wir Knieprobleme bekommen. Dann fangen wir mit Yoga an. Das soll ja alles lösen. Um aus dem Training möglichst viel herauszuholen, machen wir mehrmals in der Woche Ashtanga Yoga, die härteste Yoga-Variante.

Statt innezuhalten und auf unseren Körper zu hören, schubsen wir ihn weiter. Statt herauszufinden, wo unsere Grenze verläuft und was wir und unser Körper eigentlich brauchen, greifen wir einfach zu dem, was *andere* als Lösung bezeichnen. Wir wissen von allem so viel und tun so viele *richtige Dinge*. Etliche von uns tun es aber ohne eine Spur Selbstliebe.

Joggen wir eigentlich gern? Wäre es nicht entspannender gewesen, mit einem guten Buch zu Hause zu bleiben, statt auf dieses Betriebsfest zu gehen? War es wirklich nötig und wichtig, dieses Amt zu übernehmen, das sonst niemand haben wollte? Lag es in unserer Verantwortung?

Unserer Erfahrung nach sind hochsensible Menschen Meister darin, hohe Anforderungen an sich selbst zu stellen. Sie denken viel an alles, was sie hätten besser machen *sollen* und *können*. Sie alle sind potenziell tüchtige Mädchen. Doch vielleicht ist es an der Zeit, auf sämtliche Expertenratschläge, Fitness- und Ernährungstrends zu pfeifen. Rohkost, Juicing und Ashtanga Yoga sind sicherlich bisweilen für irgendjemanden gut, doch dem eigenen Körper muss jede und jeder Einzelne selbst begegnen und zuhören, was er zu sagen hat. Bei falschen Entscheidungen und Routinen, die sich nicht aufrechterhalten lassen, müssen wir großzügiger sein.

Es ist prima, sich Ziele zu setzen im Leben. Große Ambitionen haben schon viele gute Ergebnisse bewirkt. Kleine Belohnungen und Prämien veranlassen viele, sich noch etwas mehr anzustrengen. Gleichzeitig vergessen wir oft, dass unser einziges Potenzial im Hier und Jetzt liegt. Und es ist nicht perfekt. Damit müssen wir umgehen. Wir müssen uns trauen, in die Gegenwart zu treten und das anzuerkennen, was ist.

In ihrem Buch *Raushetens tid* (Zeit der Großzügigkeit) schreibt Kathrine Aspaas, wie wichtig es sei, »falschtastisch« zu sein. Manchmal machen wir einen falschen Schritt. Manchmal machen wir einen richtigen Schritt. Es sind nur verschiedene Arten, etwas Neues zu lernen.

Viele Hochsensible haben Allergien und Nahrungsmittelunverträglichkeiten. Nicht nur das Nervensystem ist empfindsam. Auch wir beide haben milde Formen von Nahrungsmittelunverträglichkeiten und wissen, dass wir auf unseren Magen Rücksicht nehmen müssen, damit es uns so gut geht wie irgend möglich. Manchmal aber wird es uns zu hysterisch. Dann kommt es zu einer Art Snobismus und übertriebener Fokussierung auf Details, die dich von all dem abhalten, worum es eigentlich geht: Wie geht es *dir* in der perfekten Verpackung? Wo sind *deine* Grenzen?

Es ist absolut wichtig, dass wir auf uns selbst hören und ehrliche Antworten finden.

Ich persönlich praktiziere seit vielen Jahren Yoga. An manchen Tagen ist der Körper geschmeidig, und mir gelingen die meisten Übungen. Am nächsten Tag kann es völlig anders sein. Das ist aber kein Grund, darüber zu klagen, dass ich nicht vorankomme. Mein Körper hat eben einfach keinen guten Tag. Das muss ich akzeptieren.

Viele von uns haben den Kontakt zu ihrem Körper verloren. Wir hören nicht mehr, was er sich wünscht oder was er braucht. Wir sind mehr mit dem beschäftigt, was wir leisten, als mit dem, was wir sind. Die heutige Elterngeneration ist sehr ehrgeizig in Bezug auf sich selbst – und auf ihre Kinder. Viele sind finanziell in der Lage, sich vieles leisten zu können, und die Kinder kopieren dies. Alles kann und soll perfekt sein. Und oft sind wir mehr damit beschäftigt zu machen, als zu *sein*.

Ich persönlich hatte nie eine Essstörung und habe nie eine Diät gemacht, trotzdem fühlte ich mich durch meinen Körper irgendwie eingeschränkt. Nicht nur weil ich im Sport schlecht war und immer als Letzte gewählt wurde, sondern auch weil ich in meinem Körper nicht so richtig präsent war. Ich war in meinen Tagträumen nicht ganz bei mir, ich akzeptierte mich selbst nicht so, wie ich war, und ich wagte nicht zu sagen, wo meine Grenzen sind. Auch wenn sie anders waren als die Grenzen anderer, so hieß das nicht, dass sie falsch waren.

Wir vergleichen uns ständig mit anderen. Niemand aber ist genauso wie du. Versuchst du in tiefem Schnee in die Fußstapfen eines anderen zu treten, merkst du, wie unglaublich schwierig das ist. Du schwankst und fällst im selben Moment um. Es ist ungeheuer viel wichtiger auf deinen eigenen Körper zu hören, als dich mit allen anderen zu vergleichen. Und es ist ungeheuer wichtig, sich zu trauen, verletzlich zu sein.

Die amerikanische Forscherin und Professorin Brené Brown hat viel über Mut, Verletzlichkeit, Scham und Selbstwert geschrieben und gesprochen. In ihrem Buch *Verletzlichkeit macht stark* schreibt sie, Verletzlichkeit sei weder positiv noch negativ: »Was die meisten von uns nicht verstehen und was zu lernen ich zehn Jahre Forschung benötigte, ist, dass Verletzlichkeit auch der Ausgangspunkt für jene Emotionen und Erlebnisse ist, nach denen wir uns sehnen.«

Als Brené Brown untersuchte, in welchen Situationen sich die Menschen am verletzlichsten fühlten, hatte sie nicht erwartet, dass eine der Antworten *Freude* lauten würde. Sie war überrascht, dass die Leute sagten, sie seien am verletzlichsten, wenn sie ihre schlafenden Kinder betrachteten, oder wenn sie daran dächten, wie sehr sie ihren Ehepartner liebten.

Genau so empfinden wir das auch. Sensibel sein ist verletzlich sein. Denk nur daran, wie es ist, ein Kind zu bekommen. Wie unglaublich stark und unfassbar verletzlich du dich da fühlst. Du hast eine Heidenangst vor der großen Verantwortung. Davor, etwas verkehrt zu machen. Dieses winzige Menschlein, das vollkommen abhängig ist von dir, es ist so zerbrechlich und zart. Wie sollst du das bloß alles schaffen? Was, wenn du vergisst, es zu füttern, was, wenn es vom Wickeltisch fällt, was, wenn du als Mutter oder Vater nicht gut genug bist?

Diese Gefühle gehen vorüber, da du durch deine eigenen Erfahrungen und den Rat anderer stärker wirst. Du wächst und machst die Erfahrung, dass du der Sache, der du ausgesetzt bist, standhältst.

Indem wir uns selbst akzeptieren, haben wir plötzlich eine Wahl. Bin ich zum Beispiel fürchterlich ängstlich, muss ich mich entscheiden, ob es mir weiterhin so gehen soll, oder ob ich etwas dagegen unternehmen will. Auf diese Weise eskaliert die Angst nicht, und ich gewinne an Stärke!

In den vergangenen Jahren habe ich gelernt, was Selbstliebe und Respekt vor mir selbst bedeuten. Ich habe meine eigene Geschichte in Besitz genommen und meine Grenzen gesetzt. Das heißt, ich übernehme die Verantwortung für mein Leben und dafür, wie ich auf die Herausforderungen reagiere, die das Leben für mich bereithält. Dazu muss ich mich trauen, mir einzugestehen, was mir guttut und was mich aufreibt.

Einmal habe ich ein außerordentlich starkes Bild vor mir gesehen. Es passte eigentlich besser zu Märtha als zu mir. Aber es erzählte mir trotzdem sehr viel.

Ich habe ein Springpferd auf die Reitbahn laufen sehen. Ich habe alle Hindernisse gesehen und dass das Pferd mit dem Huf an das erste Hindernis schlug. Es lief trotzdem weiter. Das Pferd schlug auch an das zweite und dritte Hindernis, lief aber einfach weiter – bis es am Wassergraben kollabierte.

Ich dachte oft an dieses Bild, weil es so deutlich zeigte, dass das tolle Pferd allen Warnungen trotzte. Die Bahn war für das Tier nicht geeignet. Für ein so junges und unerfahrenes Pferd waren die Hindernisse zu hoch. Auf einer anderen Bahn hätte es das Tier viel angenehmer gehabt. Warum ist es nicht dorthin gelaufen? Warum ist das passiert?

Warum hat es sich selbst keine Grenzen gesetzt?

Zeig anderen, wo deine Grenzen sind

Märtha wird in den Ferien und an Feiertagen oft krank. Sie presst ihre letzten Kräfte aus sich heraus, stürzt über die Ziellinie und bleibt dann total erschöpft liegen.

Anderen zu *zeigen*, wo deine Grenzen verlaufen, ist mindestens genauso wichtig, wie deine eigenen Grenzen zu *kennen*. Das bedeutet, zu etwas Nein zu sagen, wenn du keine Lust hast.

Durch die sozialen Medien sind wir heute heimliche Zuschauer des magischen Lebens anderer. Viele meinen, alle anderen hätten einen spannenden Alltag, nur sie selbst nicht. Wir werden von Erlebnissen abhängig, mit denen wir rund um die Uhr jede Stunde füllen können. Je mehr wir machen und erleben, desto mehr wollen wir. Oft schon habe ich gedacht, das ist wie eine lange Karussellfahrt. Eine Zeit lang ist es ein Riesenspaß, aber mit einem Mal wird dir schlecht und schwindlig. Wenn du aussteigst, dreht sich alles um dich herum, und du musst dich erst einmal hinsetzen und lange ganz ruhig sitzen bleiben, bis du deinen Orientierungssinn wiedererlangt hast.

Das braucht seine Zeit. Du bist gezwungen zu warten, bevor du weitergehst. Wartest du nicht, fängst du an zu taumeln und musst dich wieder setzen.

Manche Menschen sagen zu oft Nein. Ich gestehe, dass mir das hin und wieder auch passiert. Ich neige dazu, mich zu sehr abzuschirmen, während es mir vielleicht gut täte, neue Grenzen zu sprengen.

Das Wichtigste ist auf jeden Fall, ehrlich zu sein, wenn du anderen zeigen willst, wo deine Grenzen verlaufen. Mir wird fast körperlich schlecht, wenn Leute Ja sagen, aber Nein meinen. Dann sitze ich wieder mit ungutem Gefühl da, habe fast ein schlechtes Gewissen. Ich möchte viel lieber ein klares, ehrliches Nein bekommen als ein unehrliches Ja.

Märtha denkt da komplett anders. Sie befürchtet, dass die Leute traurig sind, wenn sie Nein sagt. Gleichzeitig weiß sie, dass auf die Grenzen eines Menschen, der immer nur Ja sagt, niemand Rücksicht nimmt. Entschiedenes Auftreten schafft Raum zum Manövrieren. Eine Ablehnung muss nicht streng, hart und böse sein. Sie kann sanft, aber deutlich sein. Und es ist viel leichter, mit Deutlichkeit umzugehen als mit vagen Antworten.

Unser erster und bester Rat, um erfolgreich deine Grenze zu setzen, ist, dass du dir Zeit zum Verschnaufen und Meditieren abzweigst. Allein dadurch, dass du etwas so Einfaches machst, sagst du anderen, wo deine Grenzen verlaufen. Womöglich musst du deiner Familie sagen, dass du in einem anderen Zimmer eine halbe Stunde für dich allein brauchst.

Beim Meditieren geht es um Stille im Kopf, um Körperbewusstsein und Präsenz und möglicherweise darum, mit dem Unterbewusstsein zu kommunizieren.

Meditation hört sich für manche schwierig an. Doch womöglich hast du schon meditiert, ohne es zu wissen. Etwa wenn du im Wald spazieren gehst und das Gefühl hast, die Zeit zu vergessen. Du denkst nicht. Du gerätst in einen Zustand vollkommener Ruhe. Oder denk mal darüber nach, wenn du das nächste Mal dasitzt und lange in ein Feuer oder in eine Kerzenflamme schaust. Vielleicht ist auch Stricken deine Form von Meditation.

Nur du allein weißt, ob dir etwas zu viel ist. Niemand kann dir erzählen, was du fühlen sollst, oder wie du dein Leben leben sollst. Auch wir nicht. Wir können dich zur Reflexion anregen und Geschichten darüber erzählen, was für uns gut war. Du kannst dir die für dein Leben brauchbaren Erfahrungen zunutze machen und herauspicken, was auf dich zutrifft. Was immer du tust, versuch dich dabei nicht von deiner Hochsensibilität einschränken zu lassen. Benutze sie lieber, um dich selbst kennenzulernen, und dann fordere dich selbst heraus.

»Your life begins at the end of your comfort zone«, heißt es oft. Das ist wahr. Wenn du etwas tust, von dem du nicht recht weißt, ob du es dich wirklich traust, öffnest du dich für etwas Neues in deinem Leben. In allem, was ein unsicheres Gefühl vermittelt, können viele Möglichkeiten stecken.

Für mich persönlich hat sich eine wunderbare Möglichkeit eröffnet, als ich mich der Entdeckung öffnete, dass Märtha doch nicht *zu viel* war. Durch das, was wir zusammen geschaffen haben, habe ich das letzte Puzzleteil in mir gefunden. Das mich komplett machte. Wären wir beide nicht an den Rand unserer Komfortzone gegangen, und hätten wir nicht den Absprung gewagt und uns auf die Sache geworfen, so hätte es *Soulspring* nie gegeben.

Finde deine Ladestation

Hast du schon mal darüber nachgedacht, wie viel wir in unserer heutigen Gesellschaft vom Aufladen reden? Wir sind mordsgestresst, wenn der Handy-Akku leer ist, und wir planen Fahrten mit dem Elektroauto danach, wo es Parkplätze mit Ladestationen gibt. Wir rechnen aus, wie weit wir mit dem Auto kommen, bevor es geladen werden muss, und wir diskutieren über Akkukapazitäten und darüber, wie die Laufzeit der Akkus verlängert werden könnte.

Ich wünsche mir, wir würden dem, was unser Körper erträgt und erfordert, ebenso viel Aufmerksamkeit schenken. Viele von uns haben nämlich keine Ahnung, wann sie Pausen einlegen müssen, um sich selbst aufzuladen. Wir sind nicht mit einer Anzeige ausgestattet, die uns warnt, wenn unser Akku nur noch zehn Prozent Kapazität hat und bald leer ist. Wir vergessen, dass manche weniger Kapazität haben als andere. Außerdem sind wir uns oft nicht im Klaren darüber, was unsere Akkus auflädt – und was sie entlädt.

Manche glauben, ein Großstadturlaub mit Freunden würde ihren Akku aufladen, und kehren dann völlig erschöpft nach Hause zurück. Andere laden die Großfamilie ein, um von den kleinen Kindern entlastet zu werden. Am Ende sind sie stattdessen total ausgelaugt.

Wir kennen eine Dame, deren Ladestation ihr Boot ist. Sie kann extrem gestresst, übermüdet und abgehetzt sein. Doch wenn sie auf ihrem kleinen Boot steht und die Bewegungen des Meeres spürt, schafft sie hinterher alles Mögliche. Zwanzig Minuten auf dem Boot sind für sie die effektivste Aufladung. Sie kommt zur Ruhe und in Kontakt mit dem Wasser. Durch den Rhythmus und das Schaukeln verbindet sie sich wieder mit sich selbst und bringt sich wieder ins Gleichgewicht.

Andere gehen joggen, liegen ein ganzes Wochenende auf dem Sofa, sitzen in Frieden unter einem Baum oder spielen auf dem Handy *Candy Crush*. Egal wie sie es tun, sie brauchen auf jeden Fall die Möglichkeit, ihre Gedanken und ihr Bewusstsein zur Ruhe kommen zu lassen. Meist ganz ohne äußere Stimuli. Niemand kann sagen, die eine Art sei besser als die andere. Nur du allein weißt, wie du dich ins Gleichgewicht bringen kannst.

Märtha ist nachts oft lange auf. Sie lacht, wenn jemand sie darauf anspricht, und nennt es ihre Eigenzeit. Nachts schreibt sie Artikel oder erledigt Arbeiten, die sie vorher nicht geschafft hat. Während ich jeden Abend vor zehn Uhr einschlafe und mindestens neun Stunden Schlaf brauche, um gut zu funktionieren, ist Märtha nach nur vier, fünf Stunden Schlaf topfit und hoch konzentriert. Über einen längeren Zeitraum ist das aber nicht empfehlenswert.

Meiner Erfahrung nach nehmen viele Hochsensible so viel von der Welt um sich herum auf, dass sie nach einem ereignisreichen Tag Probleme mit dem Einschlafen haben können. Da ist es besonders wichtig, am Abend zur Ruhe zu kommen, den Tag loszulassen, damit die Gedanken nicht um alles kreisen, was ungesagt und ungetan geblieben ist. Wir haben etwas gefunden, das uns da weiterhilft. Wir haben uns Nagelmatten angeschafft. Ja, du hast richtig gelesen. Nagelmatten. Sie sind allerdings nicht mit echten Nägeln bestückt wie die Nagelmatten der indischen Fakire. Unsere Matten haben kurze Plastiknoppen und sind etwa so groß wie ein mittelgroßes Handtuch. Diese Nagelmatten nehmen wir auf alle In- und Auslandsreisen mit. Ich habe eine in meiner Hütte und eine zu Hause. Wenn ich auf Tournee bin und mal morgens um fünf Uhr aufwache und nicht mehr einschlafen kann, lege ich mich einfach auf die Nagelmatte, und schon merke ich, wie meine Gedanken zur Ruhe kommen und die Sorgen verfliegen. Wissenschaftliche Studien konnten nicht belegen, dass Nagelmatten gegen Schlaflosigkeit helfen, doch bei einzelnen Schmerzpatienten wurde in schwedischen Studien ein gewisser positiver Effekt nachgewiesen.

Für sensible Kinder und Erwachsene ist guter und ausreichender Schlaf jedenfalls das A und O. Entscheidend ist, dass wir als Eltern die Kinder verstehen, ihnen helfen, Prioritäten zu setzen, und ihnen außerdem gute Routinen vermitteln, die verhindern, dass sie überstimuliert werden. Der Gebrauch von Handy und PC direkt vor dem Schlafengehen sollte tunlichst vermieden werden.

Viele vermischen Ladezeit mit Eigenzeit und Nachfüllen. Es ist wichtig, hier zu unterscheiden. Ladezeit bedeutet loslassen. Sich ins Gleichgewicht bringen. Für neue Eindrücke bereit machen. Nachfüllen ist etwas ganz anderes. Das bedeutet, mehr zu erleben.

Hochsensible brauchen Ruhe ohne Überstimulierung. Oft sind wir nicht ausreichend entspannt. Wir atmen nicht bis tief in den Bauch. Wir stehen auf Zehenspitzen und hyperventilieren, statt mit beiden Beinen fest und sicher auf der Erde zu stehen. Es ist, als würden wir die Bedürfnisse unseres Körpers nicht mehr kennen, und beantworten alles, was er uns erzählt, damit, dass wir noch mehr nachfüllen.

Oft haben wir ein furchtbar schlechtes Gewissen, weil wir

nicht genug mit unseren Kindern zusammen sind. Wenn Kinder aus der Schule oder dem Kindergarten nach Hause kommen, brauchen sie nur ein paar Minuten unsere Aufmerksamkeit, um zu erzählen, was sie erlebt haben. Sie leben viel mehr im Jetzt als wir, und wir sollten die Gelegenheit wahrnehmen, mit ihnen zusammen im Jetzt zu sein. Abends, wenn du Zeit hast, haben sie oft längst vergessen, was sie erzählen wollten.

Während wir uns damit stressen, mittags den Einkauf in den Kühlschrank zu räumen und das Essen zuzubereiten, sollten wir die Einkaufstüten lieber mal stehen lassen und eine Viertelstunde das Jetzt und das, was unsere Kinder zu erzählen haben, genießen. Das wirkt sowohl auf uns als auch auf die Kinder beruhigend, und danach macht es garantiert viel mehr Spaß, das Mittagessen zu kochen. Kindern kann die Zeit viel länger vorkommen als uns Erwachsenen.

Die allerbeste und effektivste Meditationsübung, die wir in unseren Kursen unterrichten, ist die Ablösung (siehe Seite 267 ff.). In der heutigen Gesellschaft leben wir in einem permanenten Energieaustausch mit anderen Menschen. Wir geben und nehmen ganz unbewusst. Oft kauen wir noch an dem, was in einer Arbeitssitzung gesagt wurde, egal, ob wir die Sitzung als gut oder schlecht erlebt haben. Wir tragen das Erlebte weiter mit uns herum.

So, wie Schauspieler oder Artisten nach einer Vorstellung oft aufgedreht sind, können wir die verschiedenen Ereignisse und Begegnungen mit Menschen als ordentlichen Vitaminstoß erleben. Gleichwohl ist man nach einer Weile möglicherweise sehr erschöpft, weil man, ohne sich dessen bewusst zu sein, die Energie-Abdrücke all dieser Menschen mit sich herumschleppt. Unbewusst nehmen wir also die Stimmungen weiter mit in den Alltag. Dabei ist es genauso anstrengend, die

Energien derer zu tragen, die du gern hast, wie die Energien derer, die du nicht magst. Aus dem einfachen Grund, weil es nicht deine Energie ist.

Wenn wir sagen, dass wir in einer großen Menschenmenge »andere in uns aufnehmen«, bedeutet das, dass wir die Launen und Stimmungen anderer wahrnehmen. Wir bekommen einen Überblick, wer auf unserer Seite ist und wer nicht. Manche Menschen geben uns ganz viel an herrlicher Energie, andere laugen uns total aus.

Manche nennen es Intimsphäre. Manche ihre Grenze zu anderen Menschen, eine Art Linie, die uns vor anderen schützt. Als Märtha lernte, ihre Fühler, die sie fortwährend allen anderen im Raum entgegengestreckt hatte, einzuziehen, verschwand ihr Gefühl, von anderen aufgefressen zu werden.

Bei der Ablösung geht es darum, nach einer Zusammenkunft die anderen loszulassen. Wir verlassen einen Ort zwar physisch. Aber oft bleiben wir mit unseren Gedanken und Gefühlen dort hängen. Das ist so, wie wenn du noch Stunden später an einer unglücklichen Bemerkung in der Arbeit oder an etwas Peinlichem, was du im Freundeskreis gesagt hast, kaust. Es dreht sich und wälzt sich, und wir vermögen nicht, es abzuschalten. Dieses Wiederkäuen hindert uns daran, im Augenblick präsent zu sein.

Übernimm Verantwortung für dich selbst

Überfahren. Übertönt. Überstimuliert. Mimosenhaft. Anders. Erschöpft. Schmerz. Einsam. Schüchtern. Ohne Filter. Überempfindlich. Neurotisch. Als wir mit der Arbeit an diesem Buch begannen, schrieben wir alle Wörter, die Hochsensibilität beschreiben können, auf ein Blatt Papier. Mit einem Mal entdeckten wir, dass es viel zu leicht war, negative Begriffe zu finden.

Deshalb drehten wir das Blatt um und beschlossen, die positiven Begriffe aufzuschreiben. Das half. Schnell zeigte sich, dass die neue Seite des Blatts noch dichter beschrieben war.

Einfühlungsvermögen. Offenheit. Empathie. Antennen. Umsicht. Fantasie. Feinfühligkeit. Intuition. Kreativität. Taktvoll. Verständnisvoll. Präsent. Ehrlichkeit. Wachsamkeit. Musikalität. Die Empfindsamkeit macht uns zu einem Instrument mit besonders vielen Saiten und Möglichkeiten für Nuancen und Töne, schrieb Märtha.

Als ich aufhörte, mich selbst als Opfer und Mensch mit Beschränkungen zu sehen, fand ich plötzlich die Stärke in mir. Ich begann, an mir selbst zu arbeiten, übernahm die Verantwortung für meine Gedanken und Gefühle – und lernte, wer ich eigentlich war. Langsam aber sicher begann ich, an mich selbst zu glauben. Ich wagte, anderen Menschen nahe zu sein. Ich traute mich, ihren Herausforderungen zu begegnen, da ich mir meiner selbst ganz sicher war und die Fähigkeit besaß, bei Gesprächen in die Tiefe zu gehen. Du musst dich selbst und deine Grenzen kennen, um es zu schaffen, im Zusammenspiel mit anderen *du* zu sein.

In die Opferrolle zu schlüpfen und zu denken, niemand nehme auf deine Sensibilität Rücksicht, ist leicht. Damit kommt man aber nicht weiter. Die meisten Menschen haben im Leben ein Päckchen zu tragen. Dabei ist nicht die Rede von Dingen, die außerhalb unserer Kontrolle liegen, wie Krankheit und Tod, sondern von Dingen, bei denen wir etwas ausrichten können. Zum Beispiel wie man mit Krankheiten und Gefühlen zurechtkommt. Was machen die Herausforderungen des Lebens mit dir? Was liegt in deiner Verantwortung, und was liegt in der Verantwortung anderer? Wo kannst du etwas ausrichten, und was musst du so akzeptieren lernen, wie es ist? Das zu unterscheiden, ist wichtig.

Für viele geht es darum, etwas in den Griff zu bekommen, die Führung und Verantwortung wieder zu übernehmen. In der Regel hat es keinen Sinn, jemandem die Schuld zuzuschieben. Bei anderen oder in unserer Umgebung können wir nichts ändern. Wir können nur bei uns selbst, bei unserer Haltung, bei unseren Gefühlen etwas ändern. Das kann zuweilen ärgerlich und auch anstrengend sein, denn eigentlich müssten sich ja unglaublich viele Menschen ein wenig zum Besseren verändern, oder? Sie, die andauernd deine Grenzen überschreitet. Er, für den ein Nein kein Nein ist. Sie, die sich über alle beschwert, aber selbst keine gute Arbeit macht. Er, der verlangt, dass sich alles um ihn und seine Situation dreht, aber nie fragt, wie es dir geht. Wir können uns bis in alle Ewigkeit über andere Menschen ärgern, doch die Frage ist nicht, was sie machen, sondern was sie mit *dir* machen. Welche Muster lösen sie bei dir aus? Wie kommt es, dass sie einen wunden Punkt bei dir treffen? Dass sie dich Energie kosten?

Wenn du das Gefühl hast, dass dein Arbeitstag gar zu überwältigend und stressig ist, dann ist es vermutlich schlau, nach einer Stunde Arbeit eine Viertelstunde Pause zu machen, falls das möglich ist. Nur du allein weißt, ob du das brauchst. Und du bist es auch, die dafür die Verantwortung übernehmen muss. Überleg dir, welcher Arbeitsplatz für dich am besten ist. Glaub nicht, dass sich alle anderen nach dir richten. Nur du allein weißt, was du berücksichtigen musst. Andere hören nicht dasselbe wie du. Du kannst nicht erwarten, dass sie deine Gedanken lesen.

Wir schreiben Hochsensibilität mit positivem Vorzeichen. Das heißt, dass wir sie für einen großartigen Charakterzug halten, auf den Arbeitgeber oder Kolleginnen und Kollegen nicht speziell vorbereitet werden müssen. Unsere Empfindsamkeit ist eine Stärke, und wir müssen selbst die Verantwortung dafür übernehmen. Wir sind diejenigen, die ihre ausgestreckten Fühler einziehen müssen. Wir sind diejenigen, die sich einen Raum schaffen müssen, aus dem die Energie anderer Leute ausgeschlossen ist. Wenn wir das schaffen, können wir unsere Feinfühligkeit in einer Weise nutzen, die dem Leben eine neue und spannende Dimension verleiht.

Mach Empfindsamkeit zu einer Stärke

Tiere und Insekten nehmen mithilfe ihrer Fühler Geräusche, Licht und Temperatur wahr – ihre Sensibilität sorgt dafür, dass sie überleben. Veränderungen im Umfeld können lebensbedrohlich oder lebensnotwendig sein.

Viele stellen sich Dichter und Schauspieler als besonders sensible Personen vor. Sie besitzen eine besondere Fähigkeit, Gefühle auszudrücken, und ihre herausragendste Eigenschaft ist, sich in die Stimmungen und das Leben anderer hineinzuversetzen.

Als Künstlerin oder Musiker kannst du mit Saiten, Tönen und Farben spielen, die andere nicht kennen oder mitbekommen. Als Lehrerin oder Polizist kannst du Feinheiten erkennen und Auswege finden, an die sonst niemand gedacht hat. In der Wirtschaft kann ein Topmanager Zeitströmungen mitbekommen oder Stimmungen am Arbeitsplatz erfassen und diese Fähigkeit dazu nutzen, seine Mitarbeiterinnen und Mitarbeiter besser zu führen. Die tiefe Liebe zu Tieren und zur Natur kann zum Engagement für den Schutz von Umwelt und Tieren führen.

Feingefühl und Musikalität können dein sechster Sinn sein, dein innerer Kompass, der dir einen Vorteil verschafft und die Sensibilität zu einer Bereicherung macht.

Viele, die hochsensible Personen kennen, werden sie als ein bisschen verschlossen beschreiben. Auch ich versuche, mich oft ein bisschen unsichtbar zu machen. So als wollte ich mich ein wenig vor der Umwelt schützen und in meiner eigenen Blase leben.

Wer sich wohlfühlt in seiner Haut und mit seiner Sensibilität gut zurechtkommt, dem ist besonders daran gelegen, im Jetzt zu sein. Diese Menschen setzen gern Grenzen, und auf ihrer Palette herrscht Ordnung. So wie eine Künstlerin nach getaner Arbeit die Farben sortiert und ihre Pinsel sanft und gründlich auswäscht, muss eine sensible Person Schmutz und Unordnung von ihrer Palette entfernen, bevor sie sich an ein neues Bild macht.

Diese Aufräumarbeit kann mitunter schwer und zeitraubend sein. Für die Umgebung ist es vielleicht nicht so einfach, mit dieser umfassenden Räumerei im Farbkasten umzugehen. Verschlossen wirkenden Menschen gegenüber wird man leicht mal unsicher. Menschen, die plötzlich ganz still werden. Die mit dem lässigen und jovialen Small Talk auf Elternabenden oder in Gesellschaft nicht klarkommen.

Als ich ein Interview mit dem introvertierten Linus Jonkman las, erkannte ich mich darin unglaublich gut wieder. Als HR-Manager einer IT-Firma mit vielen introvertierten Angestellten gab er in der Zeitschrift *Ingeniörskarriär* Ratschläge, wie man aus introvertierten Mitarbeiterinnen und Mitarbeitern das Beste herausholt.

»Wenn ein Mitarbeiter oder eine Mitarbeiterin dir nicht in die Augen schaut, muss das nicht heißen, dass er oder sie desinteressiert ist. Im Gegenteil. Eine introvertierte Person kann wegschauen, weil sie sich darauf konzentrieren möchte, was gesagt wird, nicht, wie es gesagt wird«, erklärte Jonkman.

Er betont auch, dass Stillsein nicht mit Negativität verwechselt werden darf. Introvertierte Personen sind oft still, wenn ein neues Projekt vorgestellt wird. Sie brauchen Zeit zum Analysieren und um sich eine Meinung zu bilden. Auch ist Kontaktfreudigkeit nicht dasselbe wie soziale Kompetenz. Deshalb darf man nicht davon ausgehen, dass introvertierte Mitarbeiterinnen und Mitarbeiter in sozialen Zusammenhängen schlechter agieren. In kleineren Zusammenkünften und Versammlungen sind sie oft überaus kompetent.

Derlei Missverständnisse treten bei zurückhaltenden Menschen wie mir – und bei außerordentlich sensiblen Personen, die sich vor zu vielen Eindrücken schützen wollen – oft auf. Freunde haben mir erzählt, dass andere Leute um mich herum glauben, ich würde alle *sehen*. Weil ich nun mal mit dem Sehen arbeite, glauben sie, mein Radar stehe ständig auf Empfang. Wenn ich sie übersehe, wenn ich ihnen nicht voller Begeisterung und Wärme entgegenkomme und sie umarme, sind sie enttäuscht. Ich musste schon oft erklären, dass ich nicht überheblich oder kalt bin, sondern als Hochsensible mich verschließen und ausruhen muss, um alles zu verarbeiten.

Im Small Talk bin ich fürchterlich schlecht. Ich mag auch Umarmungen nicht. Das ist mir schlicht und einfach zu viel. Wenn wir zum Beispiel zu einem unserer Kurse zusammenkommen, umarmt Märtha alle, während ich mich gern ein wenig zurückhalte und lieber die Energien der Teilnehmer spüre. Am Ende des Kurses kann auch ich alle umarmen. Für mich ist das die richtigere Herangehensweise. Ich brauche Raum um mich herum. Zeit, um einem Gedanken nachzugehen und alle Sinneseindrücke zu sortieren.

Früher dachte ich immer, ich müsste stärker sein, mehr ertragen. Empfindsam zu sein habe etwas Schwaches und Hasenfüßiges. Es sei gewissermaßen inakzeptabel, Zeit zu brauchen, um sich durch die Dinge hindurchzuarbeiten. Also versuchte ich immer zu fliehen, wenn ich erlebte, dass ich verletzlich war. Erst in den vergangenen Jahren habe ich meine Empfindsamkeit akzeptiert und gesehen, dass darin auch ein Potenzial liegt, eine große Quelle der Einsicht.

In der Begegnung mit Menschen, die niedergeschlagen sind und Schwierigkeiten haben, ist mir immer bewusster geworden, wie wichtig es ist anzuerkennen, dass wir alle überaus unterschiedliche Grenzen haben – und dass wir aktiv hinhören müssen, welche Hilfe die Leute sich eigentlich wünschen. Wie leicht drängt man anderen Menschen seine eigenen Gefühle auf und übernimmt ihren Kummer. Vielleicht hast du das auch schon erlebt, dass Leute ihre eigenen Geschichten in ihre Reaktion auf deine Geschichte packen und dir ihre negative Energie aufnötigen. Oder erwarten, dass du etwas fühlst, was du gar nicht fühlst. Manchmal bekommst du von anderen das, was ich übergriffige Umarmungen nenne. Das sind Umarmungen, um die du nicht gebeten hast. Umarmungen, zu denen du nicht bereit bist. Leute, die dich derart umarmen, sind sich ganz sicher, dass genau diese Umarmung, ihre Hilfe und ihre überwältigende Güte alles lösen werden. Sie sind mehr daran interessiert, dass *sie* helfen, als daran, wie es dir eigentlich geht. Darum hast du das Gefühl, dass sie dich in einen Schraubstock spannen und Dank von dir erwarten, weil jetzt ja alles gut werde. Rasches Glück ist nämlich das einzige Ziel. Helfen ihre Umarmung und ihre schnelle Lösung nicht, dann stimmt mit *dir* etwas nicht.

Wir müssen es aushalten, dass andere niedergeschlagen sind. Dass sie sich überwältigt fühlen und Zeit brauchen. Wir müssen es aushalten, dass sie womöglich nicht das brauchen, was wir glauben und meinen, dass sie brauchen. Nicht immer besteht die Lösung darin, »ein großes Pflaster auf die Wunde zu kleben«. Deshalb müssen wir behutsam sein, zuhören, präsent sein und die betreffende Person fragen, ob sie umarmt werden möchte, oder ob es in Ordnung ist, dass wir da sind. Möglicherweise braucht sie Hilfe bei etwas Praktischem, und nicht, dass wir sie mit unseren Gefühlen überfallen.

Ich habe etliche Schwerkranke getroffen, die das Gefühl haben, sie müssten stark sein und Freunde und Familie trösten. Denn die Menschen um sie herum breiten ihre Sorgen und Kümmernisse aus, was für die Kranken zusätzlich eine große Belastung ist.

Als ich in der Zeitschrift *Tara* über meine Einsamkeit schrieb, erhielt ich ungeheuer viele positive Reaktionen und Zuschriften. Sehr viele Leute erkannten sich darin wieder und bedankten sich dafür, dass ich die Einsamkeit in Worte gefasst hatte. Meine Absicht war nicht, dass mich jemand bemitleidete. Ich wollte vielmehr zeigen, dass es völlig in Ordnung ist, wenn man sich mitunter sehr allein fühlt. Mein Leben ist nicht schlecht, aber ich gebe zu, dass ich mich auch einsam fühlen kann. Viele denken bei Einsamkeit an eine ältere Dame, die in einer Sozialwohnung sitzt, keine Familie hat und vom Besuchsdienst des Roten Kreuzes unterstützt werden muss. Einsamkeit kann jedoch jeder verspüren. Aber da sie stigmatisiert ist, wollen die Leute nicht damit in Verbindung gebracht werden, obwohl sie so universell ist.

Im Leben ist so vieles einsam: Trauer, Krankheit, Trennung, alles Ereignisse, die uns allen irgendwann zustoßen. Sogar Freude und Erfolg, die ja eigentlich positiv sind, können dich Einsamkeit empfinden lassen, wenn du niemanden hast, mit dem du sie teilen kannst. Einsamkeit hat nichts mit Scheitern zu tun. Ich fühle mich schon fast mein ganzes Leben einsam. Heute vermisse ich jemanden, mit dem ich den Alltag, die Verantwortung und Pflichten teilen könnte, ich vermisse jemanden, in dessen Leben ich wichtig bin. Ich vermisse jemanden, der mich als diejenige sieht, die ich bin, und nicht nur das sieht, was ich mache.

Märtha

Der Sinn des Ganzen

»Bleib dir selbst treu. Alles andere durchschaut man.«

Das hat mir mein Vater in meiner Kindheit und Jugend viele Male gesagt. Möglicherweise verstehe ich erst jetzt so ganz, was das bedeutet. Ich bin ihm für diese Worte sehr dankbar. Und dafür, dass er sie auch so gemeint hat. Sie haben mir womöglich die Kraft gegeben, dass ich mich traue auszubrechen aus dem, was von mir erwartet wurde.

Jeden Morgen aufstehen und an eine Arbeit gehen zu können, die mir jeden Tag Energie verleiht und Freude macht, ist ein fantastisches Geschenk. Es ist nicht nur für mich ein Geschenk, sondern hoffentlich auch für andere – für diejenigen, die einen Kurs bei uns besuchen, und für meine Familie zu Hause.

Ich bin zutiefst dankbar, dass ich mir solch einen wunderbaren Arbeitsplatz geschaffen habe. Bei meiner Arbeit kann ich so sensibel sein, wie ich nur will. Alle verstehen mich. Ich arbeite mit Menschen, die mir sehr viel geben, und ich empfinde mein Leben als sinnvoll.

Irgendjemand da draußen braucht genau mich und meine Qualitäten.

Die Empfindsamkeit, mit der es früher so schwierig umzugehen war, hat sich als mein größter Vorteil und meine beste Eigenschaft erwiesen. Wir arbeiten mit allen Sinnen, wir lesen zwischen den Zeilen, und wir spüren, wie es anderen geht. Sensibilität ist ein Werkzeug, um den Kursteilnehmerinnen

Der Sinn des Ganzen

und Kursteilnehmern in ihrem tiefsten Innern zu begegnen.

Mein ganzes Leben habe ich Menschen *gesehen*, ihren Kern und ihr Potenzial. Ich habe gespürt, dass ich ihnen *begegne* und dass das für mich etwas ganz Natürliches ist.

Dies fügte sich erst zum Bild, als ich Kurse zu geben begann. Hier konnte ich mein Talent anwenden, Menschen zu sehen, die *gesehen* werden wollten – und außerdem etwas gegen die Seiten oder Denkmuster tun, die sie am Leben hinderten. Zu sehen, wie andere sich ihrem schönen Potenzial öffnen, lässt mich täglich einen besonders tiefen Sinn im Leben verspüren.

Ich bin dankbar, dass ich besonders sensibel bin. Es ist mein größtes Talent. Ich bekomme dadurch alle Nuancen des Alltags mit. Naturerlebnisse gestalten sich ganz intensiv, Musik bekommt zusätzliche Nuancen und Farben, selbst Kinoerlebnisse sind intensiver. Das habe ich entdeckt, als die 3-D-Filme aufkamen. Für mich war das Filmerlebnis immer dasselbe, mit und ohne 3-D-Brille. Da habe ich begriffen, dass ich in den Filmen, die ich früher gesehen hatte, ganz aufgegangen war, dass ich alle Geschehnisse körperlich empfunden hatte und in den Szenen zugegen gewesen war, als hätten sie mich komplett umschlossen.

Als ich mit meiner Familie und mehreren Tausend Zuschauern im Herbst 2016 im Schlosspark den Film *The King's Choice – Angriff auf Norwegen* sah, war es, als befände ich mich physisch im Oslo der 1940er-Jahre. Ich spürte am ganzen Körper, wie es gewesen sein musste, in Oslo zu sitzen und zu wissen, dass die Deutschen mit der *Blücher* an der Spitze in den Oslofjord eingefahren waren. Wie die Kanonen donnerten. Wie die Flugzeuge am Himmel über uns dröhnten.

Ich schluchzte mich durch den Film. Hinterher war ich stundenlang gefühlsmäßig völlig aufgelöst.

So ist es, wenn man besonders sensibel ist. Ich spüre im Guten wie im Schlechten das Leben in mir rauschen, und ich kann mich schnell und intensiv in andere hineinversetzen.

Es hat mir menschlich enorm viel gegeben, in meiner Rolle als Prinzessin und Schirmherrin mehrerer Organisationen Behinderten zu begegnen. Ich habe gesehen, wie einschränkende Voraussetzungen die Handlungsspielräume sehr bereichern können. Diese menschlichen Begegnungen haben mich dazu inspiriert, all die Möglichkeiten meines eigenen Lebens zu sehen.

2013 traf ich auf einer UNESCO-Konferenz in Oslo den Unternehmer Jon Henrik Larsen. Bei dieser Konferenz ging es um die unsichtbaren Kinder, die aufgrund verschiedener Behinderungen ihre Fähigkeiten nicht entwickeln können. Larsen hielt auf der Konferenz einen Vortrag. Er ist Autist, hat sich aber selbst einen Arbeitsplatz geschaffen. Mittlerweile ist er landesweit als Redakteur von *Salangen-Nyheter* bekannt. Er ist ein Mann, der die alltäglichen positiven Nachrichten aus der nächsten Umgebung hochhält, die den eigentlichen Kitt einer regionalen Gesellschaft bilden.

Jon Henrik Larsen startete seine absolut einzigartige Karriere damit, die kleinen, wichtigen Fragen zu stellen, an die sonst niemand dachte. Keine Sache war ihm zu gering. Keine Frage zu dumm. Warum lag diese seltsame Kippe auf der Straße, was enthielt sie? Was war mit dem Einkaufswagen geschehen, der weit vom Laden entfernt gefunden wurde? Larsen erkannte auch, worin andere gut waren – und ließ sich etwas einfallen, um ihre Fähigkeiten maximal zu nutzen. Ein Freund, Autist und überfokussiert auf die Systematisierung von irgendwelchen Dingen, erhielt die Aufgabe, Bildarchive und Videoclips zu ordnen. Ein Mädchen, das sehr tierlieb und durch einen Unfall hirngeschädigt war, durfte ein eigenes Tierprogramm gestalten. Auf diese Weise wurde Larsen für viele zum großen Vorbild und zu einer blendenden Inspirationsquelle. Auch für mich.

Oft schauen wir zu sehr darauf, was Menschen mit eingeschränkten Fähigkeiten nicht können – statt darauf zu schauen, was sie tatsächlich können. Ich stimme mit Cato Zahl-Pedersen vollständig überein, der gesagt hat, er verwende lieber den englischen Begriff *different-abled* als *disabled*. Dass manche nicht genau das Gleiche können wie du, bedeutet nur, dass sie etwas anderes besser können als du.

Einmal sollte ich als Begleiterin beim Ridderrennet in Beitostølen dabei sein. Das ist die weltgrößte Wintersportveranstaltung für Körperbehinderte, die jährlich stattfindet. Da ich nicht gerade spitzenmäßig trainiert bin, fragte ich, ob ich mit jemandem Ski laufen könne, der nicht gar zu schnell sei. Tatsächlich fragte ich, ob ich mit jemandem laufen könne, der sehr langsam Ski laufe. Als wir an den Start gingen, sollte ich zusammen mit einem Sitzskifahrer laufen. Er war nicht viel jünger als ich. Er hatte gelähmte Beine und bewegte sich mittels Staken vorwärts.

Gleich beim ersten Stockschub merkte ich, dass er außerordentlich stark und viel ungeduldiger war als ich. Ich dachte, wir könnten uns unterwegs ein wenig unterhalten, und auf den ersten Kilometern ging das auch ganz gut. Doch während wir uns unterhielten, wurde er immer schneller. Bergauf musste ich laufen; als wir auf der Anhöhe angekommen waren, merkte ich, dass seine Stockschübe immer ungeduldiger wurden. Ich war schweißgebadet, mein Puls raste. Schließlich sagte er: »Ich muss jetzt mal los!«

Selbstverständlich! Ich wollte ihn ja nicht aufhalten!

Ich sah ihn im weißen Schnee verschwinden. Zehn Minuten

nachdem er sich durchs Ziel gestakt hatte, kam ich, hochrot im Gesicht, hinterhergehetzt. Ich hatte gedacht, im Langlauf recht gut zu sein, doch er war mir haushoch überlegen. Er war ein ausgezeichneter Sportler, und ich habe sehr großen Respekt vor der Art, in der er das zeigte!

Oft schon habe ich junge Menschen gesehen, die zum Beispiel mit einer Zerebralparese geboren wurden und bei ganz alltäglichen Verrichtungen wie etwa beim Ankleiden Schwierigkeiten haben, trotzdem aber genug Ausdauer, Vitalität und Elan besitzen, um ihre Ziele im Sportstadion zu erreichen. Sie setzen absolut alle Fähigkeiten und Eigenschaften ein, die sie haben. Ihr gesamtes Potenzial.

Menschen, die ihr Leben lang Sport getrieben haben und plötzlich von einem Unglück betroffen sind, können es schaffen, den Mut und die Motivation aufzubringen, um mit dem Sport weiterzumachen. Sie bekommen ihr Leben zurück. Sie meistern es. Sie zeigen Stärke, Humor und Lebensfreude. Es ist ganz fantastisch, mit solchen Menschen zusammen zu sein und zu erleben, wie sie über den Berg kommen.

Bei der WM in Hamar hielt ich einmal vor der Sledge-Eishockey-Nationalmannschaft eine improvisierte Rede. Die Mannschaft hatte die bisherigen Spiele verloren, und die Stimmung war gedrückt. Plötzlich kam mir die Idee, ihnen einfach zu sagen, sie sollten sich auf null bringen. Wie wichtig es sei, dass sie jetzt im ganzen Körper *spürten*, wie der perfekte Pass geschossen wird und was für ein Gefühl es ist, wenn die Mannschaft optimal spielt.

»Selbstverständlich« gewannen sie das Spiel am nächsten Tag.

Wir flachsten viel darüber, dass ich als ihr Motivationscoach fungieren könnte. In Wahrheit haben sie mir viel mehr geholfen als ich ihnen.

Sensibel zu sein ist keine Schwäche, kein Fehler. Es ist kein Türschild zu einer Fantasiewelt mit Bäumen und Blumen für Nervenbündel und Espenlaub. Es ist im Gegenteil ein starkes Signal dafür, dass man mehr von der Umgebung und den Dimensionen des Lebens mitbekommt als viele andere.

Meine Sensibilität ist ein großer Teil meines Ichs: mein intaktes Gewissen, meine Empathie, mein reiches Innenleben, meine Begeisterungsfähigkeit und meine Gabe zu starken Gefühlen. Mich machen kleine Dinge glücklich. Das kann der Geruch frisch gebackenen Brotes sein. Schönes Wetter und warmer Wind. Dass die Kinder sich bei ihren Großeltern wohlfühlen. Oder dass mir die Kinder mit offenen Armen entgegenlaufen, weil wir uns eine Stunde lang nicht gesehen haben.

Jeden Morgen habe ich einen ruhigen Moment für mich allein, in dem ich alles aufzähle, wofür ich dankbar bin. Ich bin dankbar, dass ich die Sonne auf dem Körper spüren darf. Dafür, dass ich die immense Freude der Kinder über ihr Zusammenspiel mit den Pferden wiedererkenne. Dass ich Adrenalin und Endorphine spüren darf, wenn ich im Oslofjord mit dem Boot durch hohe Wellen fahre.

Ich weiß und habe erfahren, dass nichts im Leben selbstverständlich ist.

Es ist so ungeheuer viel passiert, seit ich dreißig Jahre alt war, seit ich begriffen habe, dass ich sensibel bin – und mich spirituell geoutet habe. Es ist wie zwei verschiedene Leben. Bevor ich meinen Lebensweg gefunden habe, war alles so mühsam. So, als ob ich die ganze Zeit etwas Großes und Wichtiges hätte verbergen müssen.

Elaine N. Arons Forschungen zur Hochsensibilität haben bei mir einen Nerv getroffen. Ich erkannte mich in allem, was sie schrieb, wieder. Nachdem sich alles zu einem Gesamtbild gefügt hatte, begriff ich, dass es nicht gefährlich war. Ich bin darin sicher. Ich habe meine gesamte Identität erkannt, akzeptiert und gewagt, sie auszuleben. Andere Menschen wirklich zu *sehen* und zu fühlen, was sie fühlen, ist die große Gabe, die ich im Leben mitbekommen habe. Ich habe sie entwickelt. Andere haben eine fantastische Singstimme oder einen messerscharfen Verstand mitbekommen. Diese Gabe bilden sie aus und setzen sie zur Freude und zum Nutzen für sich selbst und andere ein.

Es ist tatsächlich wahr, was Prinzessin Irene gesagt hat: Das Leben ist so viel schöner, als wir uns bewusst sind. Viele von uns gehen durchs Leben, als wären wir in einem Museum – ohne die Bilder und Gemälde wirklich anzuschauen. Es ist, als wären wir in einem Konzert, hörten aber die Musik nicht. Wir leben nur die Hälfte dessen aus, was wir sind.

Gar zu viele Menschen trauen sich nicht zu erzählen, wer sie eigentlich sind. Sie trauen sich nicht, ihre Stimme zu gebrauchen. Sie wurden mit einem großen Potenzial geboren, trauen sich aber nicht, es auszuleben.

Meine Erfahrung ist, dass die Welt ein besserer Ort wird, wenn wir uns trauen, der Mensch zu sein, der zu sein wir geboren sind. Nicht der, der wir nach Ansicht aller anderen sein sollten.

Nachwort

Vielen Dank, dass du uns auf dieser Reise begleitet hast. Wir hoffen, du hattest Freude an dem, was wir mit dir geteilt haben. Womöglich hast du dich wiedererkannt. Bist berührt worden. Womöglich hast du bei einem Menschen, den du gern hast, etwas wiedererkannt. Womöglich hast du etwas ganz Neues entdeckt.

Die Arbeit an diesem Buch war ein unglaublich spannender Prozess, in dem wir unsere persönlichen Erlebnisse und Erfahrungen als Hochsensible strukturiert haben. Gleichzeitig haben wir uns neue Einsichten und Kenntnisse über den Charakterzug verschafft, den wir mit so vielen Menschen teilen.

Wir haben in unserem Leben rote Fäden und Zusammenhänge entdeckt, die wir vorher nicht gesehen hatten. Indem wir die großen Linien sehen, sind wir auf all das Positive aufmerksam geworden, das in dem Persönlichkeitsmerkmal steckt, mit dem wir geboren wurden.

Das Buch ist im Frühling, Sommer und Herbst 2016 in vielen langen Sitzungen und Gesprächen mit der Journalistin Kristin M. Hauge entstanden. Sie hat alle Recherchen angestellt, war Mäuschen, wenn wir mit *Soulspring* auf Tournee waren, und konnte sich ungehindert unseren Alltag ansehen und uns beide alles fragen, was sie wollte. Sie hat auch, ohne dass wir daran mitgewirkt oder uns eingemischt hätten, Gespräche mit unseren engsten Freundinnen und Freunden ge-

Nachwort

führt. Gemeinsam haben wir Forscher interviewt und wichtige BeiträgerInnen zu dem Buch getroffen.

Etliche fantastische Menschen haben uns geholfen, durch ihre eigenen Geschichten und Kenntnisse über Hochsensibilität ein Licht auf unsere Wirklichkeit zu werfen. Wir sind zutiefst dankbar für die wertvollen Beiträge des Psychologen Ted Zeff in San Francisco, der Prinzessin Irene in Südafrika, des Businesscoachs Andrew Rott in London, des Hirnforschers Marco Iacoboni in Rom und San Francisco, des HorsEcutives Fabio Manzetti in Risør und Lucca, des Konzernchefs Arne Kristian Kolberg in Oslo, des Psychologen Frode Thuen in Bergen und der Waldschullehrerin und Autorin Synnøve Borge in Ås.

Ein besonders herzlicher Dank gilt unseren Kindern, unserem engsten Freundeskreis und unseren Familien für all die Liebe und Unterstützung. Unser Dank geht an die Journalistin Kristin M. Hauge, den Verlag Cappelen Damm – und an Carina Scheele Carlsen, die uns unter Kontrolle hat und uns stützt. Und ein letzter Dank an uns selbst dafür, dass wir es gewagt haben, diese Reise zu unternehmen.

Tipps für den Alltag und Übungen

Tipps für den Alltag

Unserer Erfahrung nach ist es für viele Hochsensible sehr hilfreich, Situationen und Ereignisse klar zu eröffnen und abzuschließen. Es ist wichtig, mit einem Willkommen und einem Lebwohl den Tag zu *eröffnen* und zu *schließen*, und es ist notwendig, den Abschluss eines Beisammenseins mit anderen deutlich zu machen. Da Hochsensible so gut darin sind, alle Impulse und Eindrücke weiter durch den Tag zu schleppen, können es plötzlich zu viele Eindrücke sein, die verarbeitet und verdaut werden müssen. Deshalb haben wir, ausgehend von unseren Erfahrungen, eine Liste erstellt, worauf man sich in den verschiedenen Situationen konzentrieren sollte, damit der Alltag besser gelingt. Auf *Soulspring.no* gibt es noch mehr Tipps und Übungen.

Ladezeit

Das Allerwichtigste, was du brauchst, ist Ladezeit! Ihr genügend Platz im Kalender einzuräumen ist genauso wichtig wie die Termine für Arbeitssitzungen, private Treffen, Training und Essen mit der Familie. Denn nur die Ladezeit lässt dich alles andere schaffen. Ladezeit ist die Zeit, die du brauchst, um Stimuli zu entgehen. In dieser Zeit sollst du schlicht und einfach gar nichts tun, und du sollst dabei ganz allein sein.

- Finde deinen Ort. Er kann am Meer sein, im Wald, im Garten, unter einem Baum, auf einem Stuhl, auf einem Sofa oder im Bett. Das Wichtigste ist, dass es ein ruhiger Ort ist – dies wirkt der Überstimulierung entgegen.
- Sitze oder liege still, ohne etwas zu tun. Lass alles los, was du erlebt hast, und spüre, wie du zu deinem eigenen Kern zurückkehrst. Du kannst hierfür gern die Ablösungsübung auf Seite 280 f. nutzen.
- Nimm dir so viel Zeit wie nötig. Ladezeit kann von zehn Minuten bis zu einer Stunde alles umfassen. Spüre nach, wie viel du brauchst.
- Danach fühlst du dich sehr viel besser und kannst den Herausforderungen des Tagen mit neuer Vitalität begegnen. Das ist lebenswichtig!

Am Morgen

Wir wissen, dass es an einem anstrengenden Arbeitstag schwierig sein kann, doch versuche, den Morgen so ruhig wie möglich zu gestalten. Ist es möglich, etwas früher aufzustehen, um weniger in Stress zu geraten? Gibt es Wege, den Tag im Voraus zu planen, sodass du das Gefühl hast, genügend Zeit zu haben?

Den Tag eröffnen
- Heiße den Tag willkommen. Denk an den Tag, der vor dir liegt, und finde zu einem guten Gefühl. Versuche, dieses Gefühl im Körper zu spüren, und lass es den Tag, der vor dir liegt, symbolisieren. Findest du das Gefühl, wie der Tag für dich sein soll, kann es von einer Farbe repräsentiert werden. Sieh diese Farbe und das Gefühl vor dir und empfinde Dankbarkeit für den neuen Tag. Du kannst auch ein

Symbol für den Tag wählen, eine Blume oder einen Kristall oder etwas, das zu dir passt und das eine Farbe hat, die deinem Gefühl entspricht, wenn du an den vor dir liegenden Tag denkst.
- Wenn du morgens die Zähne putzt, dich schminkst, duschst oder die Haare kämmst, kannst du an alles denken, wofür du dankbar bist. Das kann alles Mögliche sein, klitzekleine Dinge, die dich erfreuen. Zum Beispiel: »Ich bin dankbar für alle Erfahrungen, die ich mache. Ich bin dankbar für das Lächeln, das ich gestern bekommen habe. Ich bin dankbar für meinen Hund. Ich bin dankbar für den Sonnenstrahl, der auf meine Wange traf.«

Auf dem Weg zur und von der Arbeit

Mit öffentlichen Verkehrsmitteln
- Bist du sehr geräuschempfindlich, stecke dir Stöpsel in die Ohren oder setze Noise-Cancelling-Kopfhörer auf, um Geräusche und andere Leute auszublenden. Oder hör Musik, die dir gefällt, die dich aufbaut und dir ein gutes Gefühl gibt.
- Stell dir vor, du stehst in einer Blase, die dir ganz allein gehört.
- Spür nach, wie du dich fühlst und was in dir vorgeht, indem du deine Fühler einziehst, die du so oft weit ausgestreckt hast. Es ist nicht deine Verantwortung wahrzunehmen, womit alle um dich herum genau in diesem Moment beschäftigt sind, und es in dich aufzunehmen.

Im Auto
Wenn du mit dem Auto unterwegs bist, ist *Ruhe* das Entscheidende. Genieße ruhige Musik. Hast du Kinder mit im Auto,

könnt ihr versuchen, zusammen eine schöne und geruhsame Morgenstunde zu verbringen. Hört gemeinsam Musik oder ein Hörbuch oder redet über etwas, das euch betrifft. Versuch diesen Weg von hier nach dort, diesen Zwischenraum, zu einer guten Qualitätszeit zu machen. Vergiss nicht zu atmen und im Augenblick präsent zu sein.

Zu Fuß oder mit dem Fahrrad
- Eine Fahrt mit dem Rad oder ein Gang durch die morgendliche Natur kann auf Hochsensible sehr beruhigend wirken und den perfekten Start in den Tag bilden.
- Gehst du durch eine Großstadt mit viel Verkehr und lauten Geräuschen, vergiss nicht, Ohrstöpsel, Noise-Cancelling-Kopfhörer oder Musik mitzunehmen. Vermeide Hektik. Geh ruhig und spür nach, wie du dich fühlst. Atme ein und aus und folge beim Gehen deinem Atem.

In der Arbeit

Vergiss nicht: Du übernimmst für deine Arbeitssituation selbst die Verantwortung. Das ist nicht die Aufgabe der anderen. Du darfst auch nicht erwarten, dass andere Menschen auf dich Rücksicht nehmen, wenn du ihnen nicht Bescheid sagst.

Sitzungen

Vor einer Sitzung
Sieh den Ablauf der Sitzung so vor dir, wie du ihn haben möchtest. Gib der Sitzung vielleicht eine Farbe, so wie du schon für den Tag eine Farbe und eine Stimmung gewählt hast. Mach ein paar tiefe Atemzüge und spür deinem Gefühl in genau diesem Moment nach.

In einer Sitzung
Konzentriere dich auf dich selbst und auf das, was du sagen wirst. Vergiss nicht, dass deine Stimme genauso wichtig ist wie die der anderen. Die Reaktionen der anderen sind deren Reaktionen, nicht deine. Zieh deine Fühler ein, du brauchst nicht die Gefühle aller anderen zu absorbieren. Du hast schon genug mit deinen eigenen Angelegenheiten zu tun. Atme und finde deinen Platz im Körper, spür, dass du aus dem Bauch atmest.

Nach einer Sitzung
Nimm dir ein paar Minuten Zeit für dich. Atme einfach nur. Lass alles sacken, was war. Sortiere, was deine Gefühle und Reaktionen sind und was die der anderen. Auf diese Weise löst du die Sitzung ab. Du schließt den Sitzungsraum und kannst loslassen, was war. Vergiss nicht, dass die Ablösung wichtig ist, egal ob die Sitzung positiv oder negativ verlaufen ist. Du kannst vom einen wie vom anderen überstimuliert und ausgelaugt werden. Mache die Ablösungsübung auf Seite 280 f..

In einer offenen Bürolandschaft arbeiten

Prinzipiell ist eine offene Bürolandschaft für Hochsensible außerordentlich problematisch. Musst du dennoch in einem solchen Konzept mit Kolleginnen und Kollegen in nächster Nähe um dich herum arbeiten, dann versuche dir deinen eigenen Raum zu schaffen.

- Verwende Ohrstöpsel, Noise-Cancelling-Kopfhörer oder Musik, sodass du die Geräusche der anderen ausschließt.
- Stell dir eine Pflanze auf den Schreibtisch. Pflanzen machen Freude und spenden Energie.

- Versuch, einen Schreibtisch oder einen Arbeitsplatz zu finden, der von Lärm und Störungen bestmöglich abgeschirmt ist. Der zum Beispiel am weitesten von der Kaffeemaschine entfernt ist, wo Kolleginnen und Kollegen zusammenkommen und sich unterhalten, oder vom gemeinsamen Konferenztisch, von Fernsehschirmen oder von Treppen und Ausgängen, wo Leute kommen und gehen.
- Halte deinen Arbeitsbereich sauber und in Ordnung. Stell dir ein schönes Bild auf den Schreibtisch, Blumen oder Dinge, die du gern hast, wie einen Kristall oder eine Skulptur.
- Nutze die Pausen gut. Geh so oft wie möglich an die frische Luft.

Feierabend

Bevor du gehst: Vergiss nicht, den Arbeitstag damit zu beenden, alles, was war, abzulösen. Nutze dafür die Übung auf Seite 280 f.. So vermeidest du, dass du die Arbeit mit nach Hause nimmst.

Soziales Leben

Für Hochsensible kann es schwierig sein, am sozialen Leben teilzunehmen, weil wir von all den Eindrücken, die wir wahrnehmen, bemerken und verarbeiten, schnell überstimuliert sind. Gleichwohl brauchen wir Menschen einander, und es ist wichtig, die dir gemäße Weise zu finden, am sozialen Leben teilzunehmen. Vergiss nicht, dass du nicht immer so viel verträgst wie andere. Es ist wichtig, dich nicht mit anderen zu vergleichen, sondern deine Grenzen zu kennen und zu wissen, wann du in Gesellschaft sein sollst und kannst. Man kann sich die Geselligkeiten, an denen man teilnimmt, nicht immer aussuchen. Die gute Freundin, mit der du dich am liebsten bei einer ruhigen Tischgesellschaft unterhalten hättest, hat womöglich beschlossen, eine Party mit vielen Menschen und lauter Musik zu geben. Da ist es wichtig, hinterher genug Ladezeit einzuplanen, damit du wieder zu dir kommst.

Für Introvertierte

Bist du introvertiert, dann fühlst du dich in deiner eigenen Gesellschaft wohl. Du möchtest lieber allein zu Hause sein als unter Leuten. Es könnte trotzdem gut für dich sein, dass du dich hin und wieder dazu zwingst, am sozialen Leben teilzunehmen. Doch ist es unglaublich wichtig, den richtigen sozialen Zusammenhang zu wählen. Das heißt, du suchst dir das aus, was dir etwas gibt und dich nicht nur auslaugt. Möglicherweise ist ein ruhiges Essen mit wenigen guten Freunden besser als eine große Familienfeier, wo alle etwas von dir wollen? Vergiss nicht, nach Hause zu gehen, bevor deine Energie zu Ende ist.

Introvertiert unterwegs
Vergiss nicht, alle deine Antennen und Fühler einzuziehen. Du musst nicht spüren, was alle anderen fühlen. Richte den Fokus auf dich selbst und auf dein Befinden, und lass andere für ihre Reaktionen selbst die Verantwortung tragen. Dann kannst du dich viel besser entspannen und den Austausch und Fluss von Eindrücken genießen.

Für Extrovertierte

Bist du extrovertiert, dann bist du gern mit anderen zusammen. Als hochsensible Person hast du dich jedoch schnell verausgabt, weil es schwierig einzuschätzen ist, wie viel Geselligkeit du erträgst. Deshalb ist es für Extrovertierte besonders wichtig, sich Ladezeiten in den Kalender einzutragen. Dann kannst du so gesellig sein, wie du willst. Vergiss auch nicht, dir die Geselligkeiten auszusuchen, die dir Freude und Vitalität vermitteln. Setze Prioritäten, und siebe so viele energieraubende Begegnungen wie möglich aus.

Extrovertiert unterwegs
Wenn du sensibel bist, machst du dir oft Gedanken, was alle anderen brauchen, und bist tüchtig darin, für sie da zu sein. Hin und wieder geht das auf Kosten *deines* Wohlbefindens. Ziehe deine Fühler ein, dann kannst du dich mehr auf dich und deine eigenen Angelegenheiten fokussieren. Wir versprechen, dass du trotzdem überdurchschnittlich viel von dem mitbekommst, was um dich herum passiert. Versuch, die soziale Verantwortung loszulassen, und genieße stattdessen das Beisammensein. Eine gute Faustregel ist, nach Hause zu gehen, kurz bevor du glaubst, dass du es nötig hast.

Nach Veranstaltungen oder Treffen

Das gilt für Extrovertierte ebenso wie für Introvertierte: Vergiss nicht, alle sozialen Kapitel zu schließen, wenn du nach Hause gehst. Nimm dir ein paar Minuten Zeit, um deine eigenen Gefühle und Eindrücke von denen der anderen abzulösen. Die entsprechende Übung findest du auf Seite 280 f..

Ästhetik

Viele besonders sensible Personen haben ein großes Bedürfnis nach einer ästhetisch schönen und ruhigen Umgebung. Sie sind zum Beispiel an bestimmten Farbtönen und harmonischen Kompositionen interessiert. Manche finden es wichtig, dass aufgeräumt ist. Andere ertragen Unordnung, schaffen aber gern kleine Oasen mit Stillleben aus Kerzen, Kristallen, Blumen und Bildern. Überleg dir genau, was dir wichtig ist, damit es zu Hause berücksichtigt werden kann, sowohl von dir selbst als auch von denjenigen, mit denen du zusammenlebst. Möglicherweise findet dich jemand schrecklich sonderbar. Doch wenn du auf deine Wünsche selbst keine Rücksicht nimmst, kannst du auch nicht verlangen, dass andere es tun.

Übungen

»Sometimes I think, I need a spare heart to feel all the things I feel«, schreibt Sanober Khan in der Gedichtsammlung *A Thousand Flamingos*.

Genau so können viele Sensible es empfinden. Dann benötigen wir Werkzeuge und Übungen, um die Gefühle zu verarbeiten und zu sortieren. Die folgenden Übungen kannst du jederzeit machen und so oft du willst.

Grenzen setzen

Es ist unglaublich wichtig, seine eigenen Grenzen zu kennen – und anderen zu zeigen, wo sie verlaufen. Um dies zu üben, gibt es eine sehr einfache Übung, die du oft machen solltest.

Denk nach, wie oft du in letzter Zeit Ja gesagt und eigentlich Nein gemeint hast. Was hat das bei dir ausgelöst? Wie hat dich das verändert?

Schreib zehn Gelegenheiten auf, bei denen du zu jemandem Ja gesagt, aber Nein gemeint hast.

Denk nach, warum du das getan hast – oder sag es laut.

Wenn du am Abend zu Bett gehst, kann es sein, dass dir noch etwas einfällt. Schreib es auf.

Wenn du das nächste Mal in eine ähnliche Situation gerätst, bist du dir dessen bewusst. Und dann kannst du versuchen,

Nein zu sagen. Womöglich wirst du rot, atmest etwas schnell und hast vor lauter schlechtem Gewissen ein flaues Gefühl im Magen. Doch achte darauf, was in deinem Innern geschieht. Bleib standhaft und vergiss nicht, dass die Reaktionen der anderen nur deren Reaktionen sind. Halte fest, wie du reagierst. Atme und bleib standhaft. Langsam, aber sicher wirst du entdecken, dass du deine Grenzen immer besser erkennst – und anderen zeigst, wo sie verlaufen.

Niemand anderes kann dein Leben gestalten. Deshalb musst du bewusst Entscheidungen treffen. Vielleicht musst du jemandem sagen, dass du mit weniger Verantwortung glücklicher wärst? Wie viel Energie hast du eigentlich? Hör in dich hinein: Worauf möchtest du diese Energie verwenden?

Bewegung

Bewegung ist wichtig. Wenn du wegen zu lauter Musik und zu vielen Leuten nicht in einem Fitnessstudio trainieren möchtest, dann such dir ein anderes Training, das gut für dich ist. Wir selbst machen Yoga und finden es stärkend und beruhigend. Außerdem machen wir in einer kleinen Gruppe Pilates, das können wir nur empfehlen.

Vergiss nicht, dass du auch täglich ein Stück Natur brauchst. Eine Runde im Wald oder am Wasser zu gehen oder zu laufen ist ein fantastisches Training, bietet Erholung und Entspannung. Reiten oder Schwimmen können ein gutes Training und gleichzeitig beruhigend sein. Am wichtigsten aber ist, dass du die Aktivität findest, die dir Freude macht. Vergiss nicht, auch dabei auf deinen Körper zu hören und deine Grenzen zu beachten.

Den Tag abschließen

Wenn der Tag vorüber ist, brauchst du Schlaf, damit der nächste Tag ruhig und schön für dich wird. Es ist unglaublich wichtig, genügend zu schlafen und dem Körper die Chance zu geben, nachts den Tag zu verdauen und neue Energie zu tanken. Um den Tag zu »schließen« und ihn gedanken- und gefühlsmäßig hinter dir zu lassen, musst du vor dem Zubettgehen unbedingt zur Ruhe kommen. Oft ist es vernünftig, den PC, den Fernseher oder dergleichen mindestens eine Stunde vor dem Schlafengehen auszuschalten. Komm zur Ruhe, indem du ein erbauliches Buch liest, strickst, häkelst, bäckst, nähst, eine Ladezeit einlegst, beruhigende Musik hörst oder etwas anderes tust, was dir gefällt. Beim Zähnputzen und bei der Abendtoilette im Bad lässt sich gut an alles denken, wofür du im Lauf des Tages dankbar warst.

Nach der Abendtoilette setzt du dich kurz hin und löst den Tag ab, bevor du dich schlafen legst. Die wichtige Ablösungsübung und verschiedene Meditationen findest du auf den nächsten Seiten.

Meditation

Meditiert wird überall auf der Welt. Es ist eine Methode, sich in sich selbst zu versenken, alle sich ständig wiederholenden Gedanken zum Stillstand zu bringen und sich zu fokussieren.

Hast du noch nie meditiert, solltest du mit einigen wenigen Minuten beginnen. Du kannst dich nach und nach steigern. Schaffe dir Routine. Du brauchst etwas Zeit und nicht mehr als einen Stuhl und eine Kerze in einem ruhigen Raum, zum Beispiel in deinem Schlafzimmer. Schalte das Handy aus. Das allein bedeutet schon, Grenzen zu setzen. Schaffst du es, dir

Zeit für dich zu nehmen – und seien es nur zehn Minuten –, oder übertreten andere ständig deine Grenzen? Respektieren andere, dass du Zeit für dich allein brauchst?

Setz dich in einem ruhigen Raum, in dem du allein bist, auf einen Stuhl.
Stell die Füße fest auf den Boden.
Schließ die Augen.
Versuch, mit deinem Atem in Kontakt zu kommen.
Wie ist dieser im Moment? Geht er schnell? Ist er dir zugänglich? Es gibt weder richtig noch falsch. Beobachte dich einfach nur genau dort, wo du bist.
Atme aktiver. Lass deinen Atem tief in den Körper strömen, bis hinunter in den Bauch.
Dir sind jetzt vielleicht schon viele Gedanken in den Kopf gekommen. Bei jedem Ausatmen lässt du diese Gedanken hinaus.
Erkenne die Gedanken an und atme sie aus.
Sieh auf deine dir eigene Weise vor dir, dass Einatmen Präsenz ist. Ausatmen sind alle Gedanken. Alles, was du nicht brauchst.
Mach es ganz einfach. Immer wenn die Gedanken kommen, atmest du sie aus. Atme alles aus, was du nicht brauchst.
Dann atmest du die Präsenz im Hier und Jetzt ein.
Bleib eine Weile so sitzen.

Lass diesen Atemrhythmus allmählich los.
Lass den Atem in seinen ganz natürlichen Rhythmus zurückfallen.
Danke deinem Körper für das, was er dir gezeigt hat.
Danke dir selbst, weil du darauf gehört hast.
Öffne die Augen, wenn du fertig bist.

Ablösung

Eine hervorragende und wichtige Meditationsübung heißt Ablösung. Unserer Erfahrung nach wirkt sie bei allen, und sie ist eine nützliche und effektive Meditationsübung für Anfängerinnen und Anfänger. Wir machen sie oft am Ende unserer Vorträge und sehr oft vor dem Schlafengehen.

Sinn und Zweck der Übung ist, die Energie, die Gedanken und Gefühle anderer zurückzugeben, also die Energie, die du von anderen aufgenommen hast, abzusondern und zu entfernen – und deine eigene Energie zurückzuholen.

Diese Übung eignet sich immer dann perfekt, wenn du ein Kapitel des Tages abschließen möchtest – nach einer Sitzung, nach einem Essen mit Freunden, nach einer Kundenberatung usw. – und am Abend unmittelbar vor dem Einschlafen. Sie hilft dir, die Arbeit in der Arbeit zu lassen, die Themen bei denen zu lassen, mit denen zu zusammen warst, und du behältst deine Energien, obwohl du den ganzen Tag etwas von dir an andere abgegeben hast.

Setz dich auf einen Stuhl. Schließe die Augen und atme ein paarmal tief ein und aus.
Spür dem Atem in deinem Körper nach.
Atme Widerstände aus. Atme mehr von dir selbst und deiner eigenen Energie ein.
Leg eine oder beide Handflächen aufs Herz. Spür deinen Herzschlag.
Sieh einen Magneten vor dir, der die Energie aller anderen, die du eine Weile geliehen hast, anzieht. Es können auch Personen sein, etwas, das du gesehen, gehört oder erlebt hast.
Falls die Energie nicht verschwindet, stell dir an dem Magneten einen Schalter vor, an dem du drehen kannst. Dreh ihn

voll auf. Sieh, hör oder spüre, dass die Energie aus dir heraus- und zu dem Magneten hinfährt.
Lass den Magneten verschwinden und wisse, dass er die Energie den Menschen zurückgibt, denen sie in gereinigter Form gehört.
Sieh einen neuen Magneten vor dir, der anderen deine Energie entzieht. Lass die Energie, die du eine Weile verliehen hast, zu dem Magneten zurückkehren. Dreh den Schalter am Magneten voll auf, falls deine Energie die anderen nicht loslässt.
Lass den Magneten dir deine Energie zurückbringen, und wisse, dass sie gereinigt ist.
Danke dir selbst, deinem Körper und deinem Herzen für die Schritte, die du getan hast.
Wenn du fertig bist, öffne die Augen – oder schlaf.

Herzensraumübung

Diese Meditation ist ebenfalls eine Art Ablösungsübung. Sie hilft dir dabei, dir klarzumachen und zu fassen zu kriegen, was deine eigenen Gefühle und Gedanken sind – und was von der Meinung und den Gefühlen anderer beeinflusst ist.

Setz dich auf einen Stuhl, schließe die Augen und atme ein paarmal tief ein und aus.
Sei voll und ganz in dir präsent, hier und jetzt.
Leg eine Hand aufs Herz. Kümmere dich nicht darum, ob du deinen Herzschlag spürst oder nicht. Das eine ist so normal wie das andere.
Richte deine Aufmerksamkeit auf dein Herz und frag, ob es dir in diesem Augenblick etwas sagen möchte.
Hör auf die Antwort.

Im Innern des Herzens ist ein Raum. Sieh den Raum vor dir oder lass dir von deinem Herzen erzählen, dass dieser Raum existiert.
Geh in diesen Raum in deinem Herzen und schau, ob dort andere sind.
Bitte sie, nacheinander hinauszugehen.
Danke ihnen für das, was sie dir gezeigt haben, und lass sie mit Leichtigkeit und in Liebe zu dir zur Tür hinausgehen.
Falls jemand nicht gehen will: Sieh oder spür oder wisse, dass die Person loslässt und zur Tür hinausgeht.
Atme Widerstände, Gefühle und all das aus, was aus dem Unterbewusstsein auftaucht.
Atme mehr von dir selbst und deiner Energie ein.
Vergiss nicht zu atmen.
Mach so lange weiter, bis du in dem Raum allein bist.
Gestalte den Raum in deinen eigenen Farben, so wie du ihn am liebsten haben möchtest.
Lass ihn die Form, die Fenster, die Größe und Einrichtung bekommen, die du dir wünschst.
Sieh dich um.
Spür nach, welches Gefühl es dir vermittelt, dort allein zu sein.
Verlass den Raum in deinem Herzen und sei wieder in deinem ganzen Körper präsent.
Spür nach, wo du in diesem Augenblick in deinem Körper bist.
Spür den Herzschlag in deiner Brust.
Danke dem Herzen für das, was es dir gezeigt hat.
Danke dir selbst für die Schritte, die du getan hast.
Wenn du fertig bist, öffne die Augen.

Übungen

Warst du überrascht, wie viele Leute in deinem Herzen waren? Hattest du selbst fast keinen Platz? Oder bist du in einen großen, leeren Raum gekommen? Dort können die unerwartetsten Personen festsitzen. Dann bleibt nur, die Übung immer und immer wieder zu machen, bis alle fort sind. Hab Geduld mit dir selbst.

Anhang

Literatur:
Abram, David: *Im Bann der sinnlichen Natur*, think oya Verlag 2012
Aron, Elaine N.: *Sind Sie hochsensibel?* mvg Verlag 2005
Aron, Elaine N.: *Sind Sie hochsensibel? Das Arbeitsbuch*, mvg Verlag 2014
Aron, Elaine N.: *Das hochsensible Kind*, mvg Verlag 2008
Aron, Elaine N.: *Hochsensibilität in der Liebe*, mvg Verlag 2015
Brown, Brené: *Verletzlichkeit macht stark*, Goldmann Verlag 2017
Brown, Brené: *Laufen lernt man nur durch Hinfallen*, Kailash 2016
Gilbert, Elizabeth: *Big Magic*. Fischer Verlag 2017
Iacoboni, Marco: *Woher wir wissen, was andere denken und fühlen*, Goldmann Verlag 2011
Keysers, Christian: *Unser empathisches Gehirn*, btb Verlag 2014
Wohlleben, Peter: *Das geheime Leben der Bäume*, Ludwig Verlag 2015
Wohlleben, Peter: *Das Seelenleben der Tiere*, Ludwig Verlag 2016
Zeff, Ted: *Glücklich leben in einer reizüberfluteten Welt*. mvg Verlag 2015

Film:
www.sensitivethemovie.com; Dokumentarfilm über Elaine N. Aron

---

Lassen Sie sich von »Soulspring« inspirieren,
und besuchen Sie die Webseite der beiden Autorinnen.
www. soulspring.no

Um die ganze Welt des GOLDMANN *Body, Mind & Spirit* Programms kennenzulernen, besuchen Sie uns doch im **Internet** unter:

www.goldmann-verlag.de

Dort können Sie
nach weiteren interessanten Büchern *stöbern*,
Näheres über unsere *Autoren* erfahren,
in *Leseproben* blättern, alle *Termine* zu Lesungen und
Events finden und den *Newsletter* mit interessanten
Neuigkeiten, Gewinnspielen etc. abonnieren.

Ein *Gesamtverzeichnis* aller Goldmann Bücher finden Sie dort ebenfalls.

Sehen Sie sich auch unsere *Videos* auf YouTube an und werden Sie ein *Facebook*-Fan des Goldmann Verlags!

www.goldmann-verlag.de
www.facebook.com/goldmannverlag

Unsere Leseempfehlung

336 Seiten
Auch als E-Book
erhältlich

In einer Welt, in der Versagensangst den meisten Menschen zur zweiten Natur geworden ist, erscheint Verletzlichkeit als gefährlich. Doch das Gegenteil ist der Fall: Brené Brown zeigt, Verletzlichkeit ist die Voraussetzung dafür, dass Liebe, Zugehörigkeit, Freude und Kreativität entstehen können. Unter ihrer behutsamen Anleitung entdecken wir die Kraft und entwickeln den Mut, uns für das einzusetzen, was uns wirklich was bedeutet.

www.goldmann-verlag.de
www.facebook.com/goldmannverlag